外滩金融创新试验区法律研究

主编 李昌道

中国金融出版社

责任编辑：贾 真
责任校对：李俊英
责任印制：陈晓川

图书在版编目（CIP）数据

外滩金融创新试验区法律研究（Waitan Jinrong Chuangxin Shiyanqu Falü Yanjiu）/李昌道主编. —北京：中国金融出版社，2016. 5
ISBN 978 - 7 - 5049 - 8494 - 4

Ⅰ. ①外… Ⅱ. ①李… Ⅲ. ①金融法—研究—中国 Ⅳ. ①D922.280.4

中国版本图书馆CIP数据核字（2016）第080993号

出版
发行 中国金融出版社

社址 北京市丰台区益泽路2号
市场开发部 （010）63266347，63805472，63439533（传真）
网上书店 http://www.chinafph.com
（010）63286832，63365686（传真）
读者服务部 （010）66070833，62568380
邮编 100071
经销 新华书店
印刷 北京市松源印刷有限公司
尺寸 169毫米×239毫米
印张 21.5
插页 14
字数 340千
版次 2016年5月第1版
印次 2016年5月第1次印刷
定价 50.00元
ISBN 978 - 7 - 5049 - 8494 - 4 /F. 8054
如出现印装错误本社负责调换 联系电话（010）63263947

外灘金融創新試驗
區法律研究

覺醒題

上海市黄浦区政协主席张华女士在“金茂凯德”商标启用研讨会上发表讲话

著名法学家李昌道教授在“金茂凯德”商标启用研讨会上致答谢词

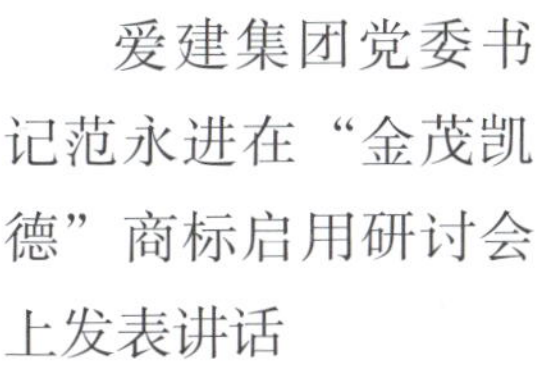

爱建集团党委书记范永进在“金茂凯德”商标启用研讨会上发表讲话

上海市黄浦区金融服务办公室主任江锡洲在“金茂凯德”商标启用研讨会上致辞

上海市黄浦区司法局局长张婷婷在“金茂凯德”商标启用研讨会上致辞

著名法学家李昌道教授为斯米克控股集团董事长李慈雄代表宋源诚颁发研究员聘书

著名法学家李昌道教授为瑞安房地产有限公司董事局秘书黄金纶颁发研究员聘书

上海证券交易所原副总经理为东方证券股份有限公司总裁金文忠颁发研究员聘书

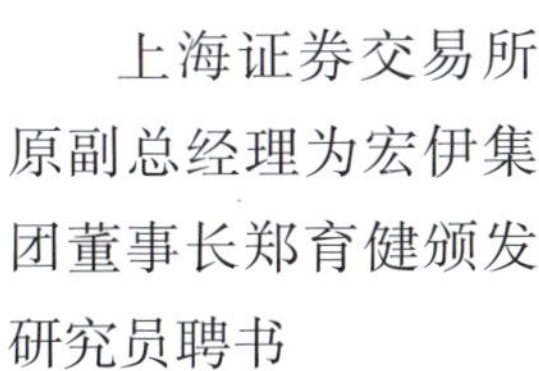

上海证券交易所原副总经理为宏伊集团董事长郑育健颁发研究员聘书

上海证券交易所原副总经理为上海均瑶集团总裁王均豪颁发研究员聘书

上海证券交易所原副总经理为香港国际仲裁中心上海代表处首席代表刘京颁发研究员聘书

上海市黄浦区金融服务办公室主任江锡洲为上海上市公司协会常务副秘书长史美健颁发研究员聘书

上海市黄浦区金融服务办公室主任江锡洲为海通并购基金董事长杨艳华颁发研究员聘书

上海市黄浦区司法局原局长潘鹰芳为99无限有限公司首席执行官张莉颁发研究员聘书

上海市黄浦区司法局原局长潘鹰芳为上海大众公用事业（集团）股份有限公司董事总经理梁嘉玮颁发研究员聘书

上海财经大学法学院院长李学尧为华宇电影股份有限公司董事长孙航宇颁发研究员聘书

上海财经大学法学院院长李学尧为泰然金融集团副总裁李坚军颁发研究员聘书

李昌道教授为王均豪总裁颁发2015年金融市场十大经典案例得主奖杯

周勤业教授为太平资产管理有限公司风险合规部总经理吴冬颁发2015年金融市场十大经典案例得主奖杯

周勤业教授为黄金纶颁发2015年金融市场十大经典案例得主奖杯

周勤业教授为上海三爱富新材料股份有限公司董事会秘书兼财务总监李莉颁发2015年金融市场十大经典案例得主奖杯

江锡洲主任为绿地控股集团董事会办公室主任李雪琳颁发2015年金融市场十大经典案例得主奖杯

江锡洲主任为红星美凯龙投资有限公司财务总监储琴华颁发2015年金融市场十大经典案例得主奖杯

江锡洲主任为光大资本投资有限公司副总经理王锋颁发2015年金融市场十大经典案例得主奖杯

李学尧院长为金文忠总裁颁发2015年金融市场十大经典案例得主奖杯

李学尧院长为爱建资产管理有限公司总经理王豪颁发2015年金融市场十大经典案例得主奖杯

李学尧院长为上海建工集团法务总监许海峰颁发2015年金融市场十大经典案例得主奖杯

上海股权托管交易中心副总经理徐军与李昌道、潘鹰芳和李志强合影

李昌道教授与张婷婷局长、严嘉律师和李志强律师合影

李昌道教授、徐军副总经理、李志强律师与部分从事金融法律业务的律师和工作人员合影

李昌道教授为史军律师颁发“一带一路”法律研究与服务中心研究员和外国法顾问聘书

上海市商务委员会副主任申卫华为孔宏德Peter Corne律师颁发“一带一路”法律研究与服务中心研究员和外国法顾问聘书

上海市商务委员会处长卢正为五十部纪英律师代表顾文伟律师颁发“一带一路”法律研究与服务中心研究员和外国法顾问聘书

李昌道教授、李志强律师、史军律师和孔宏德律师在“一带一路”法律研究与服务中心成立研讨会上合影

全国人大常委会李飞副秘书长（左六）、中共上海市市委组织部副部长冷伟青（左五）与早稻田大学著名法学教授和律师合影

编委会

序

金融是现代经济的核心。2020年上海建成与我国经济实力和人民币国际地位相适应的国际金融中心，是党中央和国务院的战略决策。2009年8月1日施行的《上海市推进国际金融中心建设条例》提出了上海国际金融中心建设的重要区域“陆家嘴金融城”和“外滩金融集聚带”等，还提出支持金融法律服务机构发展，鼓励法律服务机构拓展金融法律服务领域，为金融机构和相关企业、个人提供金融法律服务。

为了贯彻落实《国务院办公厅关于金融支持经济结构调整和转型升级的指导意见》，主动服务上海国际金融中心建设，强化外滩金融集聚带服务金融创新的功能，2013年7月，上海市黄浦区启动建设外滩金融创新试验区，首次提出试验区将以互联网金融和民营金融为主体进行创新。外滩金融创新试验区支持网上银行、网上保险、网上证券等互联网金融落户外滩金融集聚带，支持各类信息技术公司和互联网企业发起或参与设立创新型互联网金融服务企业，支持互联网企业和银行、保险、证券等机构的融合与嫁接，不断创新金融服务产品，支持利用云计算、大数据等资源和平台，改变传统依靠物理网点提供金融服务和进行产品销售的方式。同时，打造民营金融集聚区也是外滩金融创新试验区的重点，主要包括支持有实力的民营企业加快产融结合，设立金融控股公司、财务公司或其他新型金融机构。积极争取金融监管部门支持，协助民营资本发起设立自担风险的民营银行、金融租赁公司和消费金融公司等金融机构。积极支持符合条件的民营企业设立小额贷款公司、融资性担保公司等机构，鼓励通过发行中小企业私募债、资产证券化等方式拓宽融资渠道和规模。此外，外滩金融创新试验区的举措还包括创新小微企业融资机制与平台、加快外滩金融载体建设、支持外滩金融创新、提升服务金融创新人才的水平、优化多层次金融配套服务功能等，打造外滩新金融高地，将其建设为资产管理中心、资本运作中心和金融专业服务中心。

2013年11月11日召开的第三届外滩金融法律论坛上，上海金茂凯德律师事务所成立了外滩金融创新试验区法律研究中心、港澳投资金融法律研究中心和两岸投资金融法律研究中心，2016年2月18日又成立了“一带一路”法律研究与服务中心。蜚声海内外的著名法学家、原九三学社中央法制委员会顾问、曾参与《中华人民共和国香港特别行政区基本法》制定工作的李昌道教授出任该中心主任，国际律师协会理事李志强一级律师担任该中心秘书长和执行主任。在李老人格魅力的引领下，一批年富力强的金融家和法学法律专家多年来积极推动中心对外滩金融创新试验区开展法律研究，一批朝气蓬勃的金融律师扎实开展金融法律服务工作，他们取得了丰硕的研究和服务成果。

《外滩金融创新试验区法律研究》一书精心点评2015年金融市场十大经典案例，在互联网金融、金融控股与创新金融、企业融资与投资贸易、并购重组与争端解决、“一带一路”研究等多领域理论联系实际，提出了不少真知灼见，还对中央和地方相关立法进行了颇有价值的研究和建言，其中多篇中外文论著宣传和传播了中国法律制度和法律文化，有助于金融市场监管者和立法者借鉴总结，有利于金融法律研究和服务者从鲜活的市场元素中提炼升华，有利于中外金融家和法学家切磋交流，为推进上海国际金融中心建设的国家战略建言献策。

党的十八大报告明确提出今后我国金融市场工作的总基调：深化金融体制改革，健全促进宏观经济稳定、支持实体经济发展的现代金融体系，加快发展多层次资本市场，稳步推进利率和汇率市场化改革，逐步实现人民币资本项目可兑换。加快发展民营金融机构。完善金融监管，推进金融创新，提高银行、证券、保险等行业竞争力，维护金融稳定。金融和法制就像一对孪生兄弟，紧密相连。祝愿有更多的法学家和律师潜心研究，为完善社会主义市场经济的法律体系和金融法制建设出谋划策，为国效力，为实现中华民族伟大复兴的中国梦和社会主义法治国家的目标而竭尽所能。

全国人大常委会副秘书长

李飞

2016年2月19日

目　录

◆ 经典案例篇

◆ 互联网金融篇

"一带一路"研究建言篇

立法研究与建议篇

经典案例篇

东方证券股份有限公司
三闯IPO终修正果

金凯德

2015年1月28日晚间，中国证监会官网发布公告称，东方证券股份有限公司、广东松发陶瓷股份有限公司、北部湾旅游股份有限公司3家公司IPO申请均获发审委审核通过。上述过会公司之中，总部落户上海黄浦区的东方证券股份有限公司是最受关注的公司，此次也是该券商第三次冲击IPO。在2015年初，券商股频频亮相A股，赚足眼球，相关券商“影子股”也风起云涌，股价大幅拉升。

此次东方证券共发行10亿股新股，公开发行后总股本52.82亿股，股票代码为600958，发行价10.03元/股，募资规模达100.3亿元，为2011年9月中国水电上市以来最大IPO，在2015年风起云涌的中国资本市场上留下了浓墨重彩的一笔。2015年3月23日，东方证券股份有限公司成功在上海证券交易所挂牌上市，上海市金融服务办公室主任郑杨点评为“是上海国际金融中心建设中的一件大事”。

一、案例简介及分析

此次东方证券共发行10亿股新股，公开发行后总股本52.82亿股，股票代码为600958，发行价10.03元/股，募资规模达100.3亿元，具体发行状况详见表1。

表1　东方证券发行状况

股票代码	600958	股票简称	东方证券
申购代码	730958	上市地点	上海证券交易所

续表

发行价格（元／股）	10.03	发行市盈率	22.98
市盈率参考行业	资本市场服务	参考行业市盈率	76.17
发行面值（元）	1	实际募集资金总额（亿元）	100.3
网上发行日期	2015-03-11（周三）	网下配售日期	2015-03-10、2015-03-11
网上发行数量（股）	700000000	网下配售数量（股）	300000000
老股转让数量（股）		回拨数量（股）	400000000
申购数量上限（股）	300000	总发行数量（股）	1000000000
顶格申购需配市值（万元）	300.00	市值确认日	T-2日（T：网上申购日）

东方证券是植根于上海的大中型综合类券商。根据近两年中国证券业协会的统计数据，公司多项指标市场排名稳中有升，整体发展势头稳健。其中，2013年，公司总资产在全部券商中排名第11位，净资产排名第11位，净利润排名第13位。公司基本情况见表2。

表2　东方证券基本情况

<table>
<tr><td>公司简介</td><td colspan="3">证券经纪;融资融券;证券投资咨询;与证券交易、证券投资活动有关的财务顾问;证券自营;证券投资基金代销;为期货公司提供中间介绍业务（企业经营涉及行政许可的，凭许可证件经营）。</td></tr>
<tr><td>主营业务</td><td colspan="3">金融证券业务</td></tr>
<tr><td rowspan="5">筹集资金将用于的项目</td><td>序号</td><td>项目</td><td>投资金额(万元)</td></tr>
<tr><td>1</td><td>补充公司资本金、营运资金</td><td>978747.4</td></tr>
<tr><td colspan="2">投资金额总计</td><td>978747.4</td></tr>
<tr><td colspan="2">超额募集资金(实际募集资金-投资金额总计)</td><td>—</td></tr>
<tr><td colspan="2">投资金额总计与实际募集资金总额比</td><td>—</td></tr>
</table>

东方证券的大股东情况如表3所示。

表3　东方证券大股东情况

序号	股东名称	持股数量	占总股本比例(%)
1	申能(集团)有限公司	1643429785	38.38
2	上海海烟投资管理有限公司	305990227	7.15
3	文汇新民联合报业集团	275000000	6.42
4	上海电气(集团)总公司	207442108	4.84
5	上海市邮政公司	204576694	4.78
6	上海金桥出口加工区开发股份有限公司	165953687	3.88
7	长城信息产业股份有限公司	143000000	3.34
8	上海建工集团股份有限公司	133523008	3.12
9	上海致达科技集团有限公司	124800000	2.91
10	绿地控股集团有限公司	105538347	2.46
合计		3309253856	77.28

公司投资业务弹性较大。自营业务是公司的核心业务，投资收益已成为其最重要的收入来源。据Wind统计，2012年、2013年和2014年，公司自营业务收入(投资收益与公允价值变动收益之和)分别为13.44亿元、22.73亿元和40.42亿元，占营业收入比例分别为56.44%、70.07%和 73.50%。公司2012年、2013年和2014年自营规模分别为239.84亿元、320.49亿元和395.66亿元，平均增速为28.44%。东方证券自营业务收入占比明显高于行业平均水平。

二、两次冲击IPO折戟沉沙

东方证券招股说明书显示，东方证券2013年营业收入为32.87亿元，净利润10.2亿元，2012年营业收入为23.81亿元，净利润6.09亿元，2011年营业收入为25.73亿元，净利润9.08亿元。其中，自营业务更是发展迅速，收入占比连年增加。2011年、2012年、2013年公司自营收益分别达到81466.37万元、125438.13万元、215976.6万元，收入占比分别为31.66%、52.68%、65.69%。东方证券近三年连续上涨的自营收益，与2008年自营亏损逾21亿元形成鲜明对比。东方证券就曾因为财务问题，两次被挡在IPO的门外。

早在2001年，东方证券就提出了上市计划，并于2003年完成首次增资控股。2003年9月东方证券整体变更为股份有限公司。就在公司上市前景愈见明朗时，2005年公司净利润亏损3168.55万元，业绩亏损首次阻碍了东方证券的上市之路。2007年，东方证券重启上市计划，与光大证券互为保荐人。但是受到全球金融危机的影响，2008年公司自营业务出现巨额亏损，最终影响全年业绩，未达到证监会对于上市公司“三年持续盈利”这一硬性指标。

2008年，东方证券实现经纪收入15.33亿元，投行收入6761.62万元，资产管理业务2.35亿元。尽管2008年东方证券投资净收益为9.96亿元，但和公允价值变动损益合并后，其自营业务仍亏损21.21亿元，最终致使公司全年业绩净亏逾8.8亿元。因此，东方证券未能赶上券商上市热潮，IPO计划再度折戟。

在经历了2009年和2010年连续盈利之后，东方证券的上市计划有望再度重启。2009年东方证券净利润19.1亿元，2010年净利润13.15亿元，2011年净利润9.49亿元，终于实现连续三年盈利的基本要求。但是在2012年11月3日浙江世宝发行之后，IPO迎来了史上最长的停摆，东方证券的上市之路也一直延迟至今。回顾东方证券上市之路，公司账面上出现的几次巨亏，导致外界对东方证券持续盈利能力和成长性产生了质疑，对上市之路也产生一定的负面影响。

三、评析

作为证券史上近三年来最大的一笔IPO项目，东方证券IPO的上市之路着实引人关注。无论是其2013年坎坷的申请之路，还是一朝上市后带来的“影子股”的走势，都引起了证券界和社会大众的广泛关注。

但毫无疑问，作为一个资本投资能力出众、投资团队成熟、盈利稳定性增强的公司，东方证券自营及资管业务均保持着行业领先优势。尽管多年以来的财务问题，以及宏观大环境的形势困扰着一心想上市的公司，但近年来，自营收入稳步攀升，资管业务主动性产品规模持续增长，成熟、稳健的投资团队增强了自营、资管业务盈利的稳定性，如公司资管团队拥有超过15年的投资管理经验等，均帮助公司增强了自身实力，更加符合上市融资的条件。此外，公司集团化、多元化的买方业务布局，进一步强化了公司投资能力方面的既有优势。可以说，东方证券折戟沉沙多年后，一朝终于扬眉吐气，凭借自身的努力，上下求索，终获成功。

东方证券的IPO上市项目，不仅将为其投资者带来丰厚的投资收益，与此同时，也使中国的证券市场更加成熟完善，进一步积累了审核和检验成熟公司的经验，必将成为一个重要的经典案例，为其进一步启示其他公司，拓展更多拟上市企业的视野和经验奠定坚实的基础。

荣誉证书

上海金茂凯德律师事务所：

荣获上海股权托管交易中心2015年度“最具成长潜力专业服务机构”。

特发此证，以资鼓励！

上海股权托管交易中心股份有限公司

2016年1月26日

中国太平保险集团
完成8亿美元的首单境外投资项目

金凯德

2015年6月，中国太平保险集团（以下简称中国太平）正式迈出了海外不动产投资的步伐。其参与发起设立的海外投资基金正式成立，并已携手纽约著名开发商投资了位于纽约曼哈顿核心区域的商业地产翠贝卡111项目。

一、背景介绍

2012年10月，中国保监会发布《保险资金境外投资管理暂行办法实施细则》（保监发〔2012〕93号），允许国内保险公司在45个指定国家和地区投资不动产及相关金融产品。随着保险资金投资限制的放开以及西方经济的回暖，中国保险公司纷纷出海配置资产，而保险资金最青睐的资产当属不动产。

中国平安于2013年斥资2.6亿英镑收购了伦敦的劳合社大楼(Lloyds Building)，成为中国首家进行海外物业投资的保险公司。中国人寿保险紧随其后，2014年6月其与卡塔尔控股以7.95亿英镑收购伦敦金丝雀码头10 Upper Bank Street办公楼。此外，安邦保险、阳光保险分别以19.5亿美元、2.3亿美元将纽约华尔道夫酒店、悉尼喜来登公园酒店收入囊中。国内保险公司短短两年多无疑已迅速成长为海外物业的“新贵”买手。

2015年，中国太平也加入海外买楼的行列，投资位于纽约曼哈顿核心区域的地产项目，中国太平成为继中国人寿、中国平安、泰康人寿、安邦保险、阳光保险之后又一家涉足海外房地产市场的保险公司。

二、案例分析

翠贝卡111项目投资总额约8亿美元，是由中国太平联合开元城市发展基金、厚朴资本等发起设立的海外投资基金，携手纽约最著名的开发商Fisher Brothers和Witkoff，由黑石集团提供项目贷款进行共同投资。

该项目位于纽约曼哈顿下城的翠贝卡区，毗邻高盛总部大楼。该区作为2013年美国豪宅销售均价和平均地价双冠王，地理位置卓越。其建筑面积约38万平方英尺，共58层，比周围建筑至少高出90英尺，能够提供无阻挡景观。

纽约作为美国的最大城市和世界的金融中心，其房地产市场吸引着海外资金的不断涌入。即使在2008年国际金融危机中，纽约房地产市场受到的冲击在美国也最小。随着美国经济逐步复苏，美国一线城市的房地产市场强势格局已经确立。投资开发美国优质房地产项目，择优配置美元资产，将有效分散资产配置风险，提高投资回报，这也正成为国内包括保险公司在内的各类机构“出海”的稳妥选择之一。

与其他保险公司大多采用直接收购不动产不同，中国太平此次投资翠贝卡111项目，是通过设立海外股权投资基金的形式，与当地有实力的房地产开发机构开展本土化合作，并在国内外专业的法律、财务等中介机构的支撑下，以投资控股项目公司、全程参与项目开发的方式，进行保险资金的全球资产配置。

该项目基本交易架构为保险资金投资不动产金融产品，通过不动产金融产品以股权投资境外项目公司的形式，进行境外不动产开发。从该项目保险资金运用的合规性角度分析，需要符合保监会《保险资金运用管理暂行办法》、《保险资金境外投资管理暂行办法》、《保险资金境外投资管理暂行办法实施细则》（保监发〔2012〕93号）等相关规定。除受到保监会的行业监管外，仍需按照境外投资的常规流程履行发展改革委、商务委员会的审批/备案以及外汇登记等程序。

鉴于该项目交易结构复杂，且涉及跨境交易，也存在包括但不限于收购项目的尽职调查、项目审批及项目进程相互衔接、跨境融资等风险，经咨询律师、会计师、税务师等专业中介机构，并充分利用海外投资基金其他发起方丰富的投资经验，中国太平有效降低了交易风险。

通过股权投资基金的方式来投资，对实现收益和控制风险都将更有帮助，包括对项目的控制风险、操作性风险以及之后的退出管控。与办公楼、酒店相比，中国太平此次投资的商业地产项目在退出方面更为简单明了，预计2018年9月左右项目就会售卖完毕，而基金就会从项目中退出进行分红。

三、结语

此次境外投资对中国太平具有重要现实意义和深远影响，从中国太平的发展战略来看，“三年再造”目标达成后，下一步将打造“最具特色和潜力的精品保险公司”。目前，中国太平已经从上到下地开始实施精品战略，向纵深、做精做细的方向进行再造，该项目也是在精品上下工夫，将成为一个行业内的精品项目，也必将为中国太平进一步拓展海外投资市场奠定坚实的基础。

上海股权托管交易中心
SEE SHANGHAI EQUITY EXCHANGE

会员资格证书
CERTIFICATE OF MEMBERSHIP

会员类型：中小企业股权报价系统推荐机构　　证书编号：BF0582

上海金茂凯德律师事务所

经审核，贵公司符合作为上海股权托管交易中心中小企业股权报价系统推荐机构的条件，特发此证。
Has satisfied the requirement as member of Shanghai Equity Exchange

颁证日期：二零一五年四月三十日
有效期至：二零一六年四月二十九日

上海股权托管交易中心股份有限公司

瑞安房地产境外发行
优先可换股永久资本证券

金凯德

瑞安房地产有限公司于2004年成立，并于2006年10月在香港联合交易所上市（以下简称瑞安房地产或公司，股份代码：272），为瑞安集团在中国内地的房地产旗舰公司。瑞安房地产总部设于上海，在发展多功能、可持续发展的社区项目方面拥有卓越的成绩，在内地房地产市场奠定了稳固的基础。瑞安房地产在中国内地开发运营了优质品质的住宅、办公楼、零售、娱乐及文化等项目。公司以创新独到极具弹性的手法进行项目的整体规划，力求项目发展能配合当地政府制订的整体城市规划，并把当地城市的历史文化特色融入项目的设计及业务发展策略中。发展项目充分体现“整体社区”理念，力争打造一个集生活、工作、休闲于一体的独特环境，丰富全面生活体验。目前，公司在上海、重庆、武汉、大连和佛山中心地段有8个处于不同开发阶段的项目，公司土地储备达1210万平方米（980万平方米发展为可供出租及可供销售的项目，230万平方米规划为会所、停车位和其他设施）。

近些年，房地产企业寻求境外融资以获取中短期现金流及优化公司财务结构的数量日趋增长。瑞安房地产董事会把此次发债看做获取现金流的良机，认为认购协议的条款公平合理，符合股东及公司整体利益。

一、瑞安房地产此次发行美元债券概况

2015年6月4日，瑞安房地产公告，完成发行由瑞安房地产担保，由Shui On Development发行的2.25亿美元7.50%优先可换股永久资本证券，用于偿还到期债务和拨付有关集团房地产或设备的资本开支。

二、此次发行主要订约方

此次发行的发行人是Shui On Development，担保人是瑞安房地产有限公司（Shui On Land Limited)，独家全球协调人是 J.P.Morgan， 联席账簿管理人是渣打银行。

三、此次发行换股股份的一般授权

发行证券及换股股份取得股东批准。换股股份将根据一般授权发行。按初步换股价计算，换股股份将根据一般授权使用约540390334股股份。

四、此次发行的方案

1. 发行人： Shui On Development。
2. 担保人：瑞安房地产有限公司 （Shui On Land Limited)。
3. 本金额：225000000美元。
4. 发行价：100% 本金额。
5. 分派率： 每年7.5%。
6. 换股价： 3.228港元。
7. 换股： 按证券持有人的选择于2015年7月15日或之后任何时间（或发行人要求赎回证券，则直至及包括不迟于指定赎回日期前7日之日期的营业时间结束止）予以行使。因行使换股权而发行的换股股份数目须按将转换证券的本金额（按固定利率7.7528港元=1.00美元转换为港元）除以换股日期生效的换股价规定。
8. 募集资金用途：发行所得款项净额的绝大部分用于偿还近期将到期的现有债务，余下部分用于拨付与房地产或设备有关的资本开支。

五、此次发行所涉借股协议

瑞安地产有限公司（作为出借人）与J.P. Morgan订立借股协议，合计借出

 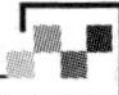

最多350000000股股份。借股协议涉及的最高数目为350000000股股份，占发行股本的4.36%。

六、此次发行对持股架构的影响

证券按初步换股价每股3.228港元(可予调整)悉数转换为股份，且并无进一步发行股份，可转换为约540390334股新股，相当于瑞安房地产当期公布日期已发行股本约6.73%及扩大的已发行股本约6.32%。完成换股后，主席罗康瑞及其联系人的持股由57.12%被摊薄至53.52%。

七、评析

资金周转是房地产企业经营管理中相当重要的一个环节，由于房地产企业的主营业务房地产开发需要大量的资金投入，而房地产的收益又并不会很迅速地收回大量的现金，因此，如何保有流动性头寸，如何控制资金周转的速度和效率对房地产企业来说至关重要。

近些年，房地产企业寻求境外融资以获取中短期现金流及优化公司财务结构数量日趋增长。瑞安房地产董事会把此次发债看做获取现金流的良机，并将此次发行的债券作为重要的优化公司财务结构及调整、弥补公司现金流的重要手段进行操作。通过结合内部资源及不同的融资方式，公司努力在资金的持续性与灵活性之间维持平衡，力求将财务状况维持在健康水平。公司多次融资旨在调整负债结构，以缓解短期偿债压力。

在中国大陆地区，为了控制房价的上涨，2010年监管层对于房地产商的融资渠道进行了严格限制。曾经，房地产开发商主要利用债券市场来进行融资，然而从2010年开始，国家对房地产调控加强，房地产企业的融资渠道受到严格限制，贷款、债券、股票融资均受到抑制。但2014年，上市房企通过中期票据等方式进行再融资的闸门又被重新打开了。

房地产企业本身也热衷于用债权融资方式募集资金。发债的成本相比信托成本要低得多，而且可能比银行信贷成本还要低。对于房地产商而言，目前融资压力太大。为了控制风险，银行对一些中小房地产公司开始收紧信贷政策。

我国经济在未来的一段时间之内将仍然处在合理的增长区间之内，积极的财政政策和稳健的货币政策仍然是今后一段时间的主导宏观调控方针。在这样的大背景之下，加之中国城市化进程加快、农民工进城务工比例增大、农民产业工人化的步伐在提速，房地产行业形势仍然处于增长势头。随着新盘开发不断，项目不断增加，越来越多的资金需要投入房地产项目当中，房地产企业也越来越多地需要更加便利和低成本的融资渠道。瑞安房地产此次债券的发行，给中国其他房地产企业一个重大启示：无论是国内，还是国外的债券市场，都可以也应当被房地产企业合理利用，以此来募集资金，调整流动性头寸，使房地产企业维持健康的财务状况，并不断向着良好态势，以可持续的方式发展，为我国社会主义经济建设和全面建成小康社会作出应有贡献。

上海股权托管交易中心
SEE SHANGHAI EQUITY EXCHANGE

会员资格证书

CERTIFICATE OF MEMBERSHIP

会员类型：专业服务机构会员　　证书编号：ZL0183

上海金茂凯德律师事务所

经审核，贵公司符合作为上海股权托管交易中心专业服务机构会员的条件，特发此证。
Has satisfied the requirement as member of Shanghai Equity Exchange.

颁证日期：二〇一五年三月十二日
有效期至：二〇一六年三月十一日

上海股权托管交易中心股份有限公司

上海建工集团整体上市后成功首秀国际资本市场

金凯德

东方明珠塔，金茂大厦，环球金融中心，上海中心大厦……当你身处浦东陆家嘴，抬头仰望争相划过天际线的摩天大楼时，恐怕从未想到过，这些绝对“高大上”的建筑艺术作品，均出自同一家企业之手——上海建工集团股份有限公司（以下简称上海建工或公司，股票代码：600170），这些不断刷新的“上海高度”，恰恰是企业最好的名片。

上海建工作为全国著名的建筑类上市企业，是中国建设行业的龙头企业，承担了中国城市现代化建设的重任。自成立以来，上海建工多次刷新中国乃至世界工程建设史上的纪录。在积极参与中国城市化进程中，为各地奉献了众多工程精品，包括超高层建筑、大型桥梁工程、轨道交通工程、宾馆商贸楼宇工程、公共文化体育工程、工业工程、环保工程等。同时，在全球30多个国家和地区，承担了近百项工程，其中不少工程成了当地的标志。

上海建工在国内资本市场上历经2009年重组和2011年重组后，在2014年非公开发行股票募集资金40亿元，此后，通过中国银行间市场交易商协会等发行中期票据、永续债、短期融资等融资工具，完成对“管资本”的实践。

上海建工的施工承包业务早已走出海外，但上市公司的资本经营并没有走出去，海外资本市场对上海建工没有认识。为进一步深化主业，发展市场，上海建工资本必须走出海外。作为上海市首批实现经营性资产整体上市后，上海建工积极谋划在国际资本市场一展身手。2015年，上海建工将目光放在国际资本市场。为满足公司境外业务发展及投资的需要，同时为了控制融资成本，规避汇率风险，2015年7月21日，上海建工以在维京群岛设立的离岸公司永达投资有限公司为主体发行5年期4亿美元债券，在香港联交所挂牌交易，债券票面年利率为3.75%。

此次境外美元债发行，主承销商为海通国际和汇丰，中国银行与澳新银行联合承销，金茂凯德律师事务所作为发行人律师，为上海建工提供了全程法律服务，参与了本次境外美元债发行的全过程。国际化的配置帮助上海建工在国际市场的发债顺利推进。

一、此次债券发行的批准和授权

2015年3月28日，上海建工召开第六届董事会第二十一次会议，审议通过《上海建工集团股份有限公司关于境外全资子公司发行境外美元债券的议案》，同意公司以境外全资子公司作为发行主体发行规模不超过5亿美元的境外美元债券，并提请股东大会授权公司管理层办理与该债券发行相关的一切事项。

2015年4月17日，上海建工召开2014年度股东大会，审议通过《关于境外全资子公司发行境外美元债券的议案》，同意公司境外全资子公司（或新设境外全资子公司）发行规模不超过5亿美元的境外美元债券，同意公司为此境外债券项下的清偿义务提供无条件的不可撤销的连带责任保证担保（担保范围包括境外债券本金、利息及实现主债权的费用），并授权公司管理层负责确定境外债券发行的具体条款、条件和其他事宜（包括担保事项等与境外债券发行有关的一切事宜），并就此签署相关的协议和法律文件（包括但不限于担保契约）。

二、此次债券发行的方案

1. 发行人名称：永达投资有限公司（YONGDA Investment Limited）。

2. 担保人：上海建工。

3. 发行规模：40000万美元。

4. 债券期限：5年。

5. 债券利率：票面年利率为3.75%，每半年支付一次。

6. 债券评级：Baa1（穆迪） BBB（标普） BBB（惠誉）。

7. 担保人主体评级：Baa1稳定（穆迪） BBB 稳定（标普） BBB 稳定

（惠誉）。

8. 到期日：2020年7月21日。

9. 适用法律：英国法律。

10. 募集资金用途：此次债券发行的募集资金将在符合相关规定的前提下用于境外不动产、股权投资及补充境外业务营运资金。

三、此次债券发行的主体

永达投资有限公司（YONGDA Investment Limited）是公司为发行境外美元债券而设立的境外间接全资子公司。该公司基本情况如下：

1. 名称：永达投资有限公司（YONGDA Investment Limited）。

2. 注册地址：Nemours Chambers，Road Town，Tortola，British Virgin Islands VG1110（英属维尔京群岛）。

3. 授权资本：50000 美元。

四、此次债券的担保

此次境外全资子公司永达投资有限公司（YONGDA Investment Limited）发行了总额为4亿美元的高级无抵押固定利率债券。根据公司于2015年7月21日签署的《担保契约》，公司就永达投资有限公司（YONGDA Investment Limited）发行的金额为4亿美元、票面年利率为3.75%，于2020年到期的美元债券提供连带责任保证担保。

五、此次债券的发行

评级是决定海外发债成功与否最为关键的部分，上海建工为发行境外美元债，聘请了三大国际评级机构。穆迪、标普、惠誉授予此债券评级分别为Baa1级、BBB级、BBB级，这是国内建筑企业获得的最高评级水平。

国际市场环境瞬息万变，上海建工此次海外债券的发行并非一帆风顺。按照发行计划，企业评级已于2015年3月完成，路演安排于6月，紧随其后的便是定价环节，时间紧凑。然而就在上海建工于新加坡海外路演完成的第二天，即7月1日，希腊政府宣布对IMF的贷款违约。在之后的两周里，上海建工的项目团队每天上午8点半准时与香港相关承销商举行电话会议，判断市场变化。2周后，希腊事件终于稍有缓和。7月21日，上海建工定价发行。在正确的时间做正确的事情，一切就变得顺利。定价当日上海建工即获超额认购，最终确定了一个合理的价格。

2015年7月21日，公司境外全资子公司永达投资有限公司（YONGDA Investment Limited）已经在香港完成了总额为4亿美元的高级无抵押固定利率债券发行。此次债券发行依据美国证券法S条例向专业投资人发售，获准于2015年7月22日在香港联合交易所有限公司上市，证券代码：5543。

对于上海建工而言，多年来施工承包业务早已出海，在海外也有一定的自有资金的投资项目，如果上海建工要真正成为一家国际上有影响力的企业，就必须让资本走出去，让国际资本市场认可，发行美元债券、融资并非唯一目的。作为国内领先的建筑施工类企业，上海建工不论是通过境内银行贷款，还是通过境外银行内保外贷，都可以较为顺利地拿到具有竞争力优势的低价资金。因而发债更为重要的目的是在国际资本市场上实现从0到1的突破。

发行境外美元债券有助于拓宽外币融资渠道，为上海建工境外业务发展、扩大对外投资提供必要的资源，同时有助于海外的投资者、供应商和客户更全面地了解上海建工，提升上海建工在国际市场的知名度。境外市场发行美元债券有利于降低公司融资成本，同时规避汇率风险。

三爱富完美借力定向增发 打造中国氟化工巨龙

金凯德

2015年7月15日，上海三爱富新材料股份有限公司（以下简称三爱富，股票代码：600636，股票简称：三爱富）非公开发行的64991334股人民币普通股（A股）股票在上海证券交易所正式挂牌上市，募集资金总额为1499999988.72元，募集资金净额为1477599988.72元。

金茂凯德所有幸作为三爱富的法律顾问，为三爱富此次非公开发行提供了全程的专业法律服务。

一、三爱富的背景

1992年8月28日，经上海市人民政府沪科（1992）第125号文批准，在上海市闵行区的吴泾化工基地，由上海市有机氟材料研究所以相关资产3000万元改制设立的上海三爱富新材料股份有限公司宣告成立。翌年3月16日，伴随上海证券交易所开市锣声，三爱富正式登陆资本市场，成为我国由科研院所以相关资产改制设立并上市的第一家股份公司。

上市之初，三爱富总股本仅5000万股，与诸多重量级的上市公司相比，可谓资本市场的一只“小舢板”。当时，我国的氟化工产业尚处起步阶段，作为一家由科研院所以相关资产改制设立的上市公司，三爱富肩负着振兴我国氟化工产业的责任和担当，带着广大投资者的信任与期盼，走上了中国氟化工产业的开拓奋进之旅。

光阴似箭，20余年来三爱富不辱使命，顶住了无数的风浪挑战，在中国氟化工领域不断挺进，写下一页页坚持和跨越的篇章，成就了一项项创新与发展的辉煌业绩。

从国内第一套千吨氟橡胶工业试验装置诞生，到三爱富产品运用于“神五”、“神六”及系列载人飞船，圆梦蓝天；从通过国家级技术中心认证，到创造多个世界第一，实现与世界氟化工巨头最先进管理水平的对接。这一切正是对三爱富相信创新、致力创新、勇于创新实践最好的诠释。

二、此次非公开发行的背景

此次非公开发行，是三爱富时隔13年后再次试水资本市场，所募集的资金也创下三爱富历史之最，表明了三爱富顺此次非公开发行之势，巩固中国氟化工领先地位，争创国际知名氟化工企业的雄心壮志。

早在2013年底，三爱富就筹划了此次非公开发行，项目代号腾飞。2014年6月，三爱富召开了第八届董事会第一次临时会议，审议通过了此次非公开发行的相关议案。经过一年多的准备，于2015年4月，三爱富收到了中国证券监督管理委员会核发的《关于核准上海三爱富新材料股份有限公司非公开发行股票的批复》（证监许可〔2015〕620号），核准此次非公开发行。

三、此次非公开发行的基本情况

（一）发行股票种类及面值

此次非公开发行股票种类为境内上市人民币普通股（A股），每股面值为人民币1.00元。

（二）发行数量

根据投资者认购情况，此次共发行人民币普通股（A股）64991334股，全部采取向特定投资者非公开发行股票的方式发行。

（三）发行价格

根据三爱富第八届董事会第一次临时会议及2014年第二次临时股东大会，三爱富此次非公开发行股票价格不低于12.24元/股，即不低于定价基准

日（董事会决议公告日2014年6月7日）前20个交易日三爱富股票交易均价的90%，并且不低于2014年底经审计的三爱富每股净资产。2014年6月16日，三爱富实施了2013年度利润分配方案，每10股派发现金红利0.60元（含税），此次非公开发行底价由不低于12.24元/股相应调整为不低于12.18元/股。2015年4月30日，三爱富实施了2014年度利润分配方案，每10股派发现金红利0.10元（含税），此次非公开发行底价由不低于12.18元/股相应调整为不低于12.17元/股。在此原则下，股东大会授权董事会根据发行对象申购报价的情况，遵照价格优先原则确定。三爱富和摩根士丹利华鑫证券有限责任公司（以下简称主承销商）根据此次非公开发行的申购情况对有效申购进行了累计投标统计，通过簿记建档的方式，按照价格优先、数量优先的原则，最终确定此次非公开发行的发行价格为23.08元/股，相当于此次非公开发行申购日（2015年6月8日）前20个交易日均价的113.08%。

（四）募集资金和发行费用

此次非公开发行募集资金总额为1499999988.72元，扣除发行费用（包括承销费用、保荐费用、律师费用、验资费用、发行登记费、信息查询专项服务费等）22400000.00元后，实际募集资金1477599988.72元。

（五）此次非公开发行对象的申购报价及获配情况

2015年6月8日，在金茂凯德律师事务所的全程见证下，主承销商和三爱富共收到26家投资者回复的《上海三爱富新材料股份有限公司非公开发行股票申购报价单》及其附件，经主承销商与金茂凯德律师事务所的共同核查，除14家公募基金公司按照证监会规定不需要缴纳保证金外，其余投资者均按约定缴纳保证金1000万元，报价均为有效报价。

依据投资者填写的申购报价单，并根据发行方案、认购邀请书中规定的认购对象和认购价格确定原则，三爱富与主承销商按照价格优先、数量优先的原则，共同协商确定此次非公开发行的发行对象及其具体获配股数如表1所示。

表1 三爱富定向增发对象及获配情况

序号	认购对象	获配股数（股）	获配金额（元）
1	上海华谊（集团）公司	20810225	480299993.00
2	易方达基金管理有限公司	12998266	299999979.28
3	财通基金管理有限公司	7185878	165850064.24
4	长安基金管理有限公司	6932409	159999999.72
5	创金合信基金管理有限公司	6232668	143849977.44
6	浙江浙商证券资产管理有限公司	5632582	129999992.56
7	招商财富资产管理有限公司	5199306	119999982.48
合计		64991334	1499999988.72

（六）此次非公开发行的募集资金用途

此次非公开发行股票计划募集资金不超过150000万元，扣除发行费用后的募集资金净额计划投资于表2中所列项目。

表2 三爱富定向增发募集资金用途

序号	项目名称	项目总投资额（万元）	募集资金拟投入金额（万元）
1	年产3500吨氟橡胶（FKM）和3500吨聚全氟乙丙烯（FEP）项目	59642.37	59000.00
2	年产10000吨六氟丙烯、150000吨副产盐酸、100吨四氟乙烷亚硫酸钾、200吨醋酸丁酯产品技术改造项目	58942.00	58000.00
3	补充流动资金		33000.00
合计			150000.00

四、此次非公开发行的意义

（一）时隔13年后再次试水资本市场

三爱富上一次在资本市场崭露头角，还要追溯到2002年三爱富配股。时隔13年之久，三爱富再一次在资本市场上迈出了坚实的一步，也向世人展示了争当国企改革排头兵、勇创资本市场的老牌国企新时代下的生命力。

（二）募集资金创下历史之最

此次非公开发行前，三爱富1993年发行上市时募集资金51000000.00元（每股34.00元/股，共1500000股），1993年配股时募集资金28800000.00元（每股2.40元/股，共12000000股），2002年配股时募集资金130998928.00元（每股8.00元/股，共16374866股），累计募集资金总额210798928.00元。此次非公开发行时，三爱富募集资金总额为1499999988.72元（每股23.08元/股，共64991334股），超过三爱富前几次募集资金的总和，为三爱富历史之最。

（三）腾飞中的中国氟化工巨龙

三爱富，凝聚了几代中国氟化工人的心血，承载着几代中国氟化工人的梦想，顺此次非公开发行之势，三爱富势必将巩固国内一流氟化工企业地位，力争成为国际知名氟化工企业。如今，三爱富这条腾飞中的中国氟化工巨龙已翱翔天际！

绿地借壳金丰投资缔造本土世界500强融合资本市场典范

金凯德

2015年8月18日，绿地控股集团股份有限公司（以下简称绿地集团）在上海证券交易所举行股票上市仪式。即日起，金丰投资（600606.SH）正式更名为绿地控股，证券代码保持不变。以8月18日开盘价25.10元/股计算，绿地控股最新动态市值约为3000亿元，位居沪深两市房地产行业板块首位。绿地控股首演亮相也标志着绿地集团完成整体上市，正式登陆A股市场。绿地集团的业务范围涉及房地产、金融、基建、汽车、园林等多个行业，绿地以公众化、资本化、国际化为导向，做强主业，并加快推进大基建、大金融、大消费三个重点领域。

一、重组基本情况

上海金丰投资股份有限公司（以下简称金丰投资）于2014年3月17日晚间披露公司重大资产置换及发行股份购买资产暨关联交易预案，公司拟以全部资产及负债与控股股东上海地产（集团）有限公司（以下简称地产集团）持有的绿地控股集团有限公司（以下简称绿地集团）等额价值的股权进行置换，置出资产由上海地产集团或其指定的第三方主体承接。同时，公司拟向绿地集团全体股东，包括上海市城市建设投资开发总公司、上海地产集团、上海中星(集团)有限公司、上海格林兰投资企业(有限合伙)、上海市天宸股份有限公司、深圳市平安创新资本投资有限公司、上海鼎晖嘉熙股权投资合伙企业(有限合伙)、宁波汇盛聚智投资合伙企业(有限合伙)、珠海普罗股权投资基金(有限合伙)、上海国投协力发展股权投资基金合伙企业(有限合伙)发行股份购买其持有的绿地集团股权，其中向上海地产集团购买的股权为其所持绿

地集团股权在资产置换后的剩余部分。此次交易完成后，金丰投资的全部资产及负债将被置出，金丰投资将持有绿地集团100%股权。

此次重大资产重组包括资产置换和发行股份购买资产两项内容：公司拟以全部资产及负债与绿地集团100%股权中上海地产集团持有的等额价值的股权进行置换。同时，公司拟向绿地集团全体股东，包括上海城投总公司、上海地产集团、中星集团、上海格林兰、天宸股份、平安创新资本、鼎晖嘉熙、宁波汇盛聚智、珠海普罗、国投协力，发行股份购买其持有的绿地集团股权，其中向上海地产集团购买的股权为其所持绿地集团股权在资产置换后的剩余部分。上述两项内容互为条件，互为前提，如果其中任何一项未获得所需的批准或核准，则此次重大资产重组自始不生效。

二、否极泰来转型地产航母

金丰投资属于房地产类上市公司，其主要业务包括房地产流通服务、投资开发、金融服务和代建管理等。近几年来，国家对房地产市场加强调控力度，新的政策相继出台。受国家宏观市场调控政策及房地产企业融资受限的影响，金丰投资经营及盈利受到一定影响。虽然金丰投资近年来根据行业发展的情况，调整并确定了“投资+服务”的发展定位，逐步转型为房地产领域综合服务商，但上市公司的经营状况仍受到房地产宏观调控的一定影响。因此，金丰投资需要转型发展以寻求新的经营业务及利润增长点，以应对宏观经济环境和行业发展的变化。

绿地集团是中国第一家跻身《财富》杂志世界500强的以房地产为主业的综合性企业集团，且在中国房地产主业的综合性企业集团中排名第1位。绿地集团的主营业务包括房地产主业及其延伸产业，包括建设建筑、酒店及商业运营等业务，还涉足能源、汽车、金融等其他产业。绿地集团作为上海市国有控股特大型企业集团，在2013年《财富》杂志世界500强排名中位居第359位，在2013年中国500强企业中排名第55位。绿地集团通过二十多年来的飞速发展，形成房地产主业突出，能源、金融等相关产业并举发展的多元化产业布局，为了未来更快更好地做大做强，尤其是走好国际化之路，依托资本市场是其发展壮大的必由之路。因此，绿地集团需要利用上市公司资本运作平台，把握自身发展的有利时机，拓宽融资渠道，提高核心竞争力，加快业务发展，实现公司战略发展目标。

三、评析

此次交易前，金丰投资控股股东为上海地产集团，实际控制人为上海市国资委。此次交易完成后，上海城投总公司、上海地产集团及其全资子公司中星集团、上海格林兰持股比例较为接近，且均不超过30%，上述股东中没有任何一个股东能够单独对金丰投资形成控制关系，金丰投资将成为上海市国资系统中的多元化混合所有制企业。

从表面上来看，金丰投资重组方案似乎只是上海国资改革背景下企业重组的一个典型案例而已，但是对于房企与房地产行业来讲，并非止于此。无论是对地产重组、房企再融资、房企内地上市，还是对企业双平台战略的构建、行业发展趋势等方面均有启示意义。

从国企重组与改革的角度来讲，金丰投资重组完成后，上市公司成为上海市国资系统中的多元化混合所有制企业。从地产重组的角度来讲，重组交易完成，意味着国资系统的地产重组放开预期，未来地产重组或逐步开放。这不仅仅是国资系统中企业向多元化混合所有制企业转变，或许也为国企“退房”寻求了一种出路。

绿地集团借壳金丰A股整体上市后，绿地香港将成为A股公司的控股子公司。届时，绿地旗下的地产业务将实现在内地及香港市场双上市平台战略。首先，双平台为公司逆势扩张谋求更多市场提供的发展动力，未来，双平台加速器将导致市场集中度越来越高，大者恒大、强者恒强的局面也将持续。其次，双平台成为公司融资渠道的双保险。公司打造双平台的做法是为自身发展在融资渠道上上一个双保险。公司的境内、境外两个融资渠道，在未来，一旦有一个融资渠道收紧，公司就可以通过另外一个融资渠道继续融资，整体上可以规避依靠单一融资平台的风险。从此，公司打造双平台的做法为公司顺利发展提供了融资渠道畅通的保障。

金丰投资重组方案交易完成后，将加剧房地产行业“龙争虎斗”的局面，市场竞争将更加激烈。市场总是在变化的，在市场竞争过程中发生的市

场地位的变化也是正常的。在规模化扩张的同时，如何提高利润率才是最关键的问题，如何把控好公司体系内不同项目的组合进行高周转成为企业谋求快速规模化扩张、抢占行业第一军团的“必修课”。

通过此次交易，金丰投资拥有绿地集团100%股权，转型成为国内房地产行业领军企业，且同时具有房地产延伸行业及能源、汽车、金融等多元化业务作为辅助支撑，形成综合性大型产业集团，从而将大幅提升金丰投资的资产质量，大大提高公司的盈利能力和持续发展能力，进而为公司股东带来丰厚回报。

均瑶集团发行债务融资工具为“百年老店”夯实根基

金凯德

上海均瑶集团有限公司（以下简称均瑶集团）作为国内知名的民营企业，十几年来顺应我国不断改革开放的大趋势，经过王均瑶、王均金和王均豪三兄弟的努力合作，集团从无到有，从小到大，目前规模已位居中国民营企业排行榜500强第266位。自2004年下半年王均金掌管均瑶集团后，研究制定了组织创新、专业管理、价值增长、稳健发展的经营方针，进一步确立了建百年老店的核心价值观，合理调整集团内部产业结构，扬长避短，促进优势发展，使均瑶集团比较平稳地步入了第二次发展的轨道，并且呈现出良好的发展态势。目前，均瑶集团以航空运输、百货零售、汽车经销为主营业务，现有员工10662人，处于中国民营企业的领先地位。集团旗下的航空板块主要有两个品牌：吉祥航空和新成立的九元航空。吉祥航空以上海为基地，在“一带一路”的大背景下以上海浦东国际枢纽港利益最大化为原则展开合作，目标定位于中高端公务、商务和商务休闲航空市场，2006年9月实现首航，当年就宣布盈利；九元航空则是吉祥航空以78.9%的比例控股设立的廉价航空公司，以广州为基地，2014年2月获批筹建，12月首航。

2015年，均瑶集团加速各板块的布局，集团旗下吉祥航空顺利上市，并且控股了大东方（股票代码600327）。同时，均瑶集团协议受让上海国际集团有限公司所持的上海爱建集团股份有限公司（以下简称爱建集团，股票代码600643）A股101819098股股份，占爱建集团总股本的7.08%；若均瑶集团后续借力定向增发增持爱建集团股权，均瑶集团旗下将有3家上市公司，并有望借爱建集团雄厚的金融实力迅速打造均瑶金融版图。均瑶集团各板块的布局可谓步步精心，其战略推进可谓其徐如林，其疾如风。

均瑶集团宏伟版图的构建、百年老店的打造离不开持续稳定的资金支

持，为了企业的持续发展，打开民营企业集团融资新路，均瑶集团于2015年2月5日及9月10日分别发行了两期中期票据（2015均瑶MTN001、2015均瑶MTN002），共募集资金15亿元。2015年12月2日，均瑶集团向中国银行间交易商协会申请注册了额度为40亿元的超短期融资券。中期票据及超短期融资券的成功注册与发行是均瑶集团在债券市场上的重大举措，为公司在资本市场上树立了健康良好的企业形象。

中期票据是指具有法人资格的非金融企业依照规定的条件和程序在银行间债券市场发行并约定在一定期限内还本付息的有价证券。超短期融资券是由具有法人资格、信用评级较高的非金融企业在银行间债券市场发行的，期限在270天以内的短期融资券。除融资成本低的优点外，中期票据和超短期融资券还具备如下优势。

1. 融资便利快捷。一是降低了企业直接融资的准入门槛，主要强调有稳定的现金流，不需要担保，没有盈利水平和净资产收益率方面的要求；二是采用备案制式的发行程序且申请手续相对简单，准备时间短，企业工作量小；三是审批难度小、发行快速，企业只要找到愿意承销的中介结构、愿意购买的投资者，就可以申请。

2. 一次筹集资金数额大。中期票据的一次发行额度可按不超过企业净资产40%的比例申请。

3. 品种丰富且实行备案余额管理，可为企业提供稳定资金。由于采用备案制，实行余额管理，企业可一次申请余额，分次发行，在核定总额度后，企业只需在每期融资券发行前5个工作日将当期融资券的相关发行材料报备即可发行。公司发行中期票据，通常由承办经理安排一种灵活的发行机制，通过单一发行计划，可以多次发行期限不同的票据，这样更能切合公司的融资需求。

4. 能提高企业的信誉，提升企业形象。由于中期票据及超短期融资券是无担保票据，企业能成功发行这些融资工具，表明投资者对企业信用的认同，这将有利于增强企业信誉度和在资本市场上的美誉度及知名度，有利于企业以后的持续再融资。

上述中期票据及超短期融资的债务融资工具的推出，为均瑶集团快速、健康地发展提供了强大的资金支持。均瑶集团作为民营企业中的佼佼者，也一直奉行均瑶人自己的价值观，即做两件事：一是给社会创造价值；二是成就现代化服务业百年企业。均瑶集团提出了建设百年老店的目标，并努力按照现代企业管理方法管理企业，同时注重适应经济全球化和中国特色，按照“国际化的、品牌的、现代服务业企业集团”的目标定位，全面调整思路，及时转变增长方式，走出了一条具有均瑶特点的发展之路。

上海市商务委员会
Shanghai Municipal Commission of Commerce

聘书

兹聘任李志强为上海市商务委员会兼职政府法律顾问。聘期一年。

此聘

主任 英尚印玉

上海市商务委员会
2016年1月

红星美凯龙发行40亿元公司债券成就民企融资经典

金凯德

2015年，证券交易所公司债券成为房地产企业融资的重要金融工具。自2015年下半年以来，在其他融资渠道成本较高、资金压力增加，以及新版公司债发行主体扩容、审核效率和透明度大幅度提高的背景下，房企发行公司债已现井喷态势。上海红星美凯龙投资有限公司（以下简称红星美凯龙或公司）也趁势向合格投资者公开发行公司债，缓解融资需求。

红星美凯龙旗下架构是一体两翼，旗下两大核心子公司为红星美凯龙家具集团股份有限公司（以下简称红星家居）及上海红星美凯龙企业发展有限公司（以下简称红星企发），主营业务分别为家居建材商场业务、商业地产住宅开发业务。

作为红星美凯龙的家居业务平台，核心子公司红星家居成立于2007年6月18日，为国内最大的家居建材流通企业。红星家居自成立至今，已从渠道商的角色转变为以搭建商场平台为核心，从店面租赁转为买地建商场，从最初一家地方家具专营店发展到如今的全国百城百MALL连锁规模。红星家居始终遵循市场化经营、商场化管理模式，进一步深化与家居建材厂商、经销商的合作，持续优化所经营的家居建材商场内的进驻品牌结构，并通过精准营销、异业合作等方式为消费者提供更好的服务，引导消费者了解家居文化，使红星美凯龙成为消费者心中的家居生活专家。2015年，红星家居成功在香港上市，进一步拓展和丰富了自身的融资渠道。

作为红星美凯龙的地产业务平台，核心子公司红星企发成立于2010年6月11日，是一家专注于城市综合体开发建设的企业，业务已涵盖了房地产开发、建筑装饰设计、工程建设、园林绿化、建材购销等多个板块。自成立以来，红星企发一直致力于改善自身经营水平，探索新的业务模式，增加市场占有率，扩大在业界的影响，提升品牌价值；同时，红星企发致力于打造地方商业龙头，推动购物中心发展，充分发挥规模效应，并与家居集团产生协同效应。随着红星企发的持续快速发展，企业品牌也获得行业认可。由国务院发展研究中心、清华大学和中国指数研究院共同组成的中国房地产TOP10研究组对全国数百家地产开发公司以及百余家商业地产开发公司进行了综合评估，红星企发荣获年度中国商业地产第二名。

2015年9月30日，红星美凯龙获准向合格投资者公开发行面值不超过40亿元的公司债券。此次公司债券采用分期发行方式，首期发行基础规模为10亿元。根据《上海红星美凯龙投资有限公司公开发行2015年公司债券（第一期）发行公告》（公告编号：临2015-001号），红星美凯龙公开发行2015年公司债券（第一期）发行规模为10亿元，超额配售10亿元，每张面值为100元，共计2000万张，发行价格为100元/张，全部采用网下面向合格机构投资者簿记建档的方式发行。红星美凯龙2015年首期债券发行工作于2015年10月29日结束，实际发行规模为20亿元，首期债券自2015年12月29日起在上海证券交易所集中竞价系统和综合协议交易平台挂牌交易。这是自2015年1月15日新规《公司债券发行与交易管理办法》（以下简称《管理办法》）实施以来有限责任公司向合格投资者公开发行公司债券的一大成功案例。

新《管理办法》的一大原则就是宽进严管、差异管理。所谓宽进严管，即在发行方面，口径有所放宽，而在管理方面，执行差异化管理。

在发行方面，新的《管理办法》取消了公司债券公开发行的保荐制和发审委制度，转而采取核准制；非公开发行公司债券则执行证券业协会备案制，即在公司债私募发行5个工作日内向该协会备案，协会在材料递交齐全后为其备案。

按照《管理办法》中有关核准制的规定，中国证监会受理申请文件后，依法审核公开发行公司债券的申请，自受理发行申请文件之日起3个月内作出是否核准的决定，并出具相关文件；获得发行文件之后，发行主体可以一次性发行完毕也可以分期发行。有关非公开发行备案制，《管理办法》规定，承销机构或发行人应当在每次发行完成后5个工作日内向中国证券业协会备案。中国证券业协会在材料齐备时应当及时予以备案。备案不代表中国证券

业协会合规性审查，不构成市场准入，也不豁免相关主体的违规责任。

《管理办法》将原来限于境内证券交易所上市公司、发行境外上市外资股的境内股份有限公司、证券公司的发行范围扩大至所有公司制法人，但地方政府融资平台公司除外。

同时在交易市场方面，《管理办法》进一步增加交易市场，对公开发行而言，由原来的两大交易所进一步扩展到全国中小企业股份转让系统，非公开发行公司债券则在公开发行债券交易市场基础上增加了机构间私募产品报价与服务系统和证券公司柜台。

正是新版的《管理办法》大幅提高了审核效率与审核透明度，无限接近注册制，让红星美凯龙等房企有了明确发行预期。从红星美凯龙已完成发行的情况看，发行公司债募集资金主要有三大用途。一是调整了红星美凯龙负债结构，置换原有高成本融资，改善流动性；二是加强了红星美凯龙在建项目建设质量，完善配套建设，加快去库存；三是红星美凯龙可以借力债券资金进行旗下子公司的整合，改变单一销售模式，加快结构转型，为公司把握行业中出现的机遇创造有利条件。

此次红星美凯龙公司债券的发行，无论从发行效率、方式，还是从最终的结果来看，都充分享受到了公司改革的红利与成果。毫无疑问，在优化资源配置、促进优秀企业健康发展方面，公司债券市场正在发挥越来越重要的作用。正是在这样的有利环境下，借助公司债券等融资工具，红星美凯龙审时度势，借力发展。红星美凯龙以“家居改变生活，创享家居之美”为口号，在见证改革开放中国家居产业发展史的同时，也影响了无数中国人家居生活方式的改变，逐步提升了中国消费者对于家居品味的价值认知，培育着人们对于幸福生活的追求和享受。

爱建资产长三角
完成首单房地产信托合作项目

金凯德

2015年12月，由上海爱建资产管理有限公司（以下简称爱建资产）参与产品设计开发，上海爱建信托有限责任公司（以下简称爱建信托）发起设立爱建·南通滨江时尚广场集合资金信托计划，投资江苏省南通市崇川区政府门户工程——滨江时尚广场商业地产项目。

一、背景介绍

房地产信托（REIT）是信托投资公司发挥专业理财优势，通过实施信托计划筹集资金，用于房地产开发项目，为委托人获取一定的收益。中国的大部分房地产开发企业自有资金不超过20%，而银行贷款又趋于紧缩状态，受房地产开发成本高等因素的制约，一般房地产的销售或租赁需要一个较长的过程，所以资金短缺是一个长期状态。因此，利用信托工具融通资金便成为一种行之有效的方法。

滨江时尚广场是南通吴地海仁置业有限公司（以下简称项目公司）打造的南通首个步行街商业地产楼盘，该项目是崇川区区政府门户工程。

该项目占地35000平方米，综合容积率1.0，总建筑面积45308平方米，其中地上建筑33308平方米，地下建筑12000平方米。建筑风格为加州风情商铺（局部四层），主力户型为50平方米沿街商铺。目前该项目已封顶，预计开业时间为2016年5月。

为置换委托贷款、支付在建工程款项、正常运营费用及相关政府规费，项目公司拟向爱建资产及爱建信托寻求融资。

二、案例分析

爱建·南通滨江时尚广场集合资金信托计划系爱建资产同爱建信托联合开发的信托产品。

该项目的基本交易架构为：爱建信托拟以南通吴地海仁置业有限公司持有的南通滨江时尚广场项目为标的，发起设立信托计划，信托计划的总规模不超过1.932亿元，信托计划募集优先级不超过1.2亿元，爱建资产拟认购部分优先级信托单位，苏州和地丰利不动产投资有限公司（以下简称苏州和地丰利）以对项目公司股东借款7320万元认购劣后级信托单位，剩余信托单位向合格投资者募集。

由于房地产信托行业信托贷款受到银监会《关于加强信托公司房地产信托业务监管有关问题的通知》（银监办发〔2010〕54号）、《关于加强信托公司房地产、证券业务监管有关问题的通知》（银监办发〔2008〕265号）等规定的严格约束，因此此项目采取爱建信托以信托计划优先级资金受让项目公司原股东苏州和地丰利股权及向项目公司增资的方式，成为项目公司股东，剩余信托计划优先级资金向项目公司提供股东借款。同时，此项目劣后级信托单位并非以现金方式认购，而是由苏州和地丰利以其对项目公司的债权进行认购。信托计划具体资金流向如下。

信托计划优先级资金流向：爱建信托以平价受让和地丰利持有的价值1920万元项目公司股权及向项目公司增资2000万元的方式获得项目公司49%的股权。剩余信托计划优先级资金8080万元通过信托贷款向项目公司提供。

信托计划劣后级资金流向：鉴于项目公司尚欠和地丰利5400万元，在和地丰利收到爱建信托支付的1920万元股权转让款的同时，将上述1920万元股权转让款向项目公司发放贷款。因此，和地丰利享有对项目公司共计7320万元的债权，和地丰利将以上述7320万元债权认购信托计划的劣后级信托单位。从法律角度分析，实质上是和地丰利将上述7320万元的债权转让给爱建信托，即爱建信托因此享有对项目公司7320万元的债权，和地丰利享有相应金额的信托计划劣后级受益权。

为降低项目风险，充分保障爱建信托、爱建资产及其他信托计划投资人的合法权益，此项目还设置了一系列增信措施，包括但不限于：项目公司经营管理考核、资金监管、项目公司在建工程抵押担保、项目公司股东股权质押担保、项目公司股东连带责任保证、股权回购安排等。

三、结语

该项目的交易模式是爱建资产与兄弟公司爱建信托在房地产信托领域的首单合作，对于爱建资产具有重要现实意义和深远影响。爱建资产拟通过认购风险可控的信托计划劣后级份额获得远超市场同类产品的收益，及借助母公司上海爱建集团股份有限公司金融平台的背景达到有效利用社会资金提高自有资金投资回报的目的，同时也为将来进一步提升自有资金使用效率寻求可复制的投资模式。

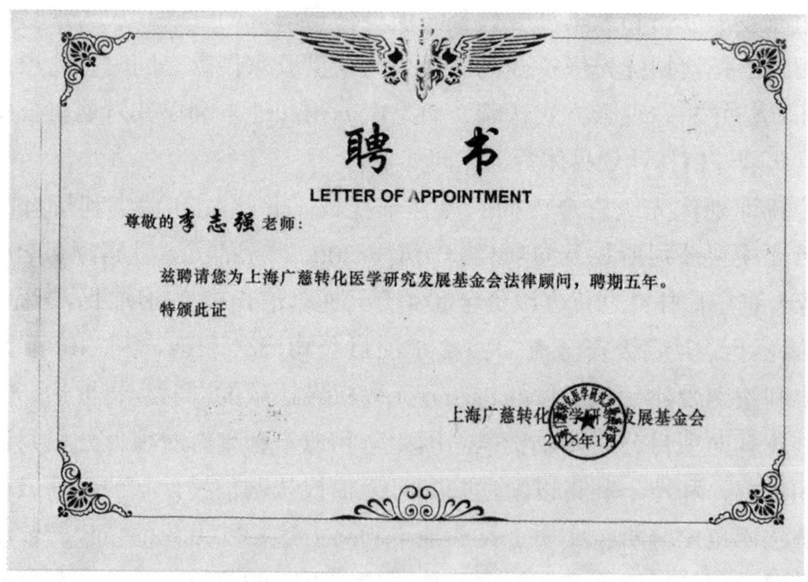
聘书

LETTER OF APPOINTMENT

尊敬的李志强老师：

兹聘请您为上海广慈转化医学研究发展基金会法律顾问，聘期五年。

特颁此证

上海广慈转化医学研究发展基金会

2015年1月

 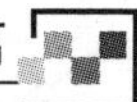

光大资本助力读者传媒精彩登陆中国资本市场

金凯德

2015年12月10日，读者出版传媒股份有限公司（以下简称读者传媒）A股股票正式在上海证券交易所挂牌上市，股票代码为603999。此次发行规模为6000万股，发行股份均为新股，发行后总股本2.4亿股，募集资金5.86亿元，发行价格为9.77元。开盘后，读者传媒顶格秒停，股价报14.07元，涨幅为44.01%。

一、案例简介及分析

读者传媒招股说明书显示，公司此次发行股份不超过6000万股，拟募集资金5.04亿元。募集资金主要投资于刊群建设出版、数字出版项目、特色精品图书出版项目、营销与发行服务体系建设、出版资源信息化管理平台建设项目，其中刊群建设出版项目欲投入总的募集资金逾半（2.55亿元）。

公司的主营业务为期刊出版、图书出版、期刊发行、图书发行。公司2013年的主营业务收入为67720.54万元，其中教材教辅类贡献最大，占比38.31%。而公司的核心产品《读者》系列期刊收入为20806.92万元，其中《读者》杂志占到了期刊收入的近九成。

从股权结构来看，公司的控股股东为读者集团，持有读者传媒80%的股份。以光大资本为首的多家国资PE于2010年11月以每股11元的价格投资入股读者传媒，上市前，光大资本和酒钢集团分别持有5.83%和4.17%的股份，时代出版、国投创新、甘肃电投以及甘肃国投的持股比例均为1.67%。

作为光大资本的重点投资项目，读者传媒的主营产品《读者》杂志创刊于1981年，发行量连续十余年领跑中国期刊界，位居中国和亚洲第一、世界综合类期刊第三，被国人誉为“中国人的心灵读本”。2010年，光大资本对其进行了投资，并派驻董事。2014年4月，读者传媒实现IPO预披露。2015年，读者传媒实现A股上市。

读者传媒于A股上市首日即实现44.01%的涨幅，作为读者传媒的第二大股东，光大资本实现了丰厚的投资回报。

二、结语

作为西部地区第一家在国内主板上市的出版传媒类企业，读者传媒此次登陆资本市场，将步入快速发展的新阶段。在未来的发展中，读者传媒将以打造国内一流的期刊出版、全媒体运营的出版传媒企业为目标，在强化核心竞争力的基础上，加速发展新媒体业务，不断扩大发展空间，积极塑造立体化、跨媒体、跨地区、跨行业、跨所有制的产业格局，进一步提高公司的盈利能力，扩大市场份额，保持营业收入和利润持续稳定增长。

近年来，读者传媒不断加快出版结构和产业结构调整步伐，开始进军网络传媒、数字出版、动漫影视等新媒体、新业态发展领域，并在资本运作和大力开展对外合作方面进行了前所未有的大胆探索和有益尝试，实现了从单一传统出版企业向综合现代出版传媒企业的初步跨越。

作为读者传媒的投资方，光大资本在读者传媒的快速发展及最终上市的过程中也发挥了重要作用。读者传媒的A股上市，将为光大资本带来丰厚的投资收益，与此同时，光大资本也进一步积累了投资经验，大幅提高了行业知名度，为其进一步拓展投资市场奠定了坚实的基础。

司法部原部长、中国法学会会长、中华全国律师协会首任会长邹瑜与李志强律师合影

爱尔兰总理肯尼与国际律师协会理事、上海杰出青年协会理事、环太平洋律师协会法律执业委员会原副主席李志强一级律师合影

复旦大学举办李昌道教授执教五十五周年暨八十寿辰庆贺活动，左一为时任复旦大学党委副书记王小林，右一为李昌道教授夫人陈倩苹老师

著名法学家李昌道教授在外滩金融创新试验区法律研究中心2016年新年研讨会上发表讲话

上海市人民政府市长杨雄与李志强律师合影

李志强律师主持第二届中德完善公司立法研讨会专题讨论活动（左二为全国人大常委会副秘书长李飞）

中共上海市委统战部部长沙海林与李志强律师合影

上海市政协副主席徐逸波与上海市黄浦区政协常委李志强合影

上海市政协副主席周汉民、黄浦区政协主席张华与李志强律师合影

李志强律师参加2015年陆家嘴论坛与中欧工商管理学院院长朱晓明合影

上海市商务委员会主任尚玉英向李志强律师颁发聘任兼职政府法律顾问聘书

上海市黄浦区人民政府区长汤志平向李志强律师颁发聘任兼职政府法律顾问聘书

著名法学家李昌道教授与上海市黄浦区政协主席张华、爱建集团党委书记范永进、上海市黄浦区金融服务办公室主任江锡洲、上海市黄浦区司法局局长张婷婷和万利律师等按动“金茂凯德”商标启用球

中共上海市黄浦区委政法委书记吕南停（中）到金茂凯德律师事务所调研政法工作，左一为黄浦司法局党委书记张伟舫

参加“金茂凯德”商标启用研讨会的中外嘉宾合影

上海市商务委员会副主任申卫华和李昌道教授为“一带一路”法律研究与服务中心揭牌

李昌道教授、申卫华副主任、卢正处长与中外企业家和部分从事国际法律业务的律师和工作人员合影

上海市人民政府侨务办公室主任徐力与李志强律师合影

中国佛教协会副会长觉醒向李志强律师颁发上海觉群文教基金会监事聘书

李志强律师在上海财经大学法学院举办的第二届两岸金融法治论坛上发表演讲

李志强律师在迪拜出席2015年环太平洋律师协会国际仲裁研讨会上与印度驻阿曼、阿联酋和沙特阿拉伯前大使合影

李志强律师（右三）荣获2015年中国保险行业协会“首批千人计划核心律师人才”称号

李志强律师与解决投资争端国际中心秘书长Meg Kinnear女士合影

李志强律师与金砖银行副行长祝宪合影

李志强律师与“保险教父”、上海市市长国际企业家咨询会议首任主席格林伯格先生合影，右一为大众公用副董事长钟晋倖先生

李志强律师在参加上海市人民政府行政复议委员会案件审议会议期间与原上海市人民政府法制办公室副主任顾长浩（右四），时任华东政法大学国际金融法律学院院长、现任上海市人民政府法制办公室副主任罗培新教授（左二）等专家合影

李志强律师参加上海第五届新公司法实施学术研讨会，右三为全国人大常委会副秘书长李飞，右二为现任华东政法大学校长叶青

李志强律师等与上海优秀中青年法学家参加法律咨询活动，左一为时任上海市法学会秘书长李海歌

李志强律师参加第十三届沪台经贸法律理论与实务研讨会

李志强律师主持外滩金融创新试验区法律研究中心2016年新年研讨会

著名法学家李昌道教授夫妇与上海市人民政府法制办公室等实务界学生在一起

诺贝尔物理奖得主、著名科学家李政道教授与企业家郑之敏（左一）和李志强律师合影

上海市第八届政协主席、上海市第十一届人大常委会主任陈铁迪女士（中）等市领导，人民银行上海市分行行长等与李志强律师合影

香港证监会原主席、中国证监会原首席顾问、香港资深大律师梁定邦与李志强律师合影

2016年4月14日，世界贸易组织总干事（中）罗伯特·阿泽维多（Roberto Azevedo）与李志强律师在马来西亚首都吉隆坡合影

环太平洋律师协会主席Huen Wong夫妇与李志强律师合影

互联网金融篇

万福送万家　共圆中国梦

李昌道

各位尊敬的领导、中外贵宾、亲爱的朋友们：

今天下午金茂凯德律师事务所举办了三个法律研究中心的聘任仪式和颁奖仪式，让我在这里讲几句话，我感到万分荣幸。我讲话中有不当的地方，请各位指正。

今天下午的活动，都是围绕着金融。为什么呢？我认为这是由金融的特性决定的。金融至少有三个特性：一是极端的重要性；二是广泛的关联性；三是不断的开拓性。

从重要性来看，金融是现代经济的核心。从大的方面来讲，一个国家和一个地区都离不开金融的支持。从小的方面来讲，平民百姓的衣食住行都离不开金融。随着金融的发展，其体系将会很庞大，规范也会很健全，功能也将越来越重要。金融至少有着融资、调解、避险、信号等功能。

金融除了重要性外，还有着广泛的关联性。因为金融是现代经济的基础，所以它与各个领域都有关联。各个领域，如政治、经济、科技、文教、卫生，大到行业、企业，小到一个组织、一个项目，都离不开金融。

金融是无处不在、无所不能的，现在是金融的世界、金融的社会。拿金融和法律的关系来举例吧，金融和法律的关系是互相联系、互相依存的。从法律的事务来讲，已经形成了一个单独的、完全的金融法部门。从法律的学科来讲，它已经形成了一个单独的、完整的金融法学。从法律学科来讲，金融法学是第三级学科。正因为如此，金融和法律有着广泛、紧密的联系。随着金融的发展，金融之间的矛盾、纠纷日益增多，需要律师和律师事务所的介入来化解矛盾、解决纠纷，保障交易的安全有序。今天的获奖者就是因为在这个方面作出了成就。希望律师事务所的律师们要好好地学习金融法，而且要开拓高端金融法律服务。

再谈谈金融的不断创新。金融本身就是商品经济发展的产物。在20世纪

60年代，金融创新随着商品经济的发展而形成，70年代迅速发展，80年代已经形成了世界的金融创新体系和高潮。

正因为这样，金茂凯德律师事务所承办今天这样的活动，目的是让大家从金融方面加强研究、加强学习。三个法律研究中心还只是对金融法律服务的尝试、试点，有很多不健全、不完善的地方。未来其发展任重而道远，希望各位互相帮助、共同努力，使得它日益完善、不断前进。在这辞旧迎新的氛围中，我愿万福送万家，共圆中国梦！谢谢！

（本文系著名法学家、外滩金融创新试验区法律研究中心主任李昌道教授在2016年外滩金融创新试验区法律研究中心迎新研讨会上的讲话）

外滩金融的昨天、今天和明天

江锡洲

尊敬的各位中外研究员和嘉宾：

非常高兴能参加这个活动！在座的都是我需要感谢的人，都为黄浦区的经济、社会发展作出了很多贡献。我们这个研究中心也为外滩金融创新试验区作出了贡献，在此我深表感谢。

建设外滩金融创新实验区是在2013年7月正式提出来的。那个时候提出建立外滩金融创新实验区的主要目的是支持互联网金融和民营金融的发展。那时候，上海市政府是全国第一个提出发展互联网金融和民营金融的地方政府。当年7月上海发布了支持两个“金融”发展的十条，在9月发布了四十二条。两年多来，成效非常明显。

在这里我想从几个方面把外滩金融创新试验区的一些情况跟大家分享一下。第一，外滩金融的定位，我用四句话来概括。第一句话，“是中国近现代金融的发源地”。外滩金融创新试验区也号称远东的华尔街。第二句话，“是上海国际金融中心的核心功能区”。该功能区也称“一城一带”，就是陆家嘴金融城和外滩金融聚集带，这是写进经国务院关于建设上海金融中心建设报告里面去的。第三句话，“是国际级金融要素市场的集聚地”。整个外滩，集聚了一批国家级金融元素市场，像清算所、黄金交易所、外汇交易中心，也包括马上要进来的CIPS、中国互联网金融协会等。第四句话，“是中国新金融示范性的高地”。意指互联网企业和民营企业在外滩这个地方高度集聚，处于非常兴旺的发展过程中。

第二，外滩金融创新试验区的金融机构集聚。外滩集聚了一大批的金融机构。除了银行、保险这些传统的金融机构之外，集聚较多的是证券机构。今天两家证券大企业海通证券、东方证券都在。海通证券2015年纳税35亿元，东方证券纳税十几亿元。东方证券自上市以来发展迅速、气势如虹。再就是信托机构。四大信托总部包括爱建信托设在这里，发展得非常好。这里，基金公司、公募基金、私募基金就有一大批，财务公司、金融租赁公司、融资租赁公司也在这里集聚。很多地方只有一两个机构，而金融的全产业链都在外滩金融试验区高度集聚。

第三，金融的功能性机构高度集聚。中国金融40人论坛发起成立上海新金融研究院，其功能非常强大。它由三部分人员组成。第一部分是“一行三会”的领导。第二部分是所有的中央和地方主要金融机构的高管。第三部分是在金融研究领域的首席经济学家。这三部分领域组成上海新金融研究院。其在外滩基本上一个月举行一次闭门研讨会，一个月举行一次专题研究活动。上海金融业的联合会也在外滩，包括上海的小贷协会、上海股权投资协会、上海国际股权投资协会等，大量的功能性机构聚集在这里。整个外滩，除了老外滩外，在向南延伸，一大批金融机构集聚在整个南外滩地区，像太保、东方证券、国泰君安、蚂蚁金服等这些机构一家占用一幢楼。

第四，金融业对区域经济的贡献在不断地提升。金融业现在已经成为黄浦区第一大产业，占财政收入的23.5%，2015年产生的税收是120亿元。“十二五”期间，黄浦区的金融业平均增长38%，2015年平均增长95%，对区域经济的贡献不断地提升。

第五，不断地有新的金融机构在外滩集聚，最近连续不断地有大的机构聚集。

今天上午我们在研究，2月中国互联网金融协会和跨境银行间人民币的清算支付系统（CIPS）在外滩要正式挂牌，两块牌子都放在外滩，两个机构全部在外滩办公。再有，已经正式确认要建立复旦国际金融学院并放在黄浦区。此外，最近我们在和百度洽谈。百度现在与安联、高瓴资本三家联手成立了互联网保险公司，百度现在考虑把更多的金融百货向外滩集聚。另外，一家大的民营机构——泛海，它拥有的四五块牌子，全部都放在外滩。注册资本100亿元的亚太再保险公司，也在向中国保监会申请持牌。以上是外滩新的发展情况，新的公司也在继续增加。

另外，需要向大家报告的是前面讲过的互联网金融的一些发展状况。截至目前，外滩已经集聚了100多家的互联网金融机构，包括九九无限也在这里。还有蚂蚁金服，现在几大领域都在黄浦区，都在外滩。2015年它交给黄

浦区1.3亿元，经过了两年爆发式的发展。如招财宝，招财宝于2014年4月上线，现在的交易是4000多亿元，P2P这块的业务是2000多亿元。另外，蚂蚁达客属股权众筹，马上牌照就要下来了。此外还有商业保理、互联网保险，整个业务板块全部在这里。

民营金融这块，主要是中民投。中民投2014年10月挂牌，到目前为止在黄浦区已注册成立了18家公司，还有6个公司在注册过程当中，注册资本是1000多亿元，今年缴的税收就十多亿元。整个外滩金融的发展势头非常得好，这就是我讲的外滩金融的今天。

外滩金融的明天，主要是“十三五”规划，我们要建设三个高地。第一个目标是要把整个外滩建设成为全国场外金融市场的服务高地。“十三五”期间上海金融市场大概总的交易量在2000万亿元，黄浦区要做到1000万亿元，占到二分之一，几个大的主要功能性机构也要完善。第二个目标就是要把外滩打造成为全国性的新金融的示范高地，要在互联网金融和民营金融领域继续领跑，做全国的示范和表率。第三个目标，外滩要成为国际性的金融功能和金融文化交流的高地。我之前提到的亚洲金融合作协会，它是为亚投行服务的；CCP12是国际清算协会。这些国际性的协会将会落户外滩，落户中国。“十三五”期间外滩财富管理的规模，要达到整个上海的三分之一，“十三五”期间上海的财富管理规模是20万亿元，外滩要达到三分之一。

外滩金融为什么能发展得那么好，外滩的优势在哪里？第一个是深厚的金融历史文化底蕴；第二个是整个商业商务发展的环境；第三个是政府的服务，包括政策、人才的服务。这些因素加在一起使外滩能够成为今天的外滩。今天的机会非常好，我们负有招商引资的任务，所以向大家宣传金融外滩。非常感谢大家！

（本文系上海黄浦区金融服务办公室主任江锡洲在外滩金融创新试验区2016年迎新研讨会上的讲话）

互联网金融的新发展与新规则

张承宜

随着新年钟声的响起，2016年如期而至。回顾刚刚过去的2015年，我国互联网金融迎来了井喷式的增长。与此同时，互联网金融的相关规定也陆续出台。这些都标志着我国互联网金融的新时代已经到来。

一、互联网金融的新发展

2015年3月6日，在中国共产党第十二届全国人民代表大会第三次会议上，国务院总理李克强在《政府工作报告》中强调了“促进互联网金融健康发展”的方向，并以“互联网金融异军突起”的描述总结了近期互联网金融的蓬勃发展。

2015年10月29日，中国共产党第十八届中央委员会第五次全体会议通过了《中共中央关于制定国民经济和社会发展第十三个五年规划的建议》（以下简称《建议》）。2015年11月3日，国家主席习近平就《建议》起草的有关情况作了说明。上述文件首次提出了“规范发展互联网金融”的新要求。此举，意味着互联网金融首次被纳入了国家五年规划建议。

2015年，互联网金融呈现出“冰火两重天”的景象。一方面，互联网金融继续迅猛发展，向世人展现了其无与伦比的生命力；另一方面，互联网金融也曝出了不少乱象，令人唏嘘。

2015年1月28日，你我贷与招商银行上海分行正式签署战略合作协议，银行首单互联网金融平台资金托管业务正式破冰。根据合作协议，招商银行将为你我贷提供交易资金委托管理业务、现金管理服务、财富管理等各项金融业务服务，你我贷将招商银行作为主办结算银行，并与招商银行开展广泛的业务合作。至此，经历了种种起伏波澜，招商银行首开银行托管互联网金融资金先河的消息终于落地。

2015年4月16日，P2P网贷平台陆金所和金融资产交易所完成了一轮4.85亿美元的融资，此轮融资对该公司的估值接近100亿美元。2015年12月，陆金所接近完成新一轮融资，估值约为180亿美元。

2015年12月3日，知名互金平台e租宝被经侦人员突查，40余人被警方带回调查，疑涉嫌非吸自融等问题，平台累计成交额达728亿元。2015年12月9日，e租宝通过其微博认证账号发布公告确认，公司因经营合规问题接受有关部门调查。

2015年12月15日，有消息称，申彤集团旗下的理财平台大大集团涉嫌非法集资被警方调查，公司资金兑付困难。2015年12月17日，大大集团于官网发布声明承认，大大集团及其母集团申彤集团正在积极配合。2015年12月21日，大大集团江西省分公司告知客户和员工，总部正接受上海公安部门调查，自己作为分支机构没有独立处理资金的权力，省公司暂停营业等待相关部门给出定性结论。

2015年12月18日，宜人贷在纽约证券交易所敲钟上市，终成中国互联网金融海外上市第一股。宜人贷是宜信旗下P2P网贷平台，宜信2006年成立，是国内最早的P2P公司之一。

至此，不难看出，互联网金融虽拥有旺盛生命力，但依然会出现如同杂草一般无序生长的情况，在迎来自身新发展的机遇时，也亟待相关监管规定予以规范与支持。

二、互联网金融的新规则

诚如上文所提到的，2015年对于互联网金融来说，是不平凡的一年。互联网金融已在“十三五”规划中正式升级为国家战略。此外，互联网金融也迎来了一系列的大事件，有的令人振奋，有的令人叹息。在此大背景下，为了规范与支持互联网金融，相关监管文件也逐步出台。

2015年7月14日，中国人民银行、工业和信息化部、公安部、财政部、工商总局、法制办、银监会、证监会、保监会、国家互联网信息办公室联合印发了《关于促进互联网金融健康发展的指导意见》（银发〔2015〕221号，以下简称《指导意见》），并于2015年7月14日实施。

2015年12月28日，中国人民银行正式发布了《非银行支付机构网络支付业务管理办法》，并将于2016年7月1日实施。

同日，中国银监会发布了《网络借贷信息中介机构业务活动管理暂行办法（征求意见稿）》，征求意见截止日期为2016年1月27日。

结合《指导意见》，我们对与互联网金融相关的主要内容做了简单的梳理和介绍，具体包括以下几个方面。

（一）什么是互联网金融

互联网金融是传统金融机构与互联网企业（以下简称从业机构）利用互联网技术和信息通信技术实现资金融通、支付、投资和信息中介服务的新型金融业务模式。促进互联网金融健康发展，有利于提升金融服务质量和效率，深化金融改革，促进金融创新发展，扩大金融业对内对外开放，构建多层次金融体系。

（二）互联网金融的主体及业务类型

互联网金融的主体包括两部分，一部分是银行、证券、保险、基金、信托和消费金融等传统金融机构，另一部分则是新兴的互联网企业。就业务类型而言，前者主要依托互联网技术，实现对传统金融业务与服务的转型升级，开发基于互联网技术的新产品和新服务，构建创新型互联网平台开展网络银行、网络证券、网络保险、网络基金销售和网络消费金融等业务；而后者则通过依法合规设立互联网支付机构、网络借贷平台、股权众筹融资平台等方式来实现对互联网金融业务的创新。与此同时，国家也鼓励金融机构与互联网企业之间相互合作，实现优势互补。

（三）互联网金融的基本业务分类及监管责任划分

《指导意见》对互联网支付、网络借贷、股权众筹融资、互联网基金销售、互联网保险、互联网信托和互联网消费金融等互联网金融业务进行了分类，并明确了其监管责任。

1. 互联网支付是指通过计算机、手机等设备，依托互联网发起支付指令、转移货币资金的服务。互联网支付业务由人民银行负责监管。

2. 网络借贷包括个体网络借贷（即P2P网络借贷）和网络小额贷款。个体网络借贷是指个体和个体之间通过互联网平台实现的直接借贷。网络小额贷款是指互联网企业通过其控制的小额贷款公司，利用互联网向客户提供的小额贷款。网络借贷业务由银监会负责监管。

3. 股权众筹融资主要是指通过互联网形式进行公开小额股权融资的活动。股权众筹融资业务由证监会负责监管。

4. 互联网基金销售主要是指基金销售机构与其他机构通过互联网合作销售基金等理财产品。互联网基金销售业务由证监会负责监管。

5. 互联网保险主要是指保险公司开展互联网保险业务，通过互联网销售保险产品。互联网保险业务由保监会负责监管。

6. 互联网信托和互联网消费金融主要是指信托公司、消费金融公司通过互联网开展业务。互联网信托业务和互联网消费金融业务由银监会负责监管。

（四）互联网金融应当健全制度，规范市场

发展互联网金融要以市场为导向，遵循服务实体经济、服从宏观调控和维护金融稳定的总体目标，切实保障消费者合法权益，维护公平竞争的市场秩序。要细化管理制度，为互联网金融健康发展营造良好环境。《指导意见》强调，为健全互联网金融制度，规范互联网金融市场，应当从以下各方面入手。

1. 互联网行业管理。任何组织和个人开设网站从事互联网金融业务，除应按规定履行相关金融监管程序外，还应依法向电信主管部门履行网站备案手续，否则不得开展互联网金融业务。

2. 客户资金第三方存管制度。除另有规定外，从业机构应当选择符合条件的银行业金融机构作为资金存管机构对客户资金进行管理和监督，实现客户资金与从业机构自身资金分账管理。客户资金存管账户应接受独立审计并向客户公开审计结果。

3. 信息披露、风险提示和合格投资者制度。从业机构应当对客户进行充分的信息披露，及时向投资者公布其经营活动和财务状况的相关信息，以便

投资者充分了解从业机构运作状况，促使从业机构稳健经营和控制风险。从业机构应当向各参与方详细说明交易模式、参与方的权利和义务，并进行充分的风险提示。

4. 消费者权益保护。研究制定互联网金融消费者教育规划，及时发布维权提示。加强互联网金融产品合同内容、免责条款规定等与消费者利益相关的信息披露工作，依法监督处理经营者利用合同格式条款侵害消费者合法权益的违法、违规行为。构建在线争议解决、现场接待受理、监管部门受理投诉、第三方调解及仲裁、诉讼等多元化纠纷解决机制。细化完善互联网金融个人信息保护的原则、标准和操作流程。严禁在网络销售金融产品过程中的不实宣传、强制捆绑销售。

5. 网络与信息安全。从业机构应当切实提升技术安全水平，妥善保管客户资料和交易信息，不得非法买卖、泄露客户个人信息。

6. 反洗钱和防范金融犯罪。从业机构应当采取有效措施识别客户身份，主动监测并报告可疑交易，妥善保存客户资料和交易记录。从业机构有义务按照有关规定，建立健全有关协助查询、冻结的规章制度，协助公安机关和司法机关依法及时查询、冻结涉案财产，配合公安机关和司法机关做好取证和执行工作。坚决打击涉及非法集资等互联网金融犯罪，防范金融风险，维护金融秩序。金融机构在和互联网企业开展合作、代理时应根据有关法律和规定签订包括反洗钱和防范金融犯罪要求的合作、代理协议，并确保不因合作、代理关系而降低反洗钱和金融犯罪执行标准。

7. 加强互联网金融行业自律。充分发挥行业自律机制在规范从业机构市场行为和保护行业合法权益等方面的积极作用。中国人民银行会同有关部门组建中国互联网金融协会。协会要按业务类型制定经营管理规则和行业标准，推动机构之间的业务交流和信息共享。协会要明确自律惩戒机制，提高行业规则和标准的约束力。强化守法、诚信、自律意识，树立从业机构服务经济社会发展的正面形象，营造诚信经营、规范发展的良好氛围。

8. 监管协调与数据统计监测。各监管部门要相互协作，形成合力，充分发挥金融监管协调部际联席会议制度的作用。

三、结语

互联网金融作为一种新兴的金融业态，已逐步从原有的领域扩张到整个金融体系，从原本的辅助地位逐步向主导地位迈进。在国家战略的支持与鼓励下，在国家监管的规范与引导中，互联网金融已然迎来了新发展与新规则。

聘书

LETTER OF APPOINTMENT

李志强：

兹聘请您为上海市律师、公证员系列高级专业技术职务任职资格审定委员会专家委员。

聘期三年。

二〇一五年十一月

The Significant Role of Banks in Internet Finance Development

李志强

Abstract

The People's Bank of China (PBC) issued a joint press "Guiding Opinions on Promoting the Healthy Development of Internet Banking" (Guidance). The aim of the Guidance is to promote sustainable development of Internet finance. Commercial banks, as a significant part of financial industry, play a leading role in Internet finance development.

Background

In China, Internet finance has been growing rapidly and has the potential to change the structure of the financial system. Based on social network, web search engines as well as e-commerce platforms, the Internet finance has been flourishing. However, it also poses potential risks and challenges to the financial system. To adapt to such changes and to take challenges in financial industry, Chinese regulators have issued a series of guidance in order to reshape the development of the Internet finance industry and to reduce risks to financial stability.

Major Goals of the Guidance for Internet Finance and the Role of Banks in Internet Finance

The Guidance is produced by central government ministries and industry regulators, including the Ministry of Finance, the China Banking Regulatory Commission, the China Securities Regulatory Commission, and the China Insurance Regulatory Commission. Moreover, the Guidance is designed to encourage innovation and support the steady development of Internet banking, outline supervisory responsibilities, and create a sound system to regulate online financial market order.

The Guidance sets the definition for Internet finance as "traditional financial institutions and Internet companies that use Internet technology for: payments, Internet lending, public equity financing, Internet fund markets, Internet insurance, Internet trust,consumer finance".

Chinese government intends Internet finance to enable entrepreneurship for the general public and financing for small and medium enterprises finance (SME finance), while improving the efficiency and quality of financing.

The term Internet finance covers a wide range of activities, which include peer-to-peer lending platforms, crowd funding, online payment services, and the sale of financial products. Many of these new products have been growing so rapidly so that a regulatory "grey zone" has been widen where no clear regulation has been set for the sector.

The Guidance provides a deep insight into the pioneering Internet finance industry and the defining role it will play in China's economic reform process.

1. Six Major Goals of the Guidance

Six major goals for the Internet finance sector have been established, including:

(1) Promoting innovation via Internet finance platforms, products, and services and encouraging existing financial institutions to adopt new technology.

(2) Encouraging cooperation between financial institutions and technology companies.

(3) Improving access to capital for Internet finance firms through promoting

venture capital, SME finance, and public listings.

(4) Reducing administrative approvals and other barriers to development.

(5) Implementing an appropriate tax system for firms in the industry that benefits small firms and encourages investment in new technology.

(6) Encouraging the participation of Internet finance companies in the development of a national credit information infrastructure.

The Guidance makes it clear that the central government seeks to promote the development of Internet finance and believes that these new technologies can have a positive impact on the traditional financial sector.

2. The Role of Banks in Internet Finance

Such a long-awaited guidance lays down the broad policy framework to govern Internet finance in China, defines the term "Internet finance", and assigns jurisdiction of the sector to various regulatory bodies.

Banks, operating as a leading player in financial industry, are encouraged, by Internet innovations and government supports, to cooperate with other financial regulators to reshape and supervise the operation and of Internet finance sector. The Guidance encourages existing banks to build Internet finance platforms and support small and median enterprises. That will improve the Internet tax policy, such as tax breaks to start ups, promote a credit infrastructure and market-based credit services.

In addition, the Guidance includes guidelines for reducing emerging risks such as fraud, money laundering, and illegal fundraising. To response to the Guidance, PBC further set goals as following in terms of the role of banks in Internet finance:

(1) To strengthen the management of the Internet finance industry;

(2) To establish a third-party depository system for customer funds;

(3) To improve the information disclosure system of risk warning;

(4) To strengthen consumer protection;

(5) To strengthen network and information security;

(6) To require practitioners to take effective measures to fulfill obligations

under anti–money laundering and to assist public security and judicial authorities to prevent Internet financial crime;

(7) To strengthen self–regulation of the Internet finance industry; and

(8) To provide content regulation, coordination, and monitoring of statistical data.

The Guidance also set clear of boundary for supervision responsibilities among different government regulators:

(1) PBC supervises online payment services;

(2) China Banking Regulatory Commission oversees online lending, trusts, and consumer finance;

(3) China Securities Regulatory Commission oversees Internet equity financing and Internet fund sales;

(4) China Insurance Regulatory Commission supervises Internet insurance.

Summary

The issue of the Guidance is a big and significant step for Chinese government to regulate a growing industry. While peer–to–peer lending had a breakthrough year in China in 2015, traditional banks will still play key role in the development of Internet finance. Custodian services provided by traditional commercial banks will be an additional layer of protection for capital security by placing legal restrictions. Such service will let banks as a third party to monitor capital inflow and outflow by relative parties to different assets and capital management projects.

According to PBC recently report on Internet finance, China's Internet finance reached a record high of 10 trillion Yuan in 2015. Despite the rapid growing market of Internet financing, the new established goals and roles of banks will lead banks to play a significant supervision function in Internet financing so that Internet finance will develop in a health and sound regulated system.

Standardize and Develop China's Internet Finance Industry by Learning Foreign Experience

李志强

Part I Overview

Internet finance takes advantage of internet technology and information and communication technology to implement the capital financing, payment, investment and information intermediary service. Internet finance has been growing luxuriantly for the past two years and has become a sunrise industry in China.

The mainstay of internet finance contains two types: （1） traditional financing institution （bank, security, insurance, funds, trust and consumer finance,etc.）; （2） internet enterprises.

China should encourage traditional financing institutions and internet enterprises to cooperate intensively with each other in order to complement advantages of one another.

Part II Typical Model OF Internet Finance

A. P2P

P2P, namely "peer–to–peer" or "person–to–person", refers to a method of financing that enables individuals to borrow or lend money through qualified–internet platforms （third–party companies） which work as intermediary agents and charge intermediary fee. Under current financial and social environment of China, the main models of internet loan include: traditional model, assignment of credit model, guarantee model, O2O model (combines offline and online).

B. Crowdfunding

Crowdfunding, namely public funding or masses funding, refers to a form of group-buying. Project funds will be raised from netizens via internet on which fundraising projects are released. Crowdfunding takes advantage of the propagation characteristic of internet and SNS, which allows small businesses and individuals to exhibit their originalities to gain the attentions and supports so as to obtain the financial aid. Currently, crowdfunding financing contains four patterns: creditor's right crowdfunding, stock crowdfunding, encourage-based crowdfunding and donate-based crowdfunding.

C. Big Data Finance

Big data finance refers to a new way of data resources serving for internet finance institutions by analyzing real-time gathered-unstructured data and supplying all-dimensional processed data results. For example, financial institutions and financial service platforms conduct market analysis reports by processing consumers' transaction behaviors and purchasing habits data to improve the predictability and feasibility of the marketing strategies. Currently, the operation patterns of big data service platform can be classified as: (1) Platform model (*represented by Alibaba and Microcredit*), and (2) Supply chain finance model (*represented by Jingdong.com and Suning.com*).

D. Third Party Payment

Third party payment refers to a payment method that non-financial institution works as a payment intermediary agent of payee and payer. The operation patterns of third party payment enterprises can be divided into two categories: (1) Independent third party payment: the third party payment platform is completely independent of e-commerce website and is with no function of guarantee. The platform only provides the solution of payment for users (*represented by 99bill and Payease*); (2) Dependent third party payment: the third party payment platform is supported by B2X, C2C e-commerce websites, and provides the function of guarantee. The platform works as an escrow account in which money transfer will be authorized by both seller and buyer (*represented by Alipay and Tenpay*).

E. The Portal of Internet Finance

The portal of internet finance makes use of internet to provide the third party platform with the sales of financial products. The core pattern is "search +price comparison", which the platform lists each financial institution's products with vertical price comparisons information for users to make selection. Currently, the portal of internet finance includes financial management, insurance, and P2P (*represented by Rong360.com, 91jinrong.com, Haodai.com, Yinhang.com, Licai.com*).

Part III　Legal Risks Research For Internet Finance

A. Potential Civil Risk for Internet Finance

1. Existing Hidden Danger for Electronic Contract and Electronic Signature

Electronic Contract (e-contract) and Electronic Signature (e-signature) have been widely used in internet finance civil acts on the condition that user-parties conclude the contract with the internet advantages of convenience and efficiency. However, the legal risks and defects of e-contract cannot be ignored. Firstly, electronic data is intangible material and is prone to be wiped out in case of improper operation. Secondly, it will be a hard situation if duplicates or image files are missing or data is tampered.

2. Information Security Risk-Personal Private Information Be Divulged Easily

In order to ensure the authenticity of the users, internet finance platforms have to collect plenty of personal private information such as name, age, address, date of birth, identification number, etc. to make sure that their database is complete enough so that the transactions will be legally authorized. However, divulgation of personal private information happens occasionally if insufficient security protection measures are not taken by platforms.

3. Imperfect Credit Rating System May Trigger the Risk of Default

In the course of matchmaking transaction, the evaluation of borrower' s credit is mainly based on the certificate of identity, certificate of asset and history payment history reports which are supplied by borrowers. Therefore, the accuracy of the evaluation is like to be compromised because these materials are easily to be forged and because these materials cannot reflect full-scale information of borrowers. Default risk of borrower is the most likely to occur if the financing is in the form of creditor' s rights.

4. Potential Risk of Massive Precipitation Funds

The third party platform plays a leading role in funds flows in the course of internet finance. The retention of precipitation funds in the third party platform ranges from two days to several weeks. In consequence of imperfection of valid guaranty and supervision, massive precipitation funds will cause the increase of risk index and fund misappropriation. Moreover, lack of effective capital liquidity management will trigger payment risk.

5. Potential Risk of Usury

High interest rate is the main reason for network loan getting popularity. If the interest rate of network loan has to be within the range of the interest rate prescribed by law, lending from internet will not be an option for some investors at first place. That the rate of return of internet finance is much higher than that of other channel of investment makes network loan increasingly common.

B. Potential Administrative Risk

The Chinese authorities issued the *Guiding opinion on Promoting Healthy Development of Internet Finance* (Guiding Opinion) , In the Guiding Opinion, internet finance is categorized as: （1） internet payment, （2） internet loan, （3） equity-based crowdfunding, （4） internet fund sales, （5） internet insurance, （6） internet trust and internet consumer finance.

1. Internet Payment

Internet paymentis supervised by People's Bank of China. People's Bank of China which requires the internet payment operation of banking financial institutions and the third party payment institutions shall abide the stipulation of existinglaws and regulations.Third party payment institutions cooperate with other institutions shall explicate each other's rights and obligations, and establish arisk isolation system and customer rights' protection. In addition, service information shall be fully disclosed to clients, and the nature and function of payment intermediary service shall not be exaggerated.

2. Network Loan

Network loan is supervised by China Banking Regulatory Commission which requires network loan platforms provide intermediary services such as supplying interaction, matchmaking and credit assessment and etc to investors and financiers. Individual network loan institutions shall explicit the nature of service provided-directly provide information service to lending and borrowing parties, and shall not supply value-added services and illegal fund raising.

3. Crowdfunding

Crowdfunding is supervised by China Securities Regulatory Commission. Crowdfunding financing operates through the equity-based crowdfunding intermediary institution platform （internet websites or other similar electronic media）. The equity-based crowdfunding intermediary institution shall disclose the enterprise business model, operation management, financial affairs and uses of funds etc, to investors. Besides, qualified investors for driblet investment shall have the ability to bear the risk,and shall fully understand the risk of equity-based crowdfunding involved.

4. Internet Fund Sales

Internet fund sales is supervised by China Securities Regulatory Commission which requires fund managers shall take precaution against mismatching in the course of resource allocation and liquidity risk. Internet fund sale institution and its co-op institutions shall provide clients with comprehensive, authentic and accurate calculation formulas and key influencing factors of revenue.

5. Internet Insurance

Internet insurance is supervised by China Insurance Regulatory Commission which requires professional internet insurance companies persevere to providing insurance service for the internet based economic activity. Insurance company shall establish a management system forits e-commerce subsidiary, and such subsidiary shall set up necessary firewall as well.

6. Internet Trust and Internet Consumer Finance

Internet trust and internet consumer finance is supervised by China Banking Regulatory Commission which requires the trust company that operates the business of products sale and other trust activities through internet abide the supervision regulation of qualified investor etc. The trust company shall prevent selling products to clients whose risk tolerance is lower than the estimated level.

C. Criminal Legal Risk Research for Internet Finance

1. Ambiguity of Institution Positioning – Existing the Suspected Illegal Soliciting Deposits From the Public Offense

Existing law and regulation have not given a definite position for the nature of the internet financial institution and internet enterprise. Especially, the activities of P2P network loan platform have not been regulated.Slightly shift of patterns of operation of the products on the platform is very likely to "overstep the boundary" and enter into the legal grey zone, and even to touch the legal bottom line.In the pattern of crowdfunding,there is a suspicion of illegal fundraising if the crowdfunding platform, without specific project to invest, gathers funds from public investors.

2. The Platform Fiction of Information and Make up Faux Items — The Suspicion of Fraudulent Fundraising

Based on the current laws and regulation, the key elements of fraudulent fundraising crime are "with the intention of illegal possession" and "by means of defraud" .In present, several P2P network loan platform operators release false interest loan information to raise fund and adopt the Ponzi scheme to manage capital chains in the short term.

3. Unable to Track the Source of Fund –Risk of Money Laundry

It is hard to examine legality of the source of fund under current internet finance circumstance. Since the P2P platform only provides intermediary services and does not directly participate in lending activities, the platform will not take the responsibilities for money laundry. However,if the platform participates in the course of money laundry during its services, it shall bear the corresponding criminal legal liabilities.

4. The Platform is Like to Be Suspected involved in Illegal Fundraising

On March 25, 2014, according to the regulation of Article 4 of <Opinions of the Supreme People' s Court, the Supreme People' s Procurator and the Ministry of Public Security on Several Issues concerning the Application of Law in the Handling of Illegal Fundraising Criminal Cases> "Whoever assists in any other' s illegal absorption of funds from the general public, and charges agency fees, kickbacks, rebates, commissions, royalties or any other expense, which constitutes the joint offence of illegal fundraising, shall be subject to criminal liability in accordance with law" , a high–tension wire to financial has been set on intermediary platforms and third party payment institutions, namely that if fundraising parties are suspected involved in illegal fundraising like "crime of illegal soliciting deposits from the public offense" and "crime of fund raising defraud" etc, the platforms are very likely to be deemed as "accomplice" to bear the criminal responsibilities.

Part IV Standardize and Develop Our Country' s Internet Finance by Learning from Foreign Experience

A. British Experience

On March 6, 2014, the UK Financial Conduct Authority (FCA) issued the FCA' s regulatory approach to crowdfunding over the internet and the promotion of non-readily realizable securities by other media,PS14/4, (hereinafter refer to "*Crowdfunding Supervision Rule*"). Crowdfunding Supervision Rule was officially implemented on April 1, 2014.

Crowdfunding Supervision Rule divides the crowdfunding that needs to be included under the regulation into two categories: P2P debit and credit-based crowdfunding and crowdfunding based on investment. Different regulatory standards were also developed accordingly. Companies engaged in the above two types of businesses need to obtain the authorization of FCA. Donation crowdfunding, prepaid or product categories are not within the scope of the regulatory authority, and FCA authorization is not required.

1. Establishment of Registration System

In UK, whether P2P network loan or equity-based crowdfunding is supervised by FCA or not, investors' investment in the crowdfunded companies is not in the scope of the financial services compensation plan,which means investors invest at their own risk. It is suggested to learn the management experience from inter-bank market dealers association, securities investment funds industry association for the inter-bank bonds market,and private equity fund to establish self-registration system for P2P and the crowdfunding industry so as to standardize the process and lay the foundation of the industry management.

2. Establish Perfect Information Disclosure Mechanism

It is suggested to reference to the FCA regulations that an information disclosure system for P2P and crowdfunding institutions shall be established to ensure the authenticity and accuracy of the information, and fresh information to be available for the public.

3. Introduce the Concept of Qualified Investors

Due to the low success rate of business, qualified investors who meet certain conditions and are with certain level of risk tolerance will be good participants to carry out P2P network finance.

B. Canadian Experience

The financial supervision in Canada is mainly implemented at the provincial level. In general, Canada has a more stringent regulatory approach to the Internet, which is involved in the gray area of the traditional financial laws and regulations. In May 2015, six provinces, including the province of BC, approved the new regulations for the development of Internet banking. The regulations provide exemption for venture company to raise public activities, allowing start-up companies each year to raise 500000 Canadian dollars from the public but a single raise funds is no more than 250000 Canadian dollars and personal single investment amount is no more than 1500 Canadian dollars.

C. American Experience

The United States issued JOBS ACT to make small business meet the requirement of American securities laws.

1. Opening the Equity-Based Crowdfunding

JOBS ACT specifies that crowdfunding platforms which meet the conditions blow are able to conduct equity financing without registration on SEC: (a) Agents registering on SEC act as intermediaries; (b) One raises less than one million dollars through internet platform every year; (c) Investors who earn less than 100 thousand dollars are not allowed to invest more than 2000 dollars or more than 5% of their annual income in last 12 months. Investors who earn more than 100 thousand dollars in last 12 months are able to invest 10% of their income, which is up to 100 thousand dollars.

2. Protecting the Interests of Investors

To protect the interests of investors, JOBS ACT specifies four requests: (a) record has to be put on the SEC and information about the stipulation has to be disclosed to investors and intermediaries; (b) promoting financing through advertising is prohibitive; (c) restrictions on fund raisers compensate for promoter has been set; (d) annual report on the operation status and the financial situation of a company has to be submitted to SEC and investors. Meanwhile, JOBS ACT constrains the financing platform in aspect with business entry,self–regulation,capital transfer,risk prompt,fraud prevention,consumer protection.

Part V Suggestions on the development of the Internet finance industry in China

A. Improvement of Supervision Quality and Efficiency

Internet financial enterprises need to take great efforts to handle the three relationships:

1. Relation between Management and Innovation

In present,internet finance has the limited influence over finance market. Over–regulating will frustrate the development of finance market. Hence, the supervision for the rising market shall concentrate on the new situations and new problems in the course of business innovation.

2. Relation between Precaution of Risk and Development of Industry

It is common that companies pay more attention on business development rather than on precaution of risk. Companies expand business aggressively to pursue a short–term benefit, but they ignore compliance management.

3. Relation between Separated Supervision and Mixed Operation

The finance industry in China adopts the pattern of separated supervision, which played a significant role in the stable development of financial industry. However, in terms of operation of internet finance companies, the tendency of mixed operation has been increasingly obvious. Therefore,the duty to supervise and to regulate shall be explicated and separated.

B. Improvement of Industry Supervision Measures

1. Explicate the Legal Status of Internet Finance Institution and Supervision Duties

Explicating the nature and legal status of internet finance institution will provide internet finance institutions with a clear set of standard to follow. In addition, it is necessary to establish a supervision mechanism for internet finance market. Local government and other authorities shall coordinate with each other to exercise their management and supervision function.

2. Construction Admittance and Withdrawal System

Designing pre–market access requirements such as the standard for registered capital, operation rules and internal control through administrative permit management plays a significant role in restriction of business entity' s scope and prevention blind development of internet finance platforms. Meanwhile, establishing a well–functioning withdrawal system can realize the survival of the fittest in internet finance market.

3. Boost Internet Finance Statistical Monitoring and Supervision on Anti–Money Laundering and Social Credit System

It is a must for the development of internet finance to strengthen the monitoring fund flow of internet finance platform and to intensify the supervision over loan interest rate and anti–money laundry activities.Furthermore, striving to developing personal credit evaluation service will resolve the asymmetry of information in the course of the development internet finance.

4. Enhance Education on Finance Consumption Protection and Penalize Wrongdoers

It is necessary to enhance education for internet finance market participants to

arouse their awareness of financial and legal risks and risk prevention consciousness. Penalizing the wrongdoers strictly prescribed by laws and regulations will strengthen the standardization of internet finance.

華東政法大學

聘 书

兹聘请金茂凯德律师事务所创始合伙人律师李志强为华东政法大学国际金融法律学院兼职教授、校外硕士生导师。

诚感荣耀。

国际金融法律学院

二零一四年十二月二十九日

上海市商务委员会
上海市司法局
文件

沪商服贸〔2013〕649号

市商务委　市司法局关于认定上海金茂凯德律师事务所等14家单位为“上海市专业服务贸易重点单位(法律服务类)”的通知

各有关单位:

为推动本市专业服务贸易的发展，促进律师事务所等相关单位积极开展国际间的交流与合作，推进上海国际贸易中心建设，根据《上海市专业服务贸易重点单位（法律服务类）认定管理办法》，经审核，现认定下列14家单位为“上海市专业服务贸易重点单位（法律服务类）”（有效期三年，2013年9月17日-2016年9月16日）:

1、上海金茂凯德律师事务所

2、上海市方达律师事务所

3、上海元达律师事务所

4、上海市锦天城律师事务所

5、北京市中伦律师事务所上海分所

6、北京大成（上海）律师事务所

7、上海市通力律师事务所

8、上海市段和段律师事务所

9、上海市瑛明律师事务所

10、国浩律师（上海）事务所

11、上海市协力律师事务所

12、上海市海华永泰律师事务所

13、上海市金茂律师事务所

14、北京市环球律师事务所上海分所

特此通知。

上海市商务委员会　　上海市司法局

2013年9月17日

信息公开属性：主动公开

抄　送：市发展改革委

上海市商务委员会办公室　　2013年9月23日印发

（共印25份）

金融控股与创新金融篇

金砖国家金融合作符合时代潮流

连平

目前金砖国家的多边金融合作尚处于起步阶段，金砖集团内部成员的双边金融合作水平也参差不齐，距离建立能够为经济合作提供有力支撑的深层次、高效率的金融合作格局还有很长的路要走。要真正建立行之有效的合作机制和合作模式，要求各国在选择合作路径时要脚踏实地，在基础设施建设上下足工夫。金砖国家金融合作的具体路径应包括短期规划、中期规划和远期规划。短期内，金砖国家合作应当建立健全协调机制，开展金融合作基础设施建设；在中期，金砖各国应当建立健全基础设施建设，推动金融协同监管建设，加快资本市场合作的步伐；从长远来说，金砖国家应当实现资本市场的全面、深入合作，进一步完善监管协调机制，使金砖国家成为国际金融舞台上的重要力量。

金砖国家金融合作本质上属于国际金融合作的范畴，是发展中国家主要经济体之间的跨区域国际金融合作。金砖国家金融合作包括宏观监管合作、政府职能延伸、协同处理金融危机和协同控制金融风险等内容。在金融全球化的大趋势下，随着各国利益汇合点的逐渐增多，促进金砖国家最大限度的金融合作，以寻求互利共赢，符合当今"以合作谋和平、以合作促发展"的时代潮流。

一、金砖国家金融合作的基础和前景

（一）金砖国家金融合作机制的六块基石

随着金融在国际政治、经济中的位置日益高升，金融全球化在全球化中重中之重的地位确立，国际金融合作顺理成章地成为各国关注的焦点。金融全球化促进生产要素的国际流动，对优化配置世界资源和促进世界经济的发展起到重要推动作用。金融全球化有利于发展中国家弥补本国资本和技术的不足，推进产业升级、技术进步、制度创新，加快经济发展；同时也有利于发达国家利用剩余资金开拓投资渠道，利用廉价的劳动力和原材料市场获得更大的收益。深化金融合作，构建适合国家或地区经济发展特点的区域性金融服务体系，是促进区域国家间经济合作、维护国家间经济与能源安全的重要途径。经济全球化和金融全球化要求把国际金融合作从传统的贸易合作、投资合作提升到政府之间的宏观经济政策合作。

通过金融合作理论和实践的分析，我们认为金砖国家金融合作机制应建立在以下六块基石上：一是确立合作的思想。“共同”思想是合作进程得以推进的一个重要决定因素，即以各国的共同利益为决策衡量标准。二是确立合作的轴心。两个以上大国的结构能够充分发挥机制相互制衡发展的作用，在推动金融合作进程方面可以发挥公平、透明、推动力强的优势。三是适当选择利益切合点。经济基础结合的紧密程度很大程度上决定了参与各国能否按照兼顾各方利益合作共赢的方式推进金融合作。经济基础相似，共同利益明确，对金融合作会有促进作用。四是以区域或双边合作解决多边合作中的问题。多元化的双边合作能够更快地解决经济结构和基础差异问题，在发展的过程中能够逐渐将差距较大、范围更广的合作国家联系起来。五是照顾发展水平较低国家的利益。六是建立有效的制度约束。约束程度较高的制度能有效地保障金融合作的具体操作及战略发展的执行和实施。

（二）金砖国家开展金融合作既有机遇也面临风险

从区域层面看，金砖国家均为经济增长较快的发展中经济体，经济增长蕴含着巨大潜力。五国经济具有各自的特点和较强的互补性，经济合作如果能发挥各自的要素禀赋优势，必然会为彼此带来较大的利益。从多边层面看，金砖国家成员国并没有一个明确规定的准入机制或标准，只是一种身份的相互认同，使得金砖国家产生了相同的诉求，表现为对世界经济与全球治理结构“话语权”的诉求。通过合作，金砖国家将逐渐承担起与“发达国家集团”相对应的“发展中国家集团”职责，代表发展中国家的诉求。这有利于摆脱发达国家长期以来主导国际经济体系的状况，赢得更多的公平发展机遇。

同时应该看到，金砖国家金融合作不只是受到政治、经济、贸易规则和国际舆论等方面的外部挑战，就是在金砖国家内部也需要进一步协调。一方面，金砖国家成员国对金砖机制的主导权问题存在不同看法，各国都希望在金砖机制中占据一定的主导地位。因此，金砖国家的进一步合作必须照顾到各国在机制中的“舒适度”，采用一直以来的“金砖方式”，通过平等互利基础上的谈判和妥协达成共识，采取共同行动。今后能否坚持这种既有的平等兼顾各方利益的“金砖方式”，将在很大程度上决定未来金砖国家合作程度能有多深、合作之路能走多远。另一方面，同属于发展中国家的金砖国家，处于较为相近的发展阶段，彼此的利益诉求也十分类似，经济结构较为趋同，相互依赖度还不高，在追逐自然资源、市场份额、国际政治经济权力及诸多发展议题等方面均存在一定的利益冲突。这种不平衡的长期存在和经济互补性在某种程度上的缺失都会或多或少地影响金砖国家的合作动力。

（三）金砖国家金融合作路径应分阶段规划

相较于欧盟、北美等区域金融合作较为领先的地区，金砖国家的金融合作进展比较缓慢。目前金砖国家的多边金融合作仅处于起步阶段，金砖集团内部成员的双边金融合作水平也参差不齐，距离建立能够为经济合作提供有力支撑的深层次、高效率的金融合作格局还有很长的路要走。要真正建立行之有效的合作机制和合作模式，要求各国在选择合作路径时要脚踏实地，在基础设施建设上下足工夫。

金砖国家金融合作的具体路径应包括短期、中期和远期的规划。短期内，金砖国家合作应当建立健全协调机制，开展金融合作基础设施建设；在中期，金砖各国应当建立健全基础设施建设，推动金融协同监管建设，加快资本市场合作的步伐；从长远来说，金砖国家应当实现资本市场的全面、深入合作，进一步完善监管协调机制，使金砖国家成为国际金融舞台上的重要力量。其中，短期路径的可预见性和可控性较强，应重点加强基本制度和基础设施建设，在基本制度和基础设施建设完成的基础上才能开展上层建筑的构造，而更进一步的功能性市场合作则在未来将成为顺理成章之事。

二、金砖各国都能找到自己相应的角色定位

中国参与金砖国家金融合作具有一系列优势。在与金砖国家的金融合作中，中国与其他金砖国家的产业比较优势或金融发展程度都各有特点。其中，中国优势主要体现在国际政治影响力显著、工业基础雄厚、高新技术领先、外汇储备充裕、人民币国际化前景看好等方面。而其他国家更多地表现在资源丰富、农业或个别技术领域相对发达等方面。因此，中国更适合在金砖集团内部金融合作中扮演领头羊的角色和工业制成品、资金、技术输出者的角色。

在经济方面，相比其他金砖成员国，中国在经济领域拥有明显优势。就经济总量来看，中国在金砖五国中遥遥领先。2014年，中国GDP折合成美元，相当于10.36万亿美元，远高于其他四国GDP6.63万亿美元的总和，成为世界第二大经济体，仅次于美国。从经济发展的动力结构来看，投资、出口和消费“三驾马车”对于中国经济增长的拉动作用较为均衡。相对而言，巴西、印度、俄罗斯、南非四国的消费贡献比较高，但投资或出口对经济的拉动作用或多或少都存在短板。从经济发展的潜力来看，中国的优势也较为突出。中国经济增长的热点较多，人力资源特别是熟练产业工人数量较为充裕，同时三个产业发展较为均衡，无论是农业、工业（包括轻工业、重工业）都没有明显的短板，而服务业近年来也在快速发展。从经济梯度开发来看，中西部仍有较大的成长空间。

在金融方面，相比其他成员国，中国的优势较为明显。在一个国家对外金融交往中，金融优势往往体现在以下四个方面：一是该国金融市场高度发达开放，成为全球性的金融交易中心；二是该国货币为全球最主要的计价、结算、交易和储备货币，得到了许多国家和地区的认可和接受；三是该国在全球金融体系，如IMF、世界银行等多边金融机构中拥有较大的份额和投票权；四是该国拥有较多的外汇储备，不但可以在很大程度上独自应对外部冲击，还有余力对外提供货币救济，甚至可以在一定程度上“另起炉灶”，牵头建立新的全球性或地区性金融开发机制。就金砖五国来说，前三个方面中国都拥有相对优势，尤其是第四个方面，中国拥有全球规模最大的外汇储

备。较高的外汇储备规模不仅使中国大大降低了对国际金融机构的外部依赖，而且让中国有足够底气建立或牵头建立丝路基金、亚洲基础设施投资银行、上海合作组织开发银行等更符合自身利益的替代性开发金融机制。也正是中国在外汇储备和资金供给方面的绝对实力，很大程度上奠定了中国在这些机构中的领导者地位。近期人民币加入SDR货币篮子，表明人民币国际化取得了里程碑式的成果，中国的金融优势将进一步增强。

综合来看，金砖五国在金融合作过程中有一定的互补性，各方在产业结构、金融体系、本币国际化、区域影响力等方面的影响力互有长短。在金砖国家金融合作中，各国都能找到自己相应的角色定位。中国应当是领头羊，在战略方向上起引领作用。同时，中国重要的政治影响力、经济实力和外汇储备规模，加上人民币国际化的强劲步伐，可以为其他四国提供较强的金融安全支持。印度、巴西、俄罗斯可作为金融合作的积极推动者。其中，印度和巴西在金融市场深化、金融开放等领域可以为中国提供有益借鉴；俄罗斯近年来也在努力推动卢布国际化，其经验和教训都可与中国进行交流。南非在金砖国家金融合作中更可能扮演接受者的角色，成为中国、印度等资金输出国参与非洲金融合作的重要桥梁。

三、中国如何参与金砖国家金融合作

（一）参与金砖国家金融合作具有积极意义，应相对谨慎

参与金砖国家金融合作对中国经济具有积极影响：一是有助于巩固中国的经济和金融安全。如降低中国对欧美日三大传统出口市场的严重依赖，有可能避免中国未来被经济孤立，提高中国抵御外部货币危机的能力。二是助推过剩产能输出，提高中国产能利用率。可借助金砖国家合作平台，积极推进中资企业“走出去”，为我国内部经济结构调整和产业全球化布局创造机会。三是加快推进人民币国际化。通过加强与包括金砖国家在内的新兴市场国家的金融合作，不断拓展人民币国际化的深度和广度，对以美元为中心的国际货币体系形成补充。四是丰富中国外汇储备的运用途径。既可将外汇储备在金砖国家及其他发展中国家加以运用，提高外汇资产的收益率，也可

以通过应急储备安排，使我国庞大的外汇储备发挥化解成员国流动性风险的“稳定器”作用。五是促进中国与相关国家在能源、气候变化、粮食安全等其他领域的合作。

与美欧日等传统市场经济国家相比，部分金砖国家在体制机制方面存在种种不完善、不成熟之处，容易受到外部环境的冲击和影响。因此，合作也可能给中国经济带来潜在的不利影响。中国参与金砖国家金融合作应注意以下八个方面：一是参与金砖国家金融合作应坚持平等互利的原则；二是参与金砖国家金融合作应循序渐进和讲求实效；三是参与金砖国家金融合作应尽可能地淡化政治集团的形象；四是参与金砖国家金融合作的成员还可适当扩容；五是参与合作的主体还应扩大，可以考虑让支持金砖成员的微观经济主体参与交流；六是参与金砖国家金融合作不但要鼓励有形的机构合作，还应鼓励无形的发展战略、改革经验和技术交流；七是不但要重视间接金融和开发金融方面的合作，也要重视资本市场建设的交流；八是在与金砖国家开展具体的金融合作时，中国既要积极推进，又要保持必要的谨慎。

（二）新开发银行和应急储备安排应更接发展中国家的“地气”

金砖国家新开发银行和应急储备安排是金砖国家经济发展、共同应对外部挑战的产物。作为国际金融机构中的新成员，新开发银行和应急储备安排要成长壮大，无疑面临着各方面的挑战。只有正视并克服这些挑战，新开发银行和应急储备安排才能真正促进国际金融体系改革，才能在多极化的世界体系中实现发展中国家的利益。

为此提出以下建议：一是新开发银行要务实开展开发性金融业务，不定位于挑战现行秩序。二是团结各成员国，积极探索内部治理结构，做到既要公平，即平衡各成员国之间的利益，又要有效率，即克服平均主义。三是要实施差异化定位，与现有国际金融机构展开包容性竞争。具体而言，新开发银行提供的服务要更接发展中国家的“地气”，因地制宜地开展业务；新开发银行提供开发性金融的条件要公平和优厚，不附带其他经济或政治的条件；发挥成员国的相对优势，保持业务特色。四是联合金砖国家交易所联盟和能源联盟，打造立体经济金融力量。发挥金砖国家在人口、市场、资源等

方面的相对优势，形成具有实体依托和广泛影响的多边合作组织。五是金砖各国要联手建立应急机制，积极应对可能的风险或负面影响。

（三）新开发银行对上海的影响和政策建议

新开发银行对上海国际金融中心建设具有的积极影响。新开发银行总部设在上海，将是上海乃至中国第一个国际性金融组织总部，将为实现到2020年把上海建成国际金融中心和国际航运中心提供新的动力。新开发银行落户上海将有助于上海聚集机构、人才、资金等全球金融资源，大大提升上海对国际经济金融事务的影响力。该机构在上海运作有助于提升上海金融市场的开放和完善程度，包括深化金砖国家之间的金融开放和合作、进一步深化上海人民币债券市场，乃至有助于全面推进我国金融体制深化改革。

中国是新开发银行的主要发起国之一，上海是新开发银行的总部所在地，建议我国政府和上海市可从以下两个方面着力，借助新开发银行在沪运作的机遇，进一步促进上海国际金融中心建设。

一方面，要主动结合自贸区建设，持续提升和改善上海金融服务环境。新开发银行可以伴随自贸区建设进度，在人民币资本账户开放等方面相结合，形成协同作用和共振效应，把金融改革与实体经济发展有效相结合，让上海的国际金融中心建设和新开发银行国际性金融机构的运行相互促进。为更好地为新开发银行服务，上海仍应继续全面提升硬件和软件的金融服务环境，而如何吸引大量的高端金融人才来沪是其中的关键问题之一。上海不但要以良好的金融发展前景形成事业留人的良好环境，也要从人才落户的便利性、用人机制的灵活性及各类保障措施的完备性等各方面提升上海作为国际金融中心的吸引力。

另一方面，要发挥上海总部优势，当好金砖国家金融合作的桥头堡。通过新开发银行的投资业务发挥资金枢纽的作用；通过新开发银行的融资业务提升上海金融市场的多元化和开放性，并发挥新开发银行总部的聚集作用和辐射作用；加大政策支持的力度，吸引境内外各类机构落户上海，进一步促进金融、保险、会计、法律和其他咨询中介服务等机构云集上海，持续提升上海汇集和整合金融资源的能力。

亚投行与金砖银行比较研究

李志强　庞新蕾

2013年10月2日，中华人民共和国主席习近平在雅加达同印度尼西亚总统苏西洛举行会谈之时倡议筹建亚洲基础设施投资银行（AIIB，简称亚投行），促进本地区互联互通建设和经济一体化进程，向包括东盟国家在内的本地区发展中国家基础设施建设提供资金支持。新的亚洲基础设施投资银行将同域外现有多边开发银行合作，相互补充，共同促进亚洲经济持续稳定发展。苏西洛对中方倡议筹建亚洲基础设施投资银行作出了积极回应。至此，亚投行议题首次进入全球视野。同月，中华人民共和国国务院总理李克强出访东南亚时，紧接着再向东南亚国家提出筹建亚投行的倡议。至此，筹建亚投行的倡议再次引起了各方关注。

与亚投行筹建广受热议相关，金砖银行的地位引起了各方的重新思考。自2008年金融危机以来，美国金融政策变动导致国际金融市场资金的波动，对新兴市场国家的币值稳定造成很大影响。中国货币波动较小，但是印度、俄罗斯、巴西等国都经历了货币巨幅贬值，导致通货膨胀。而靠IMF救助存在不及时和力度不够的问题，金砖国家为避免在下一轮金融危机中受到货币不稳定的影响，计划构筑一个共同的金融安全网。一旦出现货币不稳定，可以借助这个资金池兑换一部分外汇来应急。

金砖银行、亚洲基础设施投资银行共享的一个关键词是“跨境基础设施投资”。两个新机构都将集中向一带一路沿线国家及其他面临基础设施瓶颈的发展中国家进行投资，促进和帮助这些国家发展交通、运输、通讯、电力等基础设施，将中国和它们连接起来，实现互联互通，推动地区经济一体化。与此同时，这些投资也将促进中国与一带一路国家在金融机构和安排上的制度协作。

2015年3月28日，博鳌亚洲论坛《亚洲基础设施投资银行与金砖国家开发银行：多边金融格局中的新力量》分论坛上，国家开发银行董事长胡怀邦表

示，亚投行是为亚洲量身定制的政府主导的多边金融机构，它的运作方式也是按照国际上多边金融机构的规则来运作的。而金砖国家开发银行是为了应对金砖五国出现的金融风险，或者是危机。金砖银行、亚投行要做的，正是通过中国的带动和地区的合作，来降低投资风险，鼓励和保障多种渠道投资流入基础设施领域，实现地区互联互通。

中国同为亚投行与金砖银行的创始成员国，两家银行都是具有国际影响力的金融机构，两者既有联系又有区别，本文旨在从以下几个方面对两者进行比较研究。

一、设立宗旨及意义

亚投行的设立对促进亚洲国家经济发展与区域经济一体化具有重要意义；创建亚洲基础设施投资银行，通过公共部门与私人部门的合作，有效弥补亚洲地区基础设施建设的资金缺口，推进了亚洲区域经济一体化建设；有利于扩大全球投资需求，支持世界经济复苏；有利于通过基础设施项目，推动亚洲地区经济增长，促进私营经济发展并改善就业；通过提供平台将本地区高储蓄率国家的存款直接导向基础设施建设，实现本地区内资本的有效配置，并最终促进亚洲地区金融市场的迅速发展。亚投行是“一带一路”战略的具体实践，亚投行不仅有利于亚洲地区的基础设施建设和助力经济发展，更加体现了一种大局思维，让新兴市场国家不再受制，也把中国在世界经济舞台的地位再次拉升了一个档次，带动中国产业升级，推动中国金融服务业的改革发展和国际化接轨。亚投行的产生，可推动亚洲基础设施的投资，推动亚洲的经济增长。亚投行不仅仅是一个“修桥”和“造路”的机构，更能在投融资体制改革方面发挥更大作用。亚投行会帮助亚洲和全球经济持续增长，以及增强全球经济的稳定性。

成立金砖银行的宗旨，主要是资助金砖国家及其他发展中国家的基础设施建设，尤其是优先考虑对金砖国家基础设施建设进行扶持。这无疑对金砖国家具有非常重要的战略意义。巴西、南非、俄罗斯、印度四国的基础设施缺口很大，在国家财政乏力时，需要共同的资金合作。金砖国家开发银行不只面向五个金砖国家，而是面向全部发展中国家，作为金砖成员国，可能会获得优先贷款权。金砖银行主要反映新兴经济体改变原有国际金融体系的愿望和努力。相对金砖银行，亚投行这个基础设施投资银行更多的是反映了中国在全球金融体系中影响力的提升。

二、成员组成和股权比例

根据《筹建亚投行备忘录》，亚投行的法定资本为1000亿美元，中国初始认缴资本目标为500亿美元左右，中国出资50%，为最大股东。各意向创始成员国同意将以国内生产总值（GDP）衡量的经济权重作为各国股份分配的基础。2015年6月29日，《亚洲基础设施投资银行协定》（以下简称《协定》）签署仪式在北京举行。亚投行57个意向创始成员国财长或授权代表出席了签署仪式，其中已通过国内审批程序的50个国家正式签署《协定》，分别是澳大利亚、奥地利、阿塞拜疆、孟加拉国、巴西、柬埔寨、文莱、中国、埃及、芬兰、法国、格鲁吉亚、德国、冰岛、印度、印度尼西亚、伊朗、意大利、以色列、约旦、哈萨克斯坦、韩国、吉尔吉斯斯坦、老挝、卢森堡、马尔代夫、马耳他、蒙古、缅甸、尼泊尔、荷兰、新西兰、挪威、阿曼、巴基斯坦、葡萄牙、卡塔尔、俄罗斯、沙特阿拉伯、新加坡、西班牙、斯里兰卡、瑞典、瑞士、塔吉克斯坦、土耳其、阿联酋、英国、乌兹别克斯坦、越南。其他尚未通过国内审批程序的意向创始成员国见证签署仪式。亚投行比金砖国家开发银行的创始国更多，包括金砖国家开发银行的全部创始国都加入了亚投行。

金砖银行五家创始成员国为中国、巴西、俄罗斯、印度、南非。金砖银行的法定资本1000亿美元，初始认缴资本500亿美元，在五个创始成员国间平均分配，实缴比例为20%。金砖银行不存在谁主导谁，更多的是五个国家的合作平台。中国在金砖银行并没有明显的主导地位，而其余四国也不时引入自己的议程考虑，期望借体系获利。亚投行是一个区域性的银行，所以它的股份份额分域内和域外。而金砖银行跨越四大洲，就不只是针对某一个区域，虽然金砖银行的作用有基础设施建设，但更重要的是金砖国家合作的一个平台。

三、职能

比较金砖体系与亚投行的差别，关键不仅是体系下的金砖银行，还在于那笔应急储备金。应急储备金旨在向陷入经济危机的国家提供援助的经济稳定基金。应急储备基金是由中国提出的一个倡议，主要是为了解决金砖国家短期金融危机，是一种救助机制，不是盈利机制。储备基金为1000亿美元，用于金砖国家应对金融突发事件，其中中国提供410亿美元，俄罗斯、巴西和印度分别提供180亿美元，南非提供其余的50亿美元。金砖体系的正式成员国目前只有5个，相比亚投行的庞大阵容，更能“集中应付”成员国可能面对的金融风险；成员国的经济、基建发展因此可以更加进取，以便创造机会，改变传统上由欧美控制的全球格局。有国内学者认为，金砖银行在全球层面对应于IMF及世界银行，而亚投行则在区域层面对应亚洲开发银行。

四、总结

金砖银行和亚投行都是中国作为创始国来发起和筹建的。两家国际金融机构都是中国试图争取世界金融主导权的努力。作为世界第二大经济体，中国在世界银行和亚洲开发银行等金融机构中的话语权远远小于美国、日本等，这与中国的经济地位不相符。因此，既然无法在原有的金融机构中获得主导权，中国就另辟蹊径，自己联合盟友成立国际银行。在未来，金砖银行和亚投行将互为补充，带动人民币国际化，增加中国在世界经济事务中的话语主导权。亚投行与金砖银行等现有多边开发银行是并行不悖、相互补充的，有助于促进有关国家和地区的基础设施和互联互通建设，为本地区经济长期增长提供持久动力。金砖体系和亚投行加在一起，是对战后“布雷顿森林体系”的两大支柱——IMF及世界银行的超越。金砖体系和亚投行通过各自发展合作，实现共同的宏观目标。

论我国金融控股集团风险防范及其法律规制

李志强

一、我国金融控股集团的现状

在巴塞尔委员会于1996年倡导成立的金融集团联合论坛发布的《对金融集团监管》文件中，金融集团的定义为：主要从事金融业务，并至少明显地从事银行、证券、保险中的两种或两种以上的经营活动的金融控股集团。

尽管目前我国金融业实行分业经营及分业管理，我国法律也未明确金融控股集团的定义及法律地位，未制定相关法律法规，但随着金融业改革和发展，逐渐形成了三类不同投资主体的金融控股集团。

第一类是以金融机构为主组建的金融控股集团，主要特点是母公司本身是经营某种金融业务的银行、信托、证券或保险公司，通过投资控股一个或几个从事与母公司不同的其他金融业务的子公司，如平安保险集团。

第二类是以投资集团为主组建的金融控股集团，主要特点是母公司本身不直接经营具体业务，是纯粹的投资控股集团，如光大集团、重组后的中信集团等。

第三类是以实业公司直接参股、控股两个或两个以上行业的金融机构，特点是母公司自身是经营非金融业务的实业公司，但其投资控股了银行、证券、保险、信托等公司，如鲁能集团、海尔集团等。①

鉴于我国对金融行业进行分业监管，尚未建立金融机关多元化经营的法律法规，有关金融控股集团的模式如何选择，金融控股集团如何进行投资及

①毛杰：《金融控股集团的法律问题研究》，华东政法学院硕士学位论文，2014。

融资等，均缺乏相应的法律依据及实施细则。

二、“一带一路”背景下金融控股集团投融资的客观需求

2013年9月和10月，国家主席习近平在出访中亚和东南亚国家期间，先后提出共建“丝绸之路经济带”和“21世纪海上丝绸之路”的重大倡议。在国家领导人引领下，中国政府积极推动“一带一路”建设，加强与沿线国家的沟通磋商，推动与沿线国家的务实合作，深入阐释“一带一路”的深刻内涵和积极意义，就共建“一带一路”达成广泛共识。

据统计，2010—2013年，“一带一路”地区对全球经济增长的贡献率高达41.2%。随着“一带一路”战略深入实施，该区域的经济引擎作用将日益显现。金融作为现代经济的核心，势必融合到这一战略框架及其所衍生的区域经济一体化之中。“一带一路”战略的实施，有利于促进基础设施、装备制造等产能过剩行业重组和优化，刺激新产业、新业态、新技术和新商业模式加快发展，势必引发大量投融资需求，给金融机构及金融控股集团带来广阔的发展空间。①

2015年6月24日，中信银行联合中信证券、中信建投证券、中信信托、中信建设、中信重工、中信国安、中信资源、中信工程、中信环境等多家中信集团下属公司共同在京宣布，投融资7000多亿元助力国家“一带一路”战略。 未来几年内，中信银行将提供超过4000亿元融资支持“一带一路”建设，并设立“一带一路”基金，首期基金规模将达200亿元。②

中信集团作为国内知名的金融控股集团，在推动“一带一路”战略实施时，具有其他金融机构无法比拟的协同效应。中信集团通过银行、信托、证券等子公司加大融资支持，发挥金融助推器的作用，通过建设工程领域的子公司发挥在工程承包领域积累的优势，加大直接投资力度，发挥中信作为金融控股集团的品牌优势，通过整合内部资源，进一步加大合作交流力度。

①赵志刚：《“一带一路”金融区域化路径》，载《中国金融》，2015（5）。

②《中信银行：发挥集团性综合优势助力“一带一路”走向深化》，载《中国经营报》，2015-07-25。

三、国家“十三五”规划背景下金融监管体制调整对金融控股集团的推动作用

2015年10月29日，中国共产党第十八届中央委员会第五次全体会议通过《中共中央关于制定国民经济和社会发展第十三个五年规划的建议》，其中明确指出，加快金融体制改革，提高金融服务实体经济效率。加强金融宏观审慎管理制度建设，加强统筹协调，改革并完善适应现代金融市场发展的金融监管框架，健全符合我国国情和国际标准的监管规则，实现金融风险监管全覆盖。

近年来频繁显露的局部风险特别是近期资本市场的剧烈波动说明，现行监管框架存在着不适应我国金融业发展的体制性矛盾，也再次提醒我们，必须通过改革保障金融安全，有效防范系统性风险。自国际金融危机发生以来，主要经济体都对其金融监管体制进行了重大改革。主要做法是统筹监管系统重要金融机构和金融控股集团，尤其是负责对这些金融机构的审慎管理。

由此来看，在“十三五”规划期间，我国金融监管的大趋势应该是，逐步适应混业经营的趋势，优化、调整现行的分业监管架构，金融混业未来会产生更多大型金融控股集团。金融控股集团兼具分业经营和混业经营优点，最主要特点是集团混业、经营分业，通过对商业银行、证券公司、保险公司和非金融子公司股权控制，实现各公司在资金、业务和技术上的协同效应。

四、金融控股集团所面临的主要风险

金融控股集团的风险是指金融控股集团在经营活动过程中遭遇的损失可能性。金融业是高风险行业，而金融控股集团由于是多种金融机构与金融业务的聚合体，一般进行跨行业、跨地区的业务经营，在金融市场上同时担任多种角色，如发行中介、交易中介、投资者、融资者、信息提供者等，加上由母、子公司形成的这种集团控股式的组织形式和结构，使其成为了金融业风险的高度聚合处和汇集点，极易诱发系统性风险。[①]此处笔者将把金融控股

①李晗：《论我国金融控股集团风险防范法律制度》，湖南大学法学院博士学位论文，2007。

集团的风险分为内部风险和外部风险两部分进行探讨。

（一）金融控股集团所面临的主要内部风险

1. 内部关联交易风险。金融控股集团内部的关联交易包括控股集团内部交易、内部资金和商品的互相划拨、互相担保和抵押、交叉持股、流动资产管理等。金融控股集团组织结构上的复杂性使得关联交易隐蔽性增强，投资者、债权人，甚至控股集团管理层本身都难把握公司内部成员之间的授权关系和管理责任，从而无法准确判断和衡量公司的整体风险。[①]金融控股集团通过担保、资金的占用、贷款等形式形成了非常复杂的信用链条，在这个信用链条中，如果其中的一个子公司出现问题，极有可能会把母公司拖垮，进而影响金融领域的稳定，带来金融风波。如果金融控股集团的某一实体破产，该实体的债权人会要求关联银行偿付其债务，控股集团的问题也会通过逆向交易的形式传递到内部其他成员，产生“多米诺骨牌”效应。[②]

2. 内部利益冲突风险。金融控股集团由于是跨行业、跨地区多种金融机构与金融业务的综合体，在金融市场上同时担任多种角色，如融资者、投资者、信息提供者等。金融业务部门之间利益主体存在结构性、功能性差异，当开展某一项业务时，很可能产生牺牲其他业务的交易利益，所以利益关系的调整不可避免会产生冲突。如网上金融服务的开办和发展，由于会与传统盈利部门产生争夺集团公司投资和目标客户等竞争，可能引起这些部门的消极反应。[③]

3. 垄断的风险。金融控股集团凭借强大的人、财、物等资源协同，极易发展成为拥有较强经济实力的企业实体。在实现规模经济的同时，可能造成市场资源的高度集中，使得很多具有活力的中小金融机构丧失竞争力，从而削弱行业竞争进而形成垄断。金融控股集团若滥用高度集中的金融资源，必然会降低金融服务效率，不利于维护自由竞争以及消费者权益。

①雷兴虎：《论我国金融控股集团的风险防范法律机制》，载《中国法学》，2009-10-09。

②吕楠：《论金融控股集团关联交易的风险及其控制》，载《现代经济信息》，2013（6）。

③雷兴虎：《论我国金融控股集团的风险防范法律机制》，载《中国法学》，2009-10-09。

（二）我国金融控股集团所面临的主要外部风险

1. 监管模式的风险。金融控股集团的规模一般较大，其子公司涉及的行业必然涵盖面较广，因业务性质的差别各子公司所受监管条件、标准和规范必然不尽相同。例如，监管机构对银行、保险、证券等不同行业的资本要素的定义不同，对资产和负债的评估方法不同，对资本充足水平的要求也有所差别。只要不同的金融监管体系之间存在着差别，受逐利本能的驱使，金融控股集团就可能采取规避监管的行为，建立一种阻力最小的组织模式，使控股集团成员的资产朝向监管尺度宽松的部门转移，造成整个公司整体风险的提高。①

2. 外部利益冲突风险。金融控股集团日常运营当中不可避免地会产生少数股东与外部债权人、竞争者和消费者等利益群体之间的利益冲突。这些利益冲突会增加公司运营的不确定性，给社会经济造成危害。如金融控股集团通过对其子公司的控制，为规避集团风险操纵其下属的某一家子公司破产，而损害债权人以及其他社会公众的利益。又如金融控股集团在违背客户意志或利益的情况下，以强力营销方式向其客户推荐同属该集团之其他金融业务如证券、保险等，就会引发此等冲突。②

3. 准入与退出的风险。金融控股集团规模大，业务种类繁多，但又相互有牵连。某个部门或业务的经营失败可能会沿着集团的组织结构或业务关联链传递到其他的部门，甚至可能对其他的部门带来毁灭性的影响，最终可能会影响到整个金融业的稳定，所以需要提高金融控股集团的准入标准。

五、规范金融控股集团投融资及相关法律制度的建议

（一）修订《公司法》

我国现行《公司法》中并没有关于金融控股集团的专门规定，在修订

①雷兴虎：《论我国金融控股集团的风险防范法律机制》，载《中国法学》，2009-10-09。
②雷兴虎：《论我国金融控股集团的风险防范法律机制》，载《中国法学》，2009-10-09。

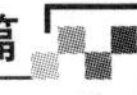

《公司法》时建议适时明确通过专项立法完善金融控股集团的法律规制。

（二）制定金融控股集团单行法

结合目前金融监管体制调整的背景，制定金融控股集团公司单行法，明确金融控股集团的定义、市场准入及退出条件、业务范围、经营要求、义务及责任、信息披露等，完善集团公司治理制度。与此同时，注意现有法律法规的修改，协调金融控股集团与现行的《商业银行法》、《证券法》、《保险法》和《信托法》等相关法律的关系，从而减少立法与现有法规的冲突，达到与整个金融体系相协调的目的。

（三）明确金融控股集团的监管体制

随着金融监管体制的改革，混业监管是大趋势，金融控股集团需要统一的金融监管委员会进行监管，打通各类金融监管渠道，统一协调、统一指导和统一监管。

（四）建议设立纯金融控股集团公司

通过直接设立或股权交换等方式设立控股集团，使其脱离经营业务，作为专一的管理和决策部门。虽然在混业经营的发展初期，采取混合控股更适应母公司拓展业务、开发市场及合理配置内部资源的需要。但是当其发展到一定程度时，混合控股集团组织机构庞大、管理难度大、费用高、缺乏长远布局以及内部“防火墙”不严密等问题便会暴露，而组建纯粹金融控股集团便能在一定程度上解决这些问题。控股集团负责集团公司的管理和对子公司的股权控制，主要从事收购、兼并、转让子公司股权，协调内部资源，制定集团的发展战略，对子公司的风险进行控制等。与此同时，把较大的独立性和积极性赋予子公司，有利于子公司积极拓展业务，制定其长远发展战略，并在控股母公司的协调下与其他子公司相互合作、资源共享，这样不仅在各个子公司之间筑起了严控风险的“防火墙”，还提高了资源的使用效率。①

①杨珂：《我国金融控股集团的模式选择——基于国际经验的比较》，载《区域金融研究》，2013（10）。

（五）积极探索新的融资渠道，使金融控股集团的资本结构合理化

金融控股集团应在现有政策的指导下积极开拓国内市场，大力发展直接融资，不能过度依赖银行贷款这一间接融资方式。金融控股集团可积极拓展银行间债券市场、交易所市场等债券融资方式。债券融资具有长期性和稳定性，有助于加速市场竞争，优化金融控股集团的资源配置。除了银行贷款、股票、债券等传统融资方式外，金融控股集团可以在国家政策允许范围内积极开拓资产证券化、信托等融资方式。

（六）增强金融控股集团投资管理

首先，加强对投资项目的监督，建立综合绩效评价制度。金融控股集团应全面推进预算管理，根据企业发展规划、经营策略，客观分析市场形势和政策导向，并涵盖集团本部及下属子公司的投资规划，科学制定企业投资战略。对重大项目、金融项目、非主业和非控股等项目投资，应进行可行性分析，重点是资金筹集、股权结构、投后管理方案及风险防范措施，并明确投资项目决策者和实施者应承担的责任，投资过程应加强跟踪，及时发现问题并采取有效的风险控制措施。

其次，加强集团风险管理，构建完善预警机制。金融控股集团要以风险控制为导向，将风险防范关口前移，通过构建完善的投资管理制度、运行监测体系和评价体系及风险防火墙隔离机制，防范化解投资风险，提高投资管理效益。同时，金融控股集团要建立完善的预警机制，建立长短期结合的投资风险预警系统，通过动态跟踪和定时定点监测，对投资企业经营管理活动进行实时监控，发现异常情况及时采取相应措施，避免或减少投资损失。①

六、结语

目前，我国对于金融控股集团模式设计及监管体系缺乏相应的法律依据及实施细则，不利于金融控股集团的发展。国家“十三五”规划明确提及

①林斌：《浅议地方金融控股集团的投资管理》，载《经营管理者》，2015（24）。

金融监管体制调整，金融混业经营未来必然产生更多大型金融控股集团，而“一带一路”也将极大程度促进金融控股集团的投融资需求。因此，通过立法及对现行法律法规的修订，建立金融控股集团的投资融资及相关法律制度，已经势在必行。

SHIAC 上海国际经济贸易仲裁委员会
Shanghai International Economic and Trade Arbitration Commission
上海国际仲裁中心
Shanghai International Arbitration Center

聘 书

兹聘请 李志强 为上海国际经济贸易仲裁委员会（上海国际仲裁中心）仲裁员，聘期自2015年5月1日至2018年4月30日。

特发此证。

主任

上海国际经济贸易仲裁委员会
（上海国际仲裁中心）

二〇一五年五月一日

发展民营金融的必要性及风险防范

庞新蕾

2016年新年伊始，银监会召开全国银行业监督管理工作会议。会议指出，民间资本进入银行业已基本进入常态化。截至会前，已开业5家民营银行、7家民营金融租赁公司、33家民营企业集团财务公司和2家民营消费金融公司。2015年1月18日，在社会的广泛关注下，中国首家民营银行——深圳前海微众银行启动试营业。民营银行迈出了第一步。继深圳前海微众银行获批开业之后，上海华瑞银行各项开业准备工作已就绪，于2015年1月27日由上海银监局批复开业。2015年6月25日，作为国内首批试点的5家民营银行之一，依托阿里巴巴旗下蚂蚁金服的浙江网商银行正式开业。可以说，2015年是我国真正意义上的民营银行扬帆启航之年。伴随着其他各类民营性质的金融机构的开展，民营金融正以朝气蓬勃的姿态助力金融市场。

一、民营金融发展的必要性

（一）规范民间资本的使用，促进金融市场健康发展

在我国市场经济发展的现阶段，一方面有大量资金剩余储蓄，有大量资金供给找不到出路；另一方面又有大量创业活动和日益增长的经营需要资金，资金需求得不到满足，影响了市场经济的发育成长。民营银行的建立，可以抑制地下融资活动，有利于金融秩序的稳定。一些地区存在的地下金融活动，是在市场经济广泛渗透的条件下，对金融组织单一性与经济结构的多元化、市场化发展之间产生强烈反差的一种适应性的民间金融活动，是政府管制下正规金融制度安排供给不足所导致的产物。这种金融活动的存在有一定的合理性，但其规范性很差，风险较大，逃避有关监管机构的监管，容易扰乱正常的金融秩序，对社会经济产生相当大的负面影响。民营银行的发

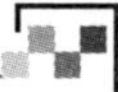

展，一方面有利于充分释放地下金融活动所蕴含的能量；另一方面也能将其纳入监管当局的有效监管范围，从而有利于金融秩序和金融市场的稳定。没有民营金融机构，市场只能以扭曲的方式表现出来。民营金融机构的发展，可使民间资本通过正规渠道优化配置，管好用好。发展民营金融机构，对于引导民间资本的流向、规范民间资本的使用、促进我国市场经济的健康发展具有重要作用。

（二）经营灵活，借力互联网平台，提高金融资源配置效率

民营金融机构经营灵活，手续简便，能快速融资。很多小额贷款公司承诺："免抵押，免担保，办理速度快，1～3个工作日即可放款……"满足了企业和个人的资金需求。另外，以微众银行、网商银行为代表的具有互联网背景的民营银行通过互联网、移动互联网等工具，使得传统金融业务具备透明度更强、参与度更高、协作性更好、中间成本更低、操作上更便捷等一系列特点。这一特点恰恰是传统银行业务做不到而新兴的民营银行可以快速切入的契合点。以腾讯、阿里巴巴为代表的互联网企业拥有众多的线上客户，在开展互联网金融方面具有天然的优势，这是传统国有银行所不具有的。互联网与金融相互促进，客观上成就了金融业的发展。

（三）将竞争机制引入了金融业，对国有金融机构优化金融资源配置具有示范效应

民营金融机构的金融创新、经营机制、融资速度、工作效率、服务态度，在金融行业引起竞争性反响，这对长期处于垄断地位的国有金融机构有着激励作用，产生示范效应。以银行业为例，民营银行的发展可以丰富和完善中国金融组织体系。中国已初步形成了以中国人民银行为中心，国有银行为主体，多种金融机构并存的金融组织体系。但是，这种多元化格局，只是完成了对原有金融机构体系的外部整合。实质上，仍然是国有银行"一统天下"。发展民营银行可在一定程度上改变传统的国有银行"一统天下"的局面，形成国有金融与民营金融、大型金融机构与众多中小型金融机构竞争共存的新局面，从而改变经济结构与金融组织体系结构的不对称程度。民营金融机构的发展，可以促进国有金融机构改革与发展的进一步深化，打破金融

业原有的垄断格局，增大金融资源配置中的市场化成分，构筑多元产权共存的竞争性的市场环境，这对体制僵化、效率低下的国有金融机构会施加强大的外部压力，迫使国有金融机构进一步深化改革。

二、民营金融发展的现状及存在的风险

2012年5月，银监会印发了《关于鼓励和引导民间资本进入银行业的实施意见》（银监发〔2012〕27号），引导银行业金融机构加大对民间资本的引进力度，明确支持民间资本以多种方式进入银行业。2013年7月，《关于金融支持经济结构调整和转型升级的指导意见》（国发〔2013〕67号）中明确提出，扩大民间资本进入金融业，尝试由民间资本发起设立自担风险的民营银行、金融租赁公司和消费金融公司等金融机构。2013年11月，《中共中央关于全面深化改革若干重大问题的决定》中提出了对于完善金融体系的要求：扩大金融业对内对外开放，在加强监管前提下，允许具备条件的民间资本依法发起设立中小型银行等金融机构，推进政策性金融机构改革。可见近年来国家对民营资本进入金融行业提供了政策支持。民营金融的发展伴随其自身的特点与问题。

第一，民营金融在传统金融业的阴影下艰难成长。首先，在习惯传统金融国有的思维下，民营金融机构面临信用质疑。虽然金融垄断一直饱受诟病，但当新兴的民营金融产生后，无论企业还是个人都对民营资本的可靠性有所担忧，相比以政府信用担保的国有金融机构，民营银行不免“气短三分”。因此即使在国家对民营资本放开后，民营银行等民营金融机构作为市场新的准入者仍面临巨大的竞争压力。其次，民营金融机构面临人才储备不足的现状。最近几年，互联网金融火热，P2P网贷和小微金融市场迅速发展，银行金融市场人才非常缺乏。没有人才储备，网点布局未见优势，高价值客户被瓜分殆尽，定位于民营银行目标客户群的小微企业分布散漫、征信困难、风险难测，这就是民营金融机构面临的生存环境。再次，民营银行面临着传统银行的强力狙击。在经受了互联网金融的初步冲击后，整个银行业已经作出反应，在金融互联网化和普惠金融方面进行大刀阔斧的探索。股份制商业银行在互联网的布局上热情高涨。各家在推出自己APP服务客户端的同

时，还纷纷尝试在阿里的淘宝开店和推出微信公众服务号，卡位移动端。股份制商业银行在互联网金融领域积极构建自己的生态圈，进一步压缩民营银行的生存空间。

第二，民营金融机构背后的产业体系和紧密的利益关系使其面临着自身公司治理文化的考验。民营金融机构的职业经理人既渴望摆脱原有的关系链和利益链而进行独立的金融管理，又不得屈从于股东的压力。此外，民营金融机构往往具有区域化特点，设立之初，寄托着地方政府很大的期望，受到地方政府各个方面的政策支持，很大程度上不得不依附于政府。在这种情况下，民营银行要保持独立性同样面临考验。

第三，民营金融独辟蹊径，以互联网金融为突破口。民营金融清醒地认识到其实力尚不足以与传统金融分庭抗礼，而且银监会规定，民营银行不能够跨地域发展，在地域上受到限制。互联网金融的发展为民营银行突破地域限制打开了通道，使其可以覆盖更多的中小企业，覆盖更多的民众，实现金融的普惠。因此，民营银行利用线上移动端获取用户的成本相对低廉，在发展前期节省了大量网点建设成本而获得可观的用户规模。在监管层面上看，P2P行业归属银监会监管，众筹归属证监会监管，互联网保险归属保监会监管，以及对阿里巴巴、腾讯两家互联网平台设立的网络银行的批准，都显示了互联网金融领域的监管进入快车道。互联网金融技术应用以后，民营金融的发展可能对监管部门来说其监管就变得更加严格化和公开化。

三、防范民营金融风险的主要对策

（一）道德风险是民营金融最主要的风险所在

第一，过去国有商业银行资不抵债问题相当严重，然而国有商业银行不良贷款中相当大部分最终还得由国家财政来负担，国有商业银行的失误成本最终被转嫁给了全体纳税人，道德风险长期存在。一些地区开办民营金融机构的意愿强烈，但由于监管当局和民营企业之间存在一定的信息不对称，因此，监管当局较难掌握民营企业开办银行的真实动机，很容易出现审核方面的偏差，严重的还可能导致区域金融秩序的混乱。

第二，随着五家试点民营银行的开业，高管们的光鲜背景一时成为业界热议的话题。民营银行主要是股份制形式的商业银行，内部具有规范的法人治理结构，银行所有者与经营者相分离。由于银行经理人掌握着经营权，并处于信息优势地位，他们很可能为自身的利益而追求高风险、高收益的投资。一旦投资失败，绝大部分损失将由股东来承担，当投资损失超过股东承受规模和能力时，风险就将转嫁给存款人，这样将会产生极坏的社会影响。

第三，民间资本积极要求开办民营银行的动机无外乎融资便利、上市筹资和投资经营三个方面。如果股东贷款过量并出现异常，就会引发危机。民营银行最大的问题就是股东贷款，而那些失败的民营银行的一个共同特点，就是股东一开始就企图利用银行来圈钱。

（二）应对道德风险的主要对策

1. 加强对民营银行市场准入的监管。一方面，在民营银行的准入方面设置符合当前金融环境的具体条件，对股东资质作出明确的要求；另一方面，为防止银行的过度竞争，可采用银行经营许可证拍卖的办法防范民营银行的道德风险。银行经营许可证拍卖竞价能够有效解决监管和企业信息不对称的问题。虚假申报受到严重的处罚，将会使企业损失大量资金，倒逼企业诚信申报，从而防范道德风险。

2. 审慎监管民营金融机构，提高信息透明度。金融业合规稳健的发展离不开有效、有力的监管。日常的金融监管依赖于金融机构的信息报送及会计师的审计结论。会计师事务所、律师事务所等中介机构作为专业独立的评价机构，为监管提供重要的意见。此外，及时、准确的信息披露让民营金融机构置于公众的视野下，受社会监督，从而使民营金融机构提高合规运行的意识。

3. 构建诚信的社会环境，加强企业和个人信用系统的建设。小微企业资金链的断裂固然是一系列问题的导火索，而民营金融机构的建立初衷之一就是化解民营企业的困境。在当前社会信用缺失，全国性、区域性企业及个人信用体系尚未建立的情况下，民营金融机构的经营将面临巨大的挑战。为此，不仅要塑造和加强企业、个人等各市场参与主体的信用意识，更重要的

是加快全国性、区域性综合征信系统建设，使具有不良信用记录的企业和个人客户在市场上难以立足、无法生存。

4. 加强行业自律和指导。金融监管是一项系统工程，只有监管机构的监管是不够的，还必须有相应的行业自律，才能有效防范民营银行的道德风险。行业协会在制定行业规则、信息传递、人员培训等方面发挥着越来越重要的作用。因此，充分发挥行业协会对新改制和组建的民营金融机构的自律和指导，对其经营状况和经营方式进行监督，有利于营造民营银行规范经营、健康发展的良好环境。

四、结语

民营金融从问世的那一天起，就面临全方位的市场考验，在困境中做强，正体现了民营金融的草根精神，其带给行业的冲击也是巨大的。因此定位小微业务的民营金融机构，不管是业务模式，还是未来的盈利模式都有待进一步研究。因此探索民营金融发展的路径，加强对民营金融机构的管控，对提高利用民间资本效率、增强我国金融业的整体实力都有积极重要的意义。

债权收益权相关法律问题辨析

田孝明

一、背景

2015年，随着A股行情持续升温，A股市场投资者交易热情和市场成交量快速提高。而券商融资融券规模的迅速攀升也成为推动此轮A股快速上涨行情的重要因素。在2014年初，沪深两市的融资融券业务规模仅为3400余亿元。目前，沪深两市的融资融券余额已高达1.75万亿元。鉴于融资融券业务实质上是将资金及股票借给客户，对券商存量资金及股票提出了较高的要求。在自营资金有限的情况下，对外融资成为券商扩大融资融券规模的必然选择。

在实践操作中，券商一般将融资业务债权收益权作为标的，与银行理财产品或保险资管产品对接实现资金募集，即通过转让融资业务债权收益权获得商业银行或保险机构的低成本资金，一定期限后由券商以约定溢价回购融资业务债权收益权。通过上述交易模式，使券商的融资渠道和融资规模大幅扩展。

对于该交易模式的核心——融资业务债权收益权，鉴于目前相关法律法规及规范性文件并未作出明确规定，作为一个新创设的概念，如何深入了解其交易架构、分析其法律性质及法律效力，从而充分认识其法律风险，如何在立法及司法层面针对此类交易予以完善，是值得关注的问题。本文将从融资业务债权收益权的交易架构分析，收益权相关的法律法规及规范性文件的规定，债权收益权的法律性质、法律效力，债权收益权交易的法律风险及防范措施，债权收益权的立法及司法建议等几个角度进行阐释，进行简要的分析讨论。

二、关于融资业务债权收益权的交易架构分析

融资业务债权收益权交易架构的基本模式为：由券商将其融资业务项下对融资客户的债权对应的财产收益权利向某资管计划或资管产品进行转让，上述财产收益权包括但不限于原债权（即转让方在融资业务项下对融资客户的债权）的本金、利息、违约金、违约情况下券商将融资客户提供的担保证券强制平仓所得、券商就不足清偿融资债务部分向甲方融资客户继续追索所得等原债权合同项下可能取得的其他任何财产收益。在约定期限届满后，券商以一定的溢价率从资管计划或资管产品回购债权收益权。

在融资业务债权收益权转让及远期回购的合同条款中，一般会约定以下关键条款：在转让期限内，若融资业务余额总和低于远期回购价款一定比例或融资业务的担保物被采取司法强制措施的，由转让方以新的融资业务债权予以置换；若出现影响原融资业务债权可能导致转让方无法履行本合同项下义务的情形，转让方应按一定价格提前回购；虽然融资业务债权收益权是基于融资业务形成的转让方与受让方之间的债权债务关系，但融资业务项下相应的权利和义务仍由转让方享有和履行。

三、与收益权相关的法律法规及规范性文件的规定

根据2009年中国证监会机构监管部《证券公司企业资产证券化业务试点指引（试行）》第八条，基础资产可以为债权类资产、收益权类资产及中国证监会认可的其他资产。基础资产为收益权的，法律、行政法规规定收益权转让应当办理变更登记手续的，应当依法办理。对于暂时不能办理变更登记手续的，计划管理人应当采取有效措施，维护基础资产的安全。

根据2014年《证券公司及基金管理公司子公司资产证券化业务管理规定》第三条，基础资产可以是企业应收款、租赁债权、信贷资产、信托受益权等财产权利，基础设施、商业物业等不动产财产或不动产收益权，以及中国证监会认可的其他财产或财产权利。

根据《最高人民法院关于适用〈中华人民共和国担保法〉若干问题的解释》第九十七条，以公路桥梁、公路隧道或公路渡口等不动产收益权出质

的，按照《担保法》第七十五条第（四）项的规定处理。

因此，在国内现行的法律法规框架中，未见有关债权收益权的表述，而收益权一般指依据不动产所有权而产生的不动产收益权。

根据中国银监会《关于规范信贷资产转让及信贷资产类理财业务有关事项的通知》（银监发〔2009〕113号）及《中国银行业监督管理委员会关于进一步规范银行业金融机构信贷资产转让业务的通知》（银监发〔2010〕102号）的相关规定，银行业金融机构转让信贷资产应当遵守真实性原则，禁止资产的非真实转移。在进行信贷资产转让时，转出方自身不得安排任何显性或隐性的回购条件；禁止资产转让双方采取签订回购协议、即期买断加远期回购协议等方式规避监管。

银监会的上述规定旨在规范银行金融机构买入、卖出或转移信贷资产业务及投资于信贷资产的各类理财业务。虽然该规定仅适用于银行金融机构的信贷资产转让及信贷资产类理财业务，但若依据上述基本思路，转让债权收益权而非债权，并未遵守资产真实性的原则，如信贷资产收益权转让、应收账款收益权转让及回购情形，均可能存在合规风险。

四、债权收益权的法律性质

（一）债权收益权不属于物权

根据《物权法》第二条，本法所称物权，是指权利人依法对特定的物享有直接支配和排他的权利，包括所有权、用益物权和担保物权。第三十九条，所有权人对自己的不动产或者动产，依法享有占有、使用、收益和处分的权利。第一百一十七条，用益物权人对他人所有的不动产或者动产，依法享有占有、使用和收益的权利。第一百七十条，担保物权人在债务人不履行到期债务或者发生当事人约定的实现担保物权的情形，依法享有就担保财产优先受偿的权利，但法律另有规定的除外。

首先，债权收益权不属于所有权。鉴于债权收益权的核心为获取收益的权利，其权利的基本内容并不包括对不动产或动产的占有、使用、处分权能，也不属于对特定的物享有直接支配和排他的权利。

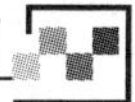

其次，债权收益权不属于用益物权。债权收益权的产生基于原债权债务关系，并非基于他人的不动产或动产设定的权利，且权利内容也不包括对不动产或动产的占有、使用权能。当然，债权收益权也并非担保物权。

因此，根据“物权法定”的基本原则，结合债权收益权的基本权利内容，当事人之间通过合同创设的债权收益权不属于物权。

（二）债权收益权本质上属于债权

根据民法通说及《民法通则》的相关规定，债是按照合同的约定或依照法律的规定，在当事人之间产生的特定的权利和义务关系。其中，可以请求他人为给付的权利为债权，即债权的本质内容为有效地受领债务人的给付。债权具有多种权能，其中以债权请求权为其核心权能，即债权人请求债务人给付以实现债权人的收益，除此之外，还包括执行权、代位权、撤销权、处分权等内容。而根据债的发生根据，可分为合同之债、侵权之债、不当得利之债、无因管理之债等。

具体到融资业务债权收益权而言，为转让方与受让方通过合同关系创设的一种新的债权债务关系，该债权债务关系的特点在于：

1. 将原债权基本权利内容中的债权请求权，即请求给付以实现债权人收益的权能单独剥离出来，定义为融资业务债权收益权，通过合同方式予以明确，在转让方与受让方之间设立一个新的债权债务关系。

2. 该债权债务关系的基本内容为转让方将上述融资业务债权收益权转让给受让方，从受让方处获得融资，在合同约定期限届满后，受让方以一定的溢价价格从转让方回购债权收益权，本合同即履行完毕。

3. 虽然该债权收益权是基于原债权而形成的，但原债权项下融资业务相应的权利和义务仍由转让方享有和履行，即该债权收益权的转让具有相对独立性，不属于原债权转让，也仅在转让方与受让方之间发生法律效力。

综上所述，债权收益权本质上应当属于债权。

五、债权收益权的法律效力

债权收益权实质为债权基本内容中关于收益请求部分的权利单独剥离

而形成的权利。虽然从《物权法》角度，所有权的权能具有整体性，无法在内容或时间上加以分割并转让，但鉴于债权收益权不属于物权，而属于债权范畴，其创设权利的行为，在不违反法律法规的前提下，当事人可以自由约定。

上述由转让方与受让方通过合同关系创设的一种新的债权债务关系，应适用《民法通则》及《合同法》的相关规定。根据《合同法》第一百二十四条，本法分则或者其他法律没有明文规定的合同，适用本法总则的规定，并可以参照本法分则或者其他法律最相类似的规定。第一百三十二条，出卖的标的物，应当属于出卖人所有或者出卖人有权处分。法律、行政法规禁止或者限制转让的标的物，依照其规定。第一百七十四条，法律对其他有偿合同有规定的，依照其规定；没有规定的，参照买卖合同的有关规定。

关于债权收益权的转让及远期回购合同，应属于《合同法》规制下的无名合同，鉴于其本质属于将债权收益权作为财产性权利在合同主体间进行有偿交易，一定程度上可以参照《合同法》关于买卖合同部分的相关规定，作为相应的法律依据。

而关于财产权利和无体物等能否成为买卖合同的标的，我国法学界存在不同的观点。狭义上的观点认为，我国民法理论对于买卖合同的标的物，一般不称财产而称物品，因此，以权利及无体物为标的物的合同不属于买卖合同的范围。广义上的观点认为，买卖合同的标的物应当既有财物，也有法律允许转让的权利。笔者倾向于认为：随着社会经济飞速发展，金融领域不断创新，应当从广义角度进行理解，将财产性权利纳入买卖合同的标的。因此，从上述角度来看，债权收益权的转让及远期回购合同应受到法律保护。

退一步而言，即使不应参照《合同法》关于买卖合同部分的相关条款，鉴于债权收益权的转让及远期回购合同属于无名合同，若不存在《合同法》关于合同无效、可撤销等法定情形，结合民商事法律意思自治的基本原则，也同样应当受到法律保护。

六、债权收益权交易的法律风险及防范措施

鉴于债权收益权的转让相对独立于原债权，即并非原债权转让，因此，

无须履行通知债务人的义务，但债权收益权转让及回购合同仅约束转让方与受让方，可能存在以下法律风险。

1. 由于债权收益权的转让并不需要进行转让公示也无相关的登记制度，因此，存在转让方将债权收益权对应的原债权再次转让给其他第三方或者在原债权上设定任何形式的担保或其他权利负担，从而对受让方合同权利的实现造成影响。

2. 若发生任何影响原债权实现的情形，受让方无法主张原债权附属的担保权益，无法直接向原债权的债务人主张权利，仅能依据合同约定向转让方主张权利。

3. 鉴于原债权并未实际转让，无法实现债权资产与原始权益人（转让方）的破产隔离。

4. 鉴于债权收益权为当事人自行创设的权利，具有一定“虚拟性”，若债权收益权的转让及回购最终被认定实为虚拟回购形式的借贷关系，可能因“以合法形式掩盖非法目的”被认定无效。

因此，上述风险的承担方主要为债权收益权转让的受让方，且一般仅能通过合同条款的约束对上述风险加以规避。例如，约定在转让期限内，若融资业务余额总和因任何原因低于远期回购价款一定比例或融资业务的担保物被采取限制措施的，由转让方以新的融资业务债权予以置换；转让方对于融资业务债权收益权回购的金额及期限是无条件且不可撤销的；若发生可能影响融资业务债权实现，从而导致转让方无法履行本合同项下义务的情形，转让方应按一定价格提前回购。

七、关于债权收益权的立法及司法建议

随着金融市场发展日益加速，债权收益权虽然为合同双方当事人自由创设的权利，但不宜对其一概否定。与此同时，出于维护市场交易安全与维护第三人权益保障的目的，需要更为明确完善的配套制度为其“保驾护航”。可以预见，随着我国资本市场及资产管理行业的持续发展，未来必将出现更多与债权收益权相关的金融产品。

在立法层面，目前看来，修改《物权法》、《合同法》等基本法律相

关条款并不现实，且在目前的法律法规框架下，尚能为债权收益权找到一定法律依据。建议金融监管部门（例如银监会、证监会、保监会等）结合金融创新的实践操作，以部门规章、规范性文件的形式，对于债权收益权进行定义，明确其法律性质及法律效力，建立更为完善的配套制度，对实践中可能遇到的问题出台更详细的规定与指引。

在司法层面，结合现行法律法规及规范性文件，基于民商事领域意思自治的基本原则，法院应认可债权收益权的法律性质及法律效力，维护金融市场交易安全，提高交易效率。当然，法院同样需要坚持对于金融创新的谨慎支持，防范和化解金融风险，在分析上述交易法律效力的同时，也应充分关注是否存在损害国家、集体或第三人利益，损害社会公共利益，以合法形式掩盖非法目的等法律应当予以否定的情形。

八、结语

除融资融券债权收益权外，在目前资产管理行业的实践操作中，大量信托计划、券商及基金子公司资管计划、保险资管产品，以及其他资产证券化产品，均采用了收益权的概念。当前在金融产品创新的过程中，为方便融资及扩大资金杠杆，需要对资产进行证券化处理，而通过创设“收益权”性质的权利（如定向资产管理收益权、应收账款收益权等），设计有关收益权的转让、回购等交易架构，便成为业务创新的常见模式。创新是金融发展的不竭动力，面对不断推陈出新的金融产品，如何正确认定其合法合规性，控制金融风险，把握好金融创新与金融稳定的平衡，是值得立法机关、司法机关、市场监管者及市场参与者共同思考的问题。

浅谈财富家族传承中各类工具的运用

陆珊菁

据经济网报道，[①]全球500强企业中的40%是由家庭所拥有，我国民营企业中约有90%为家族式经营，其经济总量在GDP中的比重已经超过60%。站在全球的角度来看，有人做过统计，家族企业的寿命一般不超过24年。这个年限和创始人的工作年限基本一致。美国布鲁克林家族企业学院的研究表明，家族企业的传承中，真正能从第一代传到第二代的不到20%，88%的企业传不到第三代。福布斯排行榜在2015年10月发布的亚洲富豪家族排行榜中竟然没有一家是中国大陆的家族企业。

财富家庭的增多伴随着高净值人群的疯长，福布斯的排行榜如醍醐灌顶。财富传承并非是简单的法律问题，它横跨了财务、金融、法律、税收，与个人、家庭、社会都有非常广泛的交叉。究竟在财富保护和传承方面，需要将哪些金钥匙牢牢握在手中，才能避免“富不过三代”的噩梦？

一、婚前协议

婚姻应当是男女双方爱情最完美的呈现方式，但自古以来受到利益驱动的婚姻却不在少数。既想抱得美人归又不想财产遭人算计，不少富豪在结婚前纷纷动足了脑筋。最常见的就是签订婚前协议，但是婚前协议对大部分人来说，都是“爱在心头口难开”。当一方提出要签婚前协议后，两个人之间难免会觉得有点尴尬，似乎少了浪漫与彼此的信任。但付出过昂贵的律师费、经历过烦琐复杂程序的过来人，都会明白婚前协议的好处。

①经济网于2016年2月16日发表的《中国式家族企业长青路之思考》。

婚前协议可以避免婚姻带来的经济恐慌。虽然订立婚前协议是困难的，甚至让人陷入窘境，但婚前协议却能带来之后的平静和稳定的婚姻。如果夫妻真的不幸离婚，也可以避免财产方面的纠纷。

婚前协议可以解决潜在的婚姻危机。如果有了婚前协议，法庭不再是解决夫妻之间矛盾的唯一途径。如果将离婚可能导致的财产变化提前约定，那么在一定程度上，婚前协议也有助于维持婚姻和家庭的关系。

近年来，创投圈一直有一个怪圈。将要上市公司的主要股东在上市前夕都频频曝出婚变的传闻。比如真功夫和土豆网，创始人的夫妻财产纠纷引发公众高度关注。有消息称，有投资人把项目创始人的夫妻关系也当做考察因素之一，以规避因公司治理结构不健全带来的风险。土豆网首席执行官王微则将传闻中的这一举动戏称为“土豆条款”。

据《经济观察报》报道，“土豆条款”的说法最初源自上海PE（私募）业界人士朱威廉的一条微博：“听说最近不少PE试图在SA（股东协议）中增加条款，要求他们所投公司的CEO（首席执行官）结婚或离婚必须经过董事会，尤其是优先股股东的同意后方可进行。”此人为上海暴雨娱乐公司首席执行官，与王微并不相识。王微看到这条微博后，对此添加了一句精辟的注解：“前有新浪结构，后有土豆条款，大伙儿一起努力，公司治理史上，留个名。”

从那开始，夫妻关系的处理似乎是“准富一代”们迫切关注的问题。亲情、爱情与财富之间的关系被提升到了一个新高度。这里的亲情包括父母子女情、兄弟姐妹情，爱情包括夫妻情。亲情、爱情可以让财富保值增值，更可以让财富瞬间缩水，这在前文离婚对上市公司的影响已经提及。因此，富人的爱情与亲情在某种意义上已经不再是简单的个人私事，而具有一定的社会性。

今日资本的徐新就曾表示对创始人下注之前，会格外关注其家庭情况，尤其是夫妻关系，将成为尽职调查的一项重要内容。在这个问题上徐新可以说是最有发言权的，因为在今日资本投资的企业中，竟然无独有偶地出现了三起因夫妻离婚而引发的上市受阻。分别是土豆网、赶集网和真功夫。[①]

①英盛网于2015年1月28日发表的《徐新：“泽东分手”关我们什么事》。

要让“土豆条款”变得切实可行，或在一定程度上能够减轻创始人婚变带来的影响，不妨从以下几方面多加以考虑。

（一）签订配偶承诺函

配偶承诺函，一般是指控股股东或主要股东的配偶作出的针对股权及其收益的放弃承诺函。比较典型的表述为：“本人特此确认并同意，（VIE实体名称）股权并非本人与（股东姓名）之共同财产，本人对于该等股权不享有任何所有权或受益权。本人进一步承诺并保证，不得出于与上述安排相冲突之意图采取任何行动，包括主张该等股权构成本人与本人配偶之间的财产或共同财产而影响或妨碍本人配偶履行在控制性协议下所承担的义务。本人在此无条件地并不可撤销地放弃任何适用之法律可能授予本人的对该等股权的任何权利或权益。”

如此操作的好处是简单粗暴易操作，但是坏处就在于剥夺了配偶正当的财产权益。本来就处于弱势方的配偶被迫放弃了主要的夫妻共同财产，对于其权益保护是十分不利的，且也和我国保护妇女儿童权益的原则背道而驰。

（二）签订财产协议

根据我国目前夫妻财产一体制的原则，即便是一方婚前取得的股权，其增值和收益也应当是属于夫妻共同财产，离婚时应当以均等分割为原则。对持股的一方来说，极不愿意因为离婚而失去“半壁江山”。

所以在婚前或在婚后签订一份财产协议，是一个明智的选择。双方可以对股权的归属和收益进行约定，其内容较“配偶承诺函”而言可以丰富得多。从一定程度上来说，配偶一方实质是隐名股东，但是她（他）的股东权益是通过持股方来行使的。财产协议的作用主要体现在：明确婚前财产的范围，确立双方婚后财产的使用方法及采用共同财产制还是区别财产制，确定双方在家庭生活中的义务及保障相关公司、股东的权益。同时，对婚后财产情况也应根据情况作出适当约定，特别是在风险投资进入公司或上市前，股东与配偶、公司、其他股东等签署相关协议，以保障公司及相关利益主体的权益，但同时也需要兼顾公平。一份完整的关于股权的财产协议可以包括：

1. 原始股权的归属。

2. 股权收益、增资扩股、新设公司、公司再融资等形式取得的股权、股份、股票、出资及收益的归属。

3. 股东权利的行使，参与重大决策的权利和管理的权利。

4. 转让股权是否受到限制。

需要强调的是，企业家、风险投资不能因为一味地规避风险而损害妇女、儿童的权益，规避风险应当合理、合法，有预见性地进行。其目的是为了保证企业的运行不受企业家家庭关系的影响，而不能简单地将其家庭关系和金钱画上等号，因为它还体现了一个企业家最起码的道德责任。

（三）签订股权保持协议

与前两者不同的是，股权保持协议并非企业家与配偶签订的协议，而是风险投资和企业家之间所签订的，针对企业家与配偶的婚姻关系可能出现的状况所设置的条款。

出于风险控制考虑，企业家的个人婚姻状况问题也常常会出现在风险投资和企业的谈判桌上。但与“土豆条款”1.0不同的是，股权保持协议并不会限制企业家的婚姻自由，而是对因婚姻出现的各种问题所产生的后果提前进行约定。

比如，在设置红筹架构的过程中往往出于规避关联并购等审批的目的，许多公司的创始人配偶的名字也会出现在股东名单中，因此在投资协议中会出现针对配偶的相关约定。除此之外，部分风险投资也会要求创始人在他们介入前与配偶签订财产协议，甚至包括继承等许多特别的股权安排。

风险投资和创始人之间的股权保持协议，并不一定出现在正式的投资协议中，主要是为了保障投资人的权益，保障创始人离婚而导致公司股权变动时投资者的利益，或者防止有人假借离婚转移资产。比如，在创始人离婚而导致股权需要出让时，投资人是否有优先购买权等。

以今日资本为戒，风险投资现在对拟上市公司高管的婚姻家庭问题不再轻视，因为这直接影响到上市的进程。这对风险投资来说，风险是显而易见的。资本一旦进入某个项目，都要面对风险成本和时间成本，如果不能上市或拖延上市，风险投资就无法套现退出，这就意味着利润的损失和投资的失败。

二、遗嘱

遗嘱是最常见，也是最简便的财富继承的方式。简单来说，遗嘱就是立遗嘱人根据自己的意愿，决定自己死后财产的分配方式。立遗嘱人可以选择公证遗嘱、口头遗嘱、自书遗嘱、代书遗嘱和录音遗嘱五种方式。

一般情况下，遗嘱的内容应将遗产的范围列明，再指定继承人或受遗赠人。遗嘱能够在很大程度上避免财产分配的纠纷，但是其本身也有其局限性。遗嘱只能做到对财产的一次性分配，但这种分配难免有“分家”的嫌疑，家业一旦被拆散，永续经营只能是昙花一现。

遗嘱固然能很好地实现财富的传承，但也不是包治百病。出现以下情况时尤是如此。

（一）隐私无法在遗嘱的执行中得以充分保护

在中国，在执行遗嘱的时候，形式要求往往非常严格。虽然没有具体的法律条文指引，但是在实践操作中，公证处一般会将所有继承人都召集到现场，需要所有的法定继承人作出统一的意思表示，即对遗嘱内容无异议，方能出具遗嘱已生效的公证文件。并且，在必要的情况下，公证处还会主动地履行调查职责，查询被继承人的父母、配偶、子女等亲属情况，避免部分法定继承人刻意隐瞒其他可能存在的继承人的情形。

这样一来，无疑是将被继承人的隐私公诸天下。尤其是对高净值人士来说，家庭结构往往比较复杂，除了正常的妻儿之外，不排除还有其他非婚生子女或是需要给予“特殊关照”的其他异性。如果采用遗嘱的方式进行财产安排，那么生前试图保护和隐藏的关系都将曝光在所有人面前，这对被继承人来说，也是无法接受的安排。更何况，揭开一层面纱后，可能导致几方关系陷入“水火不容”的境地。但是如果生前私下赠予，又有可能因为触犯《婚姻法》第17条“……夫妻对共同所有的财产，有平等的处理权”而被法院认定无效或可以撤销。

要解决赠予、遗赠的隐私曝光的问题，可以通过人寿保险的保险受益人指派、信托的方式进行。

（二）遗嘱可能无法全面囊括所有资产及解决由他人代持的房产、股权带来的问题

一方面，财富家族的资产庞大，不时会有新的收购、投资项目，以及新开立的银行和投资账户，如果不经常更新遗嘱，那么可能有的资产就会在未来执行遗嘱的时候不被发现。

另一方面，我们在代理客户进行财富传承筹划的时候，发现不少高净值人士的资产由他人代持。就这些代持的资产，即便在遗嘱中有所明确，代持人如果在将来抵赖，否认存在代持行为，那么这部分资产的归属就会产生很大的争议。实践中，如果要进行遗嘱公证，对于不在立遗嘱人自己名下的财产，即便确实属于立遗嘱人，代持人也确认了财产的真实归属，公证机关一般来说也不会同意进行公证。因为公证遗嘱中所列的财产均需满足至少两个条件：一是需要立遗嘱人直接持有，且不属于夫妻共同财产。二是需要出具财产凭证。如是房产，需要出示房产证；如是银行存款，则须出示存折。

对于遗嘱中不能囊括其中的由他人代持的财产，实践操作中一般较多采用代持协议的模式。代持协议一般采用书面格式，由实际持有人和代持人双方签署。即便有合法有效的代持协议，代持还有其他方面的风险。例如，如果代持人死亡，那么其继承人就可能会对被代持的财产进行继承。实际持有人如果想要“讨回”被代持的财产，途径无外乎两条：一条是与代持人的法定继承人进行协商，如果法定继承人对代持人的事宜事先知晓也予以认可，那么实际持有人便可顺利主张权益。否则，唯有通过诉讼的途径才能将财产追回。但是，既然是诉讼，就可能蕴含不可预测的风险，胜诉不是必然的，法院将根据双方所提交的证据进行综合的评判。对实际持有人来说，会出现最不愿意发生的情况。

除此之外，还有一些属于立遗嘱人所分得的遗产，但尚未进行具体分配或过户的，也不能在公证遗嘱中一一体现。例如，属于被继承人继承的遗产份额，在未完成分割前，被继承人就已去世的，那么待分割的遗产仍然属于被继承人和其他法定继承人共有的状态，所以遗产产权尚未明晰。因此按照公证遗嘱的要求，也不能加入遗嘱中。

三、信托

信托在财富传承中的应用在海外较为普遍，中国由于信托制度建立时间较短，信托应用范围和深度尚不明显，但其相关需求已经开始逐步显现。《2013年中国私人财富报告》显示，信托作为可对家族财富增长进行长期规划和风险隔离的重要金融工具，近年来受到越来越多的中国富豪们的追捧。家族信托在诸多方面的优势，其中以保护隐私的特点最受富豪青睐。

商务部《2010年度中国对外直接投资统计公报》显示，我国对外直接投资中超过70%的投资资金流经避税地区，其中香港、英属维尔京群岛和开曼群岛占比最大。这些地区，正是私营上市公司家族设立家族信托基金的聚集地。通过家族信托基金控制上市企业的股权，也能帮助他们保护隐私。

就上市公司来说，当家族信托设立后，信托财产的管理和运用都将以受托人的名义进行，一般情况下，受托人没有权力向外界披露信托财产的相关情况。也就是说，通过信托安排，信托成立人和受益人都隐藏在信托背后。

以国内知名的汽车行业零售商——中国永达汽车服务控股有限公司为例，在其公布的招股文件中，有这样一段话："于2012年4月5日，张德安成立家族信托以作为全权信托，汇丰国际信托担任其受托人。同日，张德安将其于丽晶万利的全部股本转让予汇丰国际信托。根据家族信托，柏丽万得为张德安及其若干家庭成员的利益以信托方式持有股份。柏丽万得将直接持有3.84亿股股份，约占本公司已发行股本的24.6%。"张德安是何人？即永达汽车的主席兼执行董事。

在这份公开文件中，只能够看出家族信托的成立人、受托人及受托资产。至于到底哪些家族成员是信托的受益人，无从知晓，更别提每个人的收益比例和分配条件了。

永达汽车被一家名为"柏丽万得"的BVI公司持有24.6%股权，另一家BVI公司"丽晶万利"则持有柏丽万得100%股权；再上一层，汇丰国际信托则作为家族信托受托人，100%地持有丽晶万利的股份。该信托的受益人为"张德安及其若干家庭成员"。也就是说，张德安及其家人的持股会以其为受益人的家族信托基金持股来显示。

家族信托除了受益人名单和比例保密之外，甚至可以做到对受益人的保密。假设一富豪为子女设立一个信托，并对子女获得信托收益的年龄进行约定，那么在子女未满约定年龄前，其本人对该信托的存在都是不知情的。

家族信托具备什么样的功效呢?

1. 安全隔离功能。家族信托成立后，信托资产不仅独立于委托人的财产，还独立于受托人的财产，有利于确保财富的安全，免予外界债务的干扰。

2. 隐藏保密功能。隐秘性强是家族信托最显著的特色之一，信托机构必须对委托人的信托计划严格保密，受益份额及资产配置不用向公众公开。隐秘性还可以使委托人特别关照的人成为信托收益人而又不被他人包括委托人的亲属知晓。也就是说，如果委托人在协议中要求，信托的受益人之间有可能彼此不知情。

3. 延续控制功能。与遗嘱和遗赠相比，信托不是将巨额资产一次性地给予后代，而是将信托管理的资产收益分期限、分阶段分配给后代，有效防止后代挥霍无度、坐吃山空；同时指定信托收益人也可以解决子女婚变给家族财富带来的减损风险。

4. 保值增值功能。家族信托除了保障资产安全及后代收益稳定之外，还有保值增值的功能。通常，家族信托的受托人都是由专业人士组成的团队，包括金融、投资、法律和税收等领域的专业人士，他们将根据财富人士的投资偏好进行运作，找到符合他们的投资管理方向，保障受托财富长期的保值、增值和安全。①

四、大额保单

大额保单是指缴纳保费额度较高，超出件均保费一定金额的人寿保险。人寿保险是以被保险人的死亡或生存为给付条件的保险，性质上属于人身保险（保险分为人身保险和财产保险；人身保险又分为人寿保险、健康保险和

①本书编委会：《私人财富传承与保障法律问题解决方案》，第1版，42页，北京，人民出版社，2015。

人身意外伤害保险）。

大额保单在财富的传承和继承上具有以下明显的优势：

1. 税收成本低。中国虽然现在仍没有遗产税，但是开征遗产税乃是箭在弦上，早晚的事情。即便现在没有，遗产继承过程中各项费用支出也不低：律师费、公证费、不动产过户时的契税、受赠人需缴纳的个人所得税等。而通过保险进行财富传承，受益人领取财产时无须任何费用。

2. 分配的确定性。对于保险来说，因为是指定受益人，保险公司须依合同直接履行。传统继承则难以保证这一点，公证遗嘱也可能造成纠纷。

3. 起到资产隔离的作用。启用大额保单，不但财富长期安全，对后代影响小，而且还能起到隔离资产的作用。根据《保险法》相关规定，保险金不算做遗产，更不会被用来偿还债务。

4. 保护隐私。法定继承和遗嘱继承，需要所有法定继承人和遗嘱继承人在同一现场，而保险公司让受益人接受财产时，只会通知受益人及监护人，不会通知其他任何人到现场。

5. 理赔速度快。传统的继承方式周期很长，而保险公司理赔速度则很快。仅需受益人、身份证、死亡证明就可以到保险公司领取财产。①

6. 资产放大作用。保单的现金价值可以作为抵押品，向保险公司贷款。保单贷款功能可以在关键时刻成为最好的“变现”工具，解决资金困境。保单贷款利率与银行商业贷款利率不同，最常见的就是“参照同期人民银行短期贷款利率或上浮一定比例”来计。各家保险公司对贷款的最高比例规定不同，一般在保单现金价值的70%~80%，最高的能达到95%。并且，贷款人只需在规定时间内还款，保单合同继续有效，不影响保障与分红。

没有一个工具能够全面涵盖家族财富传承的全部需求。理智的财富规划应当结合不同工具的特征及用途，再针对财产类型进行配置。家族财富传承在中国正逐渐地揭开序幕，企业的传承，相对于其他资产传承，更为复杂，涉及继承人培养、管理层交接、股权架构、企业转型、资产重组等诸多问题。具体计划的制订与执行还应当遵照创始人的意愿、家族成员的特质，并由各国的法律环境所决定。

①丁九华：《大额保单在资产保护中的应用》，载《财富管理》，2014（12）。

保险资管行业资产证券化相关法律问题辨析

李志强　田孝明

起源于20世纪70年代美国住宅抵押贷款市场的资产证券化，是一种以缺乏流动性但又可以产生未来稳定现金流的资产或资产组合为支持资产发行证券的结构性融资手段，目前已成为欧美资本市场最重要的融资工具之一。我国于20世纪90年代引入资产证券化理念并于2005年开始试点运用。

2015年5月13日，国务院常务会议决定进一步推进信贷资产证券化，以改革创新盘活存量资金，新增5000亿元信贷资产证券化试点规模。2015年被业界称为资产证券化加速推广元年。可以预见，我国资产证券化市场潜力巨大，前景广阔，未来有望迎来发展的“黄金时代”。

相比于我国的信贷资产证券化及企业资产证券化，保险资管行业资产证券化尚处于起步阶段。自2012年以来，部分保险资产管理公司陆续开展了资产支持计划试点业务。

2014年8月，为深入贯彻党的十八大和十八届二中、三中全会精神，加快发展现代保险服务业，国务院发布《关于加快发展现代保险服务业的若干意见》（国发〔2014〕29号），其中明确指出，支持保险机构探索发起资产证券化产品，鼓励保险机构通过资产支持计划形式，直接对接存量资产，为实体经济提供资金支持。

2015年8月，中国保监会发布《资产支持计划业务管理暂行办法》（保监会〔2015〕85号，以下简称《暂行办法》），旨在进一步推动保险资管行业资产证券化业务创新，丰富产品形式，加快市场发展。

一、资产证券化基本原理

（一）资产证券化的定义

资产证券化被称为20世纪最伟大的金融创新之一。美国证券交易委员会（SEC）在其2005年1月颁布的Regulation AB中对资产支持证券（Asset-Backed Securities）给出如下定义：资产支持证券指主要由一个特定的应收账款池或其他金融资产池来支持的证券。该等应收账款或金融资产可以是固定期限的，也可以是循环周转的；根据其条款，该等应收账款或金融资产在特定的时期内可以产生现金流、权利或其他资产，从而保证按期向证券持有人分配收益或进行相应安排。[①]在法学本质上，资产证券化是债权逐步摆脱身份的色彩而实现独立财产化的过程中，具有流通性的证券与作为信用主要手段的物的担保完美结合的产物。[②]在《中华人民共和国国民经济和社会发展第十二个五年规划纲要》中，资产证券化被解释为将具有可预期的、稳定的未来现金收入流的资产进行组合和信用增级，并依托该现金流在金融市场上发行可以流通买卖的有价证券的融资活动。

（二）资产证券化的基本流程及参与主体

1. 基本流程。

在实务中，资产证券化一般包含如下流程：（1）确定证券化的基础资产，组建资产池；（2）构建特殊目的载体（SPV）并将基础资产真实出售给SPV；（3）设计交易结构，对基础资产进行信用增级；（4）信用评级；（5）以基础资产的现金流发行和交易证券；（6）分配证券发行收入；（7）对资产进行日常管理；（8）向投资者还本付息。

2. 参与主体。

资产证券化由不同的专业机构参与及分工合作，主要包括发起人、发行

①郭强：《中国资产管理：法律和监管的路径》，237页，北京，中国政法大学出版社，2015。

②洪艳蓉：《资产证券化法律问题研究》，15页，北京，北京大学出版社，2004。

机构、特殊目的载体（SPV）、信用增级机构、信用评级机构、托管机构、服务机构、投资者等参与主体。

（1）发起人。发起人也称原始权益人，是证券化基础资产的原始所有者，也是基础资产的转让方。通常是信用较好、资产质量优秀的金融机构或企业。

（2）发行机构。发行机构一般发挥牵头人作用，协助发起人确保发行结构符合法律、财务、税务等方面的要求，协调信用增级机构、信用评级机构、托管机构等其他专业机构，促进整个工作的顺利进行。

（3）特殊目的载体（SPV）。SPV指与发起人签订资产转让合同，将拟证券化的资产转移到其名下，以此资产的现金流为支持向投资者发行资产支持证券。设立SPV的目的在于实现证券化资产与发行人其他资产之间的风险隔离，最大限度降低发行人破产风险对资产证券化的影响，国内一般使用信托计划、资产管理计划等作为SPV组织形态。

（4）信用增级机构。该机构对证券化产品提供额外的信用支持，以提供信用评级，保护投资者利益，并为此承担相应风险。

（5）信用评级机构。该机构帮助发行人确定信用增级的方式和规模，为投资人设立明确、可被理解和接受的信用标准。

（6）托管机构。为保证资金和基础资产的安全，SPV通常聘请信誉良好的金融机构进行资金和资产的托管。该机构主要负责安全保管SPV资金，向投资者定期支付本金和利息、提供资金保管报告、报告资金管理情况等。

（7）服务机构。服务机构是指负责管理基础资产的机构，可以由发起人担任，主要负责收取基础资产产生的现金流量、管理基础资产、定期提供服务报告、报告基础资产相关信息等。

二、保险资管行业资产证券化的发展及监管

目前，我国的资产证券化包括信贷资产证券化、企业资产证券化、资产支持票据及项目资产支持计划等，主要采取分业监管模式。其中，信贷资产证券化由人民银行及银监会监管，主要适用《信贷资产证券化试点管理办法》、《关于信贷资产支持证券发行管理有关事宜的公告》、《关于信贷资

产证券化备案登记工作流程的通知》等规定，发行制度实行人民银行注册+银监会备案制，主要在全国银行间债券市场发行和交易（2013年8月28日国务院常务会议决定优质信贷资产证券化产品可以在交易所上市交易）。企业资产证券化由证监会监管，主要适用《证券公司及基金管理公司子公司资产证券化业务管理规定》、《资产支持专项计划备案管理办法》、《资产证券化业务基础资产负面清单指引》等规定，发行制度实行中国基金业协会备案制，主要在证券交易所、全国中小企业股份转让系统、机构间私募产品报价与服务系统、证券公司柜台市场等平台发行和交易。资产支持票据由银行间市场交易商协会监管，主要适用《银行间债券市场非金融企业资产支持票据指引》等规定，发行制度实行银行间市场交易商协会注册制，主要在全国银行间债券市场发行和交易。项目资产支持计划由保监会监管，主要适用《项目资产支持计划试点业务监管口径》、《暂行办法》等规定，发行制度实行保监会实行初次申报核准，同类产品事后报告制，主要在保险资产登记交易平台发行和交易。

面对潜力巨大、前景广阔的资产证券化市场，保险资管行业的资产证券化虽然起步较晚，但已经逐步开始探索及尝试。2012年以来，部分保险资产管理公司开展资产支持计划试点业务。2014年7月底，保监会向各保险资管公司下发《项目资产支持计划试点业务监管口径》，赋予了项目资产支持计划作为SPV的风险隔离功能，保险资管行业资产证券化序幕正式拉开。据保监会统计，截至2015年9月，共有9家保险资产管理公司以试点形式，发起设立了22单资产支持计划，共计812.22亿元。

2015年8月，中国保监会发布《暂行办法》，明确以《中华人民共和国信托法》作为上位法，资产支持计划具有信托的法律属性；扩大了之前《项目资产支持计划试点业务监管口径》的基础资产范围，采用动态负面清单制度，且执行穿透原则；规定受益凭证可按规定在保险资产登记交易平台发行、登记和转让，增加资产流动性。

在《暂行办法》公布后，尚待出台基础资产负面清单、发行登记转让等配套规范文件，以解决目前保险资管行业资产证券化相比于其他资产证券化基础资产范围较小、无相关二级市场、缺乏流动性等问题。

三、资产证券化相关法律问题

（一）基础资产的合法合规性

作为实现资产证券化的重要前提，选择符合法律法规及商业目的的基础资产尤为关键。根据《暂行办法》的相关规定，基础资产应当权属清晰，能够直接产生独立、可持续的现金流，足以覆盖支持计划预期投资收益和投资本金。鉴于目前保监会尚未出台《暂行办法》相关的基础资产负面清单，一定程度上可以借鉴参考证监会企业资产证券化所适用《资产证券化业务基础资产负面清单指引》的相关规定，以判断基础资产的合法合规性。例如，考虑到国务院43号文，清理地方债务背景下该类基础资产的地缘性、政策性风险，排除PPP 模式外以地方政府为直接或间接债务人及以地方融资平台公司为债务人的基础资产；考虑到矿产资源开采收益现金流不稳定，难以处置变现，土地出让收益权现金流的不确定性较大，无法与资金证券化还本付息节点匹配等因素，排除矿产资源开采收益权、土地出让收益权；由于提单、仓单与产权证书等权利凭证自身无法产生现金流，需一次性处置且无法通过分割处置获得收益，不属于资产证券化的适格基础资产；考虑到多种基础资产类型组合可能造成权属不清晰、增加现金流的归集风险、不便于管理和风险分析等问题，排除法律界定及业务形态属于不同类型且缺乏相关性的资产组合；基于“穿透原则”，排除以上述负面清单基础资产为最终投资标的的信托计划受益权等。

（二）债权转让通知义务的履行

债权转让是资产证券化中的核心环节。与一般性债权转让中债务人特定化不同，资产证券化中的债务人通常是不特定的多数，且分布广泛，流动频繁，如果同样采取逐一通知债务人的方式，资产证券化的成本将大大增加。

《合同法》第八十条规定，债权人转让权利的，应当通知债务人。未经通知，该转让对债务人不发生效力。即我国目前仍采取“通知生效”主义。在“通知生效”的前提下，除“逐一通知”外，需要寻找更高效、更适合资

产证券化且不影响法律效力的债权转让通知方式。

《信贷资产证券化试点管理办法》第十二条规定，发起机构应在全国性媒体上发布公告，将通过设立特定目的信托转让信贷资产的事项告知相关权利人。

根据《证券公司企业资产证券化业务试点指引（试行）》第九条，基础资产为债权的，原始权益人应当将债权转让事项通知债务人。无法通知债务人的，原始权益人应当在全国性媒体上发布公告，将债权转让事项告知债务人。

而《最高人民法院关于审理涉及金融资产管理公司收购、管理、处置国有银行不良贷款形成的资产的案件适用法律若干问题的规定》第六条规定，金融资产管理公司受让国有银行债权后，原债权银行在全国或者省级有影响的报纸上发布债权转让公告或通知的，人民法院可以认定债权人履行了《中华人民共和国合同法》第八十条第一款规定的通知义务。

实践中，在涉及大量债权转让的信贷资产证券化、企业资产证券化及金融资产管理公司处置国有银行不良贷款形成的信贷资产中，以规范性文件或司法解释的形式确立了登报通知的方式。可见，登报通知是为了适应资产证券化特点所作出的变通方式。

在何荣兰诉海科公司等清偿债务纠纷案（2003）民一终字第46号中，最高人民法院认为，债权人以登报的形式通知债务人并不违反法律的规定。只要债权人实施了有效的通知行为，债权转让就应对债务人发生法律效力。

尽管最高人民法院判例支持登报通知的方式，但鉴于资产证券化实践中具体情形存在差异，而在法律对通知义务履行方式未作明确规定的情形下，资产证券化的规范性文件法律位阶过低，金融资产管理公司处置国有银行不良贷款的规定存在适用的局限性，关于通知义务的履行容易引发纠纷，应考虑通过法律或司法解释修订的方式予以明确及完善。在法律或司法解释尚未修订前，建议首先在协议文本中约定未来发生债权转让的可能性及可采用的通知方式。其次，若基础资产数量不大，成本较低，操作可行，采用逐一通知的方式；若逐一通知存在障碍的，可采用登报通知的方式。

（三）债权转让涉及的不动产抵押变更登记

在资产证券化实践中，不动产抵押是一种常见的增信措施。而债权转让后，由于主债权人发生变更，不动产抵押是否需要在抵押登记部门另行办理抵押变更手续？实践中，面对高额的变更登记费用及烦琐的文件提交程序，当事人往往未办理抵押变更登记，上述情形是否会影响抵押权的有效性及实现方式？这些问题引发争议。

《物权法》第一百九十二条规定，抵押权不得与债权分离而单独转让或者作为其他债权的担保。债权转让的，担保该债权的抵押权一并转让，但法律另有规定或者当事人另有约定的除外。即原则上，抵押权随债权转让一并转让。同样，依据《物权法》第一百八十条关于不动产抵押登记的规定，应当办理抵押登记，抵押权自登记时设立。未办理变更登记的抵押权是否继续有效，《物权法》并未作出明确规定。

《最高人民法院关于审理涉及金融资产管理公司收购、管理、处置国有银行不良贷款形成的资产的案件适用法律若干问题的规定》第九条规定，金融资产管理公司受让有抵押担保的债权后，可以依法取得对债权的抵押权，原抵押权登记继续有效。上述规定明确无须重新办理抵押变更登记，但仅适用于金融资产管理公司处置国有银行不良贷款形成的信贷资产，而对于资产证券化中的一般债权人是否适用，存在不确定性。

根据最高人民法院在浙江金华科技园开发有限公司与浙江省发展资产经营有限公司、金华市机电设备有限公司债权转让合同纠纷（2014）民申字第1725号中的观点，《最高人民法院关于审理涉及金融资产管理公司收购、管理、处置国有银行不良贷款形成的资产的案件适用法律若干问题的规定》对抵押权转移的规定，与《中华人民共和国物权法》第一百九十二条“债权转让的，担保该债权的抵押权一并转让，但法律另有规定或者当事人另有约定的除外”的规定是一致的。因此，最高人民法院认可债权转让未办理抵押权变更登记的，受让人仍然享有抵押权。

笔者认为，在债权转让的情形下，应当采取无须变更登记即发生抵押权变更效力的思路。笔者赞同最高人民法院曹士兵法官的观点：《物权法》规定的不动产物权（含不动产抵押权）变动依登记生效，仅指设立该不动产物

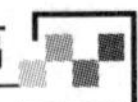

权，适用于不动产的原始取得，而随同债权取得的不动产抵押权属于继受取得，应当类推适用《物权法》关于继承取得不动产物权的规定，其生效不以变更登记为要件。[①] 此外，运用到资产证券化领域，从促进交易完成，提高交易效率角度考虑，上述观点同样具有合理性。

虽然司法实践普遍支持受让人享有抵押权，但笔者认为：如受让人未进行变更登记，在抵押权实现程序上将存在一定不便，未被登记为抵押权人的受让人行使抵押权只能通过民事诉讼的方式先起诉确认抵押权，再运用《民事诉讼法》实现担保物权的特别程序实现担保物权，或者与登记抵押权人配合通过登记抵押权人行使抵押权，从而在一定程度上影响实现担保物权的效率。因此，关于上述情形下抵押权的行使，应考虑通过法律或司法解释修订的方式予以明确及完善。

（四）关于真实销售的认定

资产证券化在法律制度上的创新在于，通过证券化资产与发起人的破产隔离实现证券化投资者的权益与发起人的信用状况的分离，从而避免发起人破产对证券持有的影响，以保护投资者的权益。破产隔离是证券化交易的特征之一，也是影响交易是否成功的主要影响因素之一。它要求当原始权益人破产清算时，证券化资产的权益不作为清算财产，证券化资产所产生的收入现金流仍能按照交易契约规定支付给投资者，从而达到保护投资者的目的。而破产隔离的关键在于实现证券化资产的真实销售。

从目前国内SPV的组织形态来看，信托计划及资产管理计划可以发挥破产隔离的作用，但真实销售的认定并不仅取决于此。真实出售指在资产转让过程中，由发起人以出售的形式将与基础资产有关的收益和风险全部转移给SPV，资产转让后SPV对基础资产拥有完全所有权，转让人不得再对该资产行使所有权。在资产证券化过程中，若无法实现真实销售，存在被认定为担保融资的可能性。所谓担保融资，是指发起人以资产组合为担保向SPV融资，在原始债务人向发起人清偿债务后，发起人向SPV偿还借款，SPV以此向证券化

①曹士兵：《中国担保制度与担保方法——根据物权法修订》，213~214页，北京，中国法制出版，2008。

资产的投资者偿付。担保融资与真实出售的最大区别在于所有权没有发生转移，转移的仅为基础资产存在的担保价值。在该情形下，基础资产仍存在发起人的资产负债表中，无法发挥破产隔离的作用，资产证券化也无法实现。

目前，虽然我国法院未出现否定“真实销售”的案例，但在法律法规无明确规定的情形下，可以预见，司法实践对“真实销售”的认定标准会存在较大不确定性。对于真实销售的认定，笔者从法律角度提出以下考量因素：（1）SPV对发起人的追索权。如发起人在条款中赋予SPV追索权，即保证SPV收回投资本息，否则收回基础资产，则被认定为“担保融资”的可能性较大。（2）发起人对SPV的资产赎回权。即发起人对转让资产仍然拥有某种控制，或者仍然承担着该资产的一些风险，并未实现风险隔离，达不到真实出售的标准。（3）发起人的剩余价值索取权。即发起人有权获得SPV从受让的证券化资产所得超过原始受让价格加上合理利息或者投资回报的价值。若发起人对剩余价值享有权利，根据风险与收益相一致的原则，表明其仍承担着转让资产可能存在的风险，就不能认定为真实出售。（4）销售行为的可撤销或无效。主要是依据《破产法》中关于无效及可撤销情形的认定。①除上述因素外，还应综合考虑定价的公允性、发起人对于账款回收及管理的控制力等。当然，“真实销售”的认定标准还有待于相关法律法规的完善。

四、结语

法律创新虽然永远落后于金融创新，但对于金融创新工具的稳定良好运行，完善的法律法规体系是必不可少的。资产证券化的交易结构复杂，涉及部门法律众多，尽管我国现在已经开展了资产证券化活动，但依据仅为政府有关部门的部门规章及规范性文件，对于部分重要问题未明确规定，同时其法律位阶低于现存的法律，能否真正跨越相关法律障碍在法理上还留有疑

①《破产法》第三十一条，人民法院受理破产申请前一年内，涉及债务人财产的下列行为，管理人有权请求人民法院予以撤销：（一）无偿转让财产的；（二）以明显不合理的价格进行交易的；（三）对没有财产担保的债务提供财产担保的；（四）对未到期的债务提前清偿的；（五）放弃债权的。第三十三条，涉及债务人财产的下列行为无效：（一）为逃避债务而隐匿、转移财产的；（二）虚构债务或者承认不真实的债务的。

问。[①]因此，信贷资产证券化专门立法已经势在必行。

而对于保险资管行业，为积极落实国务院《关于加快发展现代保险服务业的若干意见》，紧随信贷资产证券化和企业资产证券化的步伐，保险资管资产证券化新政——《暂行办法》的发布，将有利于扩大保险资产管理产品创新空间，满足保险资金配置需求，促进保险资金直接对接存量资产，支持实体经济发展，为进一步推动我国资产证券化市场的发展作出新的贡献。

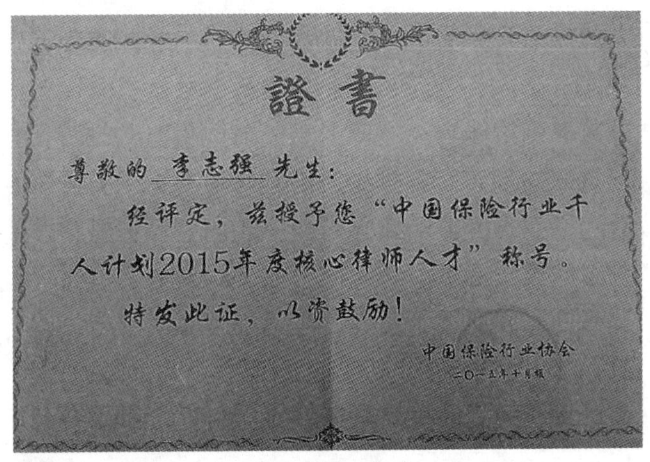

證書

尊敬的 李志强 先生：

经评定，兹授予您"中国保险行业千人计划2015年度核心律师人才"称号。

特发此证，以资鼓励！

中国保险行业协会

二〇一五年十月颁

①林国梁：《我国资产证券化法律关系及适用问题研究》，复旦大学硕士学位论文，2009。

Public-Private Partnerships' Development in China

李志强

Abstract

Rapidly growing urbanization of China has encouraged local governments to construct more infrastructures to satisfy with the progress of cities. However, the financial burden of mention projects have far exceeds the availability of available public funds. As a result of that the Chinese government has set out to allow local governments with public-private partnerships (PPP) and private finance to supplement the funding deficit.①

Background

A PPP model is a relationship between the government and social investors to deliver a project that will serve the public.②In 2014, Ministry of Finance of China published *The* 2014 *Report of Central and Local Drafted Budget* (hereinafter referred as "the report"), of which was the first time official use the concept of PPP. The report explicated "to popularize and utilize the PPP pattern, and construct the multivariate and sustainable urbanization fund safeguard mechanism". Since then, from the central to local governments of China, the new policies and projects

①Martin de Jong, Mu Rui, Dominic Stead, Ma Yongchi, Xi Bao, *Introducing public-private partnerships for metropolitan subways in China: what is the evidence?*, 2010, Journal of Transport Geography 2010 (18): 301-313.

②Zheng Chang, *Public-Private Partnerships in China: A case of the Beijing No.4 Metro line*, 2013, TransportPolicy 2013 (30): 153-160.

published frequently. According to the figure issued from National Development and Reform Commission of China in May 2015, amount to 1043 PPP projects have launched in China and total investment add up to 1.97 trillion, besides, the projects covered a wide range of domain, including municipal construction, water conservancy projects, transportation projects, resources and environment projects etc.

The History of PPP Development in China

After learning from foreign experience, since 80's in 20 centuries, China start to official bring in the PPP pattern.

1.Introduction Phase

At the beginning of 80's in 20 centuries, the development of infrastructure and public utilities of China remain stagnant, and the limited financing of government cannot satisfy with entire infrastructure fields' development. Hence, seek for more financing channels have been put on the agenda. In this phase, it was the beginning of the reform and opening-up of China. In order to overcome the problem of funds, Chinese government started to introduction of foreign capital and cooperated with foreign company which opened the door of operating PPP in China. In this phase, Shenzhen ShaJiao B power plant BOT project was the first PPP project which was a successful case by using foreign capital in China.

2.Pilot Phase

Planning Commission of China was first time official put forward to introduce BOT model in the *8th Five-Year Plan for Attract Foreign Investment* in 1993. The next year, Chinese government adjusted the foreign investment policy, relaxation of restrictions on infrastructure field for foreign capital. Subsequently, Planning Commission selected five pilot projects which were Guangxi Laibin B Power Plant Project, Chengdu No.6 Water Plant Project, Guangdong Dianbai Expressway

Project, Wuhan Junshan Yangtze River Bridge Project and Yangtze River Wangcheng Power Plant Project. Guangxi Laibin B Power Plant Project was the first pilot project approved by State Council of China which was the symbol of the first wave of PPP projects.

3.Generalization Phase

With the progress of BOT project on Chinese power plant industry, the field of water supply plant, metro, new town, economic development zone, fuel gas, road and bridge projects also opened for the social investors since 2002 and this period was second wave of PPP development. In this phase, plenty of social investors taken part in the project including foreign company, private company and state owner company etc. in this phase, the representative projects including Heifei Wang Xiaoying Sewage TOT Project, Lanzhou Water Supply Plant Project, Beijing Line 4 Metro Project etc. However, several projects have failure in this phase, and transaction cost increases in a short period of time which result in the stagnation of the project.

4.New Development Phase

Since 2014, PPP entered into a new development phase, and the third wave of PPP development occurred in this period. Previously, PPP projects in China generally leading by the governments, the governments as the principal investors taken part in the construction of the projects. However, in this phase, the projects more emphasize on benefit-risk sharing between governments and social investors and all steps of the projects, including design, financing, construction, operation, maintaining stages, have been standardization. Currently, National Development and Reform Commission of China has push out 80 demonstration projects of social investors taken part in the infrastructure construction, PPP project has a broadly space for development in the future.①

① Hui Zi, *Introduction for PPP Pattern and Problem Analysis*, 2015, Policy Research.

The Principal Models of PPP in China

In China, PPP mainly carry out by three categories, including purchase service, franchising and equity cooperation.

1.Purchase Service Model

In the narrow sense, purchase service is similar as outsourcing, namely the government bear the whole the investment, only one or several function, like the project' s design, engineering construction or facilities maintenance and management were taken charge by private capital, the mainly pattern including Operation & Maintenance (O&M) and Management Contract (MC).

The fundamental purpose of Purchase Service is aim to leading in advanced management technology and experience of social investors and promote the efficiency of operation and quality of service. In additional, under this model the social investors has not bring in any investment, hence, social investors only bear few of risk.①

2.Franchising Model

Franchising is the most common model of PPP currently, Chinese government published *Measures for the Administration of Concession for Infrastructure and Public Utilities* (hereinafter referred as "The Measure") which stated that "For purposes of encouraging and directing social investors' participation in the construction and operation of infrastructure and public utilities, improving the quality and efficiency of public services, protecting the lawful rights and interests of concessionaires, protecting public interest and public security, and promoting the sustainable and sound development of economy and society" and the Franchising is suitable for the area of energy, transportation, water conservancy, environmental protection, municipal engineering, and other infrastructure and public utilities

①Chen zhiming, Zhang Ming, Si Dan, *Chinese PPP Practice: Development, Models, Difficult Position and Way Out*, 2015, International Economic Comments.

fields, and mainly means that "the government authorize a legal person or any other organization from inside and outside the territory of the People' s Republic of China according to the law, by competitive model, to engage in investment, construction, and operation of infrastructure and public utilities within a certain time limit and scope and earn profits as stipulated in an agreement that specifies the rights, obligations, and risk sharing, to provide public products or public services."

The Measure also stipulated that the Franchising can be conducted by the mainly three ways:

(1) Within a time limit, the government authorizes a concessionaire to invest in and construct, or renovate and expand, and operate infrastructure and public utilities, and the concessionaire transfers the project back to the government at the expiration of the time limit.

(2) Within a time limit, the government authorizes a concessionaire to invest in and construct, or renovate and expand, as well as possess and operate infrastructure and public utilities, and the concessionaire transfers the project back to the government at the expiration of the time limit.

(3) After a concessionaire invests in and constructs, renovates and expands infrastructure and public utilities, and transfers the project back to the government, the government authorizes the concessionaire to operate within a time limit.

In general, the Franchising model can be divide as TOT (Transfer-Operate-Transfer), ROT (Renovate-Operate-Transfer) and BOT (Build—Operate—Transfer) etc. The most important feature of TOT and ROT is aim to elicit funds for the project, for instance, social investors take over the financing project of local government, then the government debt can be transformed into non-government debt which help the local government fend off the government debt risk. BOT apply to new construction project which covers project' s design, construction and operation. Meanwhile, bring in the funds and technology of social investors, and which is the

most common model of PPP.①

3.Equity Cooperation Model

Equity Cooperation, namely the state-owned company transfer a certain percentage of share to the social investors, and which can be regard as a kind of privatization. Under this model BOO (build-operate-own), social investors have the ownership of the project, in a broad sense, BOO also belongs to the PPP pattern. In the circumstance of this model, social investors has the ownership, in the meantime, the government also bear corresponding public service responsibility.

Potential Risk in PPP Project

Compared with other tradition cooperation models, PPP pattern owns the features of large capital input, wide range of areas of cooperation, and long construction and operation period. Hence, in the course of PPP projects operation, the projects have to face sorts of uncertain factors and which may result in risks easily. According to practical situation, four kinds of risks run through the PPP project, including policy risk, construction risk, operation risk and financial risk.②

1.Policy Risk

As result of long construction period of PPP project, the relevant policies shall have the features of continuity and stability. If the policies lack of continuity and stability, the social investors' interest may not be guaranteed. When the social investors facing the unstable policies, they may demand for more investment returns to make up for the loss which might result from the change of policy. Therefore, published relevant laws and regulations may be a method to ensure the stability of

① Chen zhiming, Zhang Ming, Si Dan, *Chinese PPP Practice: Development, Models, Difficult Position and Way Out*, 2015, International Economic Comments.

②Hui Zi, *Introduction for PPP Pattern and Problem Analysis*, 2015, Policy Research.

policy.

2.Construction Risk

In the course of construction, the projects have to face a wide variety of risk, thereinto technical risk must be the leading risk. Technical risk is not merely result in the delay of the construction but also may lead to the failure of the whole project.

3.Operation Risk

Operation risk mainly refer to that in the course of PPP project operation, the complicated and uncertainty factors, and those factors often result in the failure of the projects or reduce the profitability of the projects.

4.Financial Risk

Financial risk mainly refers to that at a later stage of the PPP projects, the revenue of the project is not enough to pay for the early debt which may result in the failure of the PPP project. In general, social investors is the primary responsible party, however, the public sectors cannot standing back in silence, the public sectors can provide financing guarantee or fiscal subsidies to the social investors to mitigate the their debt pressure.①

Direction for Future Development of PPP in China

The widespread use of PPP will beneficial to the economic transformation, development of urbanization and enhance the governing efficiency of the government. Combined with the features of PPP pattern and current development tendency, the author provide some suggestions for development of PPP as follow:

---

① Hui Zi, *Introduction for PPP Pattern and Problem Analysis*, 2015, Policy Research.

1.Continuing Perfecting Legislation

Only perfected and unambiguous legislative framework can be guarantee the PPP pattern operate effectivity. The government shall publish more laws and regulations to safeguard the functioning smoothly. In the course of perfecting legislation, clearing dividing the responsibilities and relationships between parties is the first step, which refers to that the collaborative parties need explicit each other' s rights and obligations. In general, the public sectors shall responsible for the supervision work during the PPP project. The social investors shall deal well with the construction of project and the project' s operation.

2.Establishing the Benefit-Risk Sharing Cooperation Mechanism

PPP project cannot left the participation of the government, however, the government shall change its role definition, namely reduce intervention during the PPP project and ensure the continuity and stability of the policy.

On the one hand, establishing a reasonable risk sharing mechanism. The advantages of government is to formulate the policies. From another point of view, social investors is the mainly responsible for the construction and operation of the project. Hence, the public sectors bear the political or policy risk may more reasonable. The social investors tend to bear the construction, operation and financing risk.

On the other hand, establishing a reasonable benefit sharing mechanism. The benefit sharing mechanism shall consider the integrated factors, due to that the PPP project mainly used in the field of infrastructure, the mechanism shall guarantee the public interest, meanwhile, ensure social investors obtain the income from investment. Firstly, prevent the social investors boost charge wantonly. Secondly, formulate a reasonable charge level to maintain the positivity of social investors. Thirdly, according to the changing of the market to adjust the charge level rapidly and make sure each parties' interest can be protect as much as possible.

3.Establishing the PPP Management Organization

In order to make sure the well-functioning of the PPP project, it' s necessary to establishing a special management organization to guarantee the operating efficiency and reduce the project operational risk.①

Summary

The urbanization of China need abundant funds, advanced technology and managerial experience to back up. PPP model is a good pattern to solve the problem of funds, advanced technology and managerial experience and PPP has a vast potential for future development. A stable investment environment is the basic of PPP project operating efficiency. The governments shall maintain a steady political and policy environment. Moreover, the social investors shall close cooperation with the governments and supply the best service to the public. Besides, formation of a close and win-win cooperation between governments and social investors is the key factor to make the PPP successful.

① Hui Zi, *Introduction for PPP Pattern and Problem Analysis*, 2015, Policy Research.

企业融资与投资贸易篇

以自贸区法治化为视角 谈谈如何提高律师自身专业素养

李昌道

2013年9月29日中国（上海）自由贸易试验区（以下简称上海自贸区）正式揭牌，这是中国进一步对外开放的重大措施，也是中国新一轮改革和开放的一个重要节点。自贸区的建设涉及经济、政治、法律、社会、科技、金融等众多领域，本文仅谈些法律方面，尤其是面对律师专业人士，谈谈如何提高自身专业素养。

自贸区建设中的一个核心问题，是建设一个法治化的营商环境，对自贸区的发展提供制度保障，它把法治化和国际化并列在一个高度。2013年自贸区的总体方案中第一部分“指导思想”中明确提出，“率先建立符合国际化和法治化要求的跨境投资和贸易规则体系，使自贸区成为我国进一步融入经济全球化的重要载体”；第二部分的“指导思想”的《总体目标》中明确提出“着力培养国际化和法治化的营商环境”，又在不同章节要求“法制环境规范”、“完善法制保障”；附件“专业服务领域”中明文载明“律师服务”栏目等。由此可见，自贸区有着强烈的法治化要求、规范的法治化服务，这给广大的专业律师提出一个明确的信号——开辟更广宽的服务机会，我们切勿错过。要施展这方面专业服务，我们律师必须提高自身专业素养，我认为以下六个方面值得关注。

一、了解自贸区的法律阶位

法律的阶位是指法律层次、法律的地位。自贸区应根据“国家战略”进行法治建设。自贸区“总体方案”首先开宗明义地指出，“为全面深化改革和扩大开放探索新途径，积累新经验的重要使命，为国家战略需要”，有人称之为“国家的试验田”，而不是某个地方的“试验区”。自贸区形成的是全国可推广、可复制的体制和机制，而不是限于某个地方的优惠措施。

根据“国家战略”定位进行法治建设，缘于国际和国内两个方面因素：在国内而言，是由于打破束缚进一步改革的障碍和阻力势在必行；在国际而言，顺应国际经济治理格局的变化，为参与制定和形成国际经济贸易新规则积累经验。由于上述因素，自贸区建设不是地方事务，相关法治建设必须自足于“国家战略”的定位。因此，自贸区的基本运行规则必须通过国家立法来解决。

但是，另一方面，自贸区立法的“国家战略”又有其特点，它由地方落实，地方对此责任重大，应有所作为。在自贸区具体事务上，根据中央政府的指示，依据工作中直接需要提出方案和建议，在地方立法过程中处理好地方立法与国家立法之间的冲突甚为重要，是推进地方立法的关键所在。如以市场准入为例，既有法律框架不能满足自贸区的法治需要，《中外合资经营企业法》、《中外合作经营企业法》、《外资企业法》等设置了前置审批程序，与自贸区发展要求相悖，通过国务院向全国人大常委会提请暂缓适用与自贸区法治建设存在冲突的法律已取得良好的成效，但是相关主管部门的规范性文件有着各自利益格局，如何处理这些矛盾，急需加以研究和解决。

二、理解自贸区政府监管政策的法律特性

当前在自贸区法律方面，我认为最大的挑战是改革在先，试验在先，而法律滞后的情形，特别是在金融创新方面，新形态、新理念层出不穷，既无相应的法律、法规明确规定，又不属于相关部门的规范性文件所准许的，但自贸区又不能成为冒险家的乐园，随心所欲，任意妄为。因此，要改革创新政策管理方式，颁布政策，加强政府监管作用。

自贸区总体方案中的“主要任务和措施”的第一点明确规定：“加快转变政府职能，改革创新政府管理方式，按照国际化、法治化的要求，积极探索建立与国际高标准投资和贸易规则体系相适应的行政管理体系，推进政府管理的注重事先审批转为注重事中、事后监管。”还规定，必须营造相应的监管环境，创新监管服务模式。

自自贸区成立以来，不少政府部门召开政策发布会，改革创新政府管理方式。现以对外商投资实行负面清单的管理来说，自贸区“总体要求”中“主要任务和措施”中提出“探索建立负面清单管理模式”，据统计，全世界有三分之一的国家在实行，中国是其中之一，2014年版负面清单已从190条缩减到130条。它是最令人感到扎实有效的改革举措。

负面清单是国际上广泛应用的投资准入制度，政府以清单方法明确列出限制企业投资经营的行业、领域、业务等，清单以外则充分开放，企业只要按法定程序注册登记即可开展投资经营活动，从而也进一步推动商事登记制度的改革。从国际上看，负面清单管理方式最早出现在对外投资领域。党的十八届三中全会决定在自贸区基础上，探索对外商投资实行此种管理模式，并进一步提出实行统一市场准入制度，在制定负面清单基础上，各类市场主体都可依法平等进入清单以外领域，并推广到我国国内市场，平等适用各类市场主体。它是更好发挥政府作用，使市场在资源配置中起决定性作用和管理方式的创新，对政府依法行政处理好其与市场关系提出更新要求。

谈到经济上的负面清单制度，联想到政治上的权力清单制度。党的十八届三中全会推行部门行使职能、权限，以清单方式进行列举，不属于清单列举范围内职能和权力，依据法律、法规不得为之。政治上权力清单制度和经济上负面清单制度，都有着重大的法治意义，蕴藏着“法不禁止即可为”的法理原则。

除了政府开放以负面清单形式转变了过去审批的管理方式外，据有关方面归纳，有不少协同和联合监管机制、综合执法制度、社会组织参与市场监管的制度、社会信用制度、安全审查和反垄断的协助审查制度、综合评估制度等政府联合监管体制。这些政府监管措施都具有法律特性，它具有强制性和规范性，双方相对人都必须依法执行、规范行为，这也是专业律师所必须了解和清楚的。

三、熟悉自贸区的司法程序

司法的程序和运作是自贸区法治化的重要内容。自贸区的“总体要求”指出，力争建设成为国际水准的投资便利、货币兑换自由、监管高效便利、法制环境规范的自贸区；又在“主要任务和措施”中提出“完善法制保障”。律师专业服务的很多案件，最终由司法定夺。因此，律师对自贸区司法程序必须了解和熟悉。

涉自贸区案件，法院有一些改革创新。上海市第一中级人民法院于2014年4月推出《上海市第一中级人民法院涉自贸区案件审判指引》（以下简称《审判指引》），该指引共7章100条，包括总则、涉自贸区案件的立案与送达、审理、执行、审判机制、审判引申等，其中审理部分又根据公司、合同、金融、知识产权等八类型案件具体分节规定。

《审判指引》为建设中的自贸区已经和可能出现各类新诉讼案件提出指引性思想，它实际代表了上海法院司法改革的新理念。

择其要点述之如下。

（一）审判原则

该指引根据法律、法规、国家自贸区政策和上海市高级人民法院相关的指导意见，经多方调研、反复论证后制定。它从实际出发，将依法审判、鼓励创新与防范风险相结合原则、审判质量与效率统一原则确定为涉自贸区案件的审判原则，特别是在法律、法规没有规定或需要协调法律与政策规定时所规定的审判原则，它能起到一定的指导作用，并对法官的自由裁量权进行合理的规范。

（二）审慎审理

涉自贸区案件中的金融制度改革是先行先试的重要内容。《审判指引》结合自贸区金融改革对金融创新活动的法律认定规定了审批方向。由于金融改革的审理相较于一般商事案件有特殊之处，为此，该指引原则规定：“审慎审理涉及金融创新的各类金融纠纷案件，尊重当事人的意思自治和国际惯例，保护金融消费者的合法权益，维护金融交易安全和交易效率。”

《审判指引》还规定，对自贸区内的金融机构或专业从事金融服务、贸易的法人进行的金融创新活动，虽然尚无相应的法律、法规对此作明确的规定，但只属于相关主管部门关于推进自贸区建设的保障性意见等规范性文件准许事项范围的，应在维护金融秩序和保障金融市场安全的前提下，充分尊重当事人之间的约定。还规定，审理自贸区金融案件时，除依照法律、法规、规章外，可参照中国人民银行、中国银监会、中国证监会、中国保监会等出台涉自贸区金融领域相关规范性文件在审判中的参照地位。《审判指引》还分别对银行、保险、证券业的金融创新明确规定了审查标准。如对银行业的金融创新规定，依法适用有关中国人民银行和中国银监会的相关规范性文件，对自贸区内人民币跨境使用、人民币资本项目兑换、利率市场化等创新活动提供相应的司法保障；对与金融创新相关的交易行为所引发的纠纷，应加大对交易真实性的司法审查制度，规范金融市场秩序。

在金融消费者保护方面，从信息披露、投资者适当性评估、专业中介服务等方面都作了相应的“审判指引”。

（三）执行高效

涉自贸区案件多为商事案件，其具体执行效率有着更高的要求，为此《审判指引》提出借鉴国外行之有效的“执达员制度”，规定被执行的财产在自贸区可聘请“陪执员”参与辅助执法，并探索选聘律师事务所等机构负责涉自贸区执行案件部分辅助性事务实施的做法。“陪执员”可由目前部分陪审员兼任，也可由基层组织推荐选拔，不仅能为执行提供财产信息，还能起到法制宣传和执行监督的作用。在司法公开方面，也有一定尝试。除依法不得公开的案件外，一律在互联网站上公开发布裁判文书，并依法向当事人送达司法公开告知书，告知当事人司法公开相关事项。

有关涉自贸区案件的司法运作，除了上述《审判指引》外，2014年5月4日，上海市第二中级人民法院发布了《关于“适用自贸区仲裁规则”仲裁案件司法审查和执行的若干意见》（以下简称《若干意见》），其对新出台的自贸区仲裁院仲裁规则中制度创新的及时、高效的司法对接，在鼓励涉自贸区法律制度创新发展方面有着积极意义。

《若干意见》体现在仲裁制度创新的司法审查，以及执行两个方面。在司法审查方面，其在仲裁规则中的制度创新体现在，凡是不违反我国法律的相关规定且符合仲裁双方当事人意思自治的，《若干意见》均予以认可。在执行方面，实现了前所未有的“全面提速”和“加大力度”。比如，在小额争议仲裁案的立案方面，凡是当事人对仲裁庭适用小额争议程序性作出的裁决提出立案申请的做到当日审查，符合立案条件的，当日立案；对于小额争议仲裁案件，一般在立案之日起10日内组织听证或询问当事人，并在立案之日起20日内作出裁决。

由此可见，涉自贸区司法程序的运作，可能成为我国司法改革的前哨，与新一轮司法改革的要求相衔接。

四、知晓自贸区的仲裁规则

仲裁具有专业、高效的特点，是贸易和投资领域或各国和国际性组织所普遍采用的争端解决方法，体现了自愿协调和自我约束的原则，这也是自贸区法治化的一个内容，应当成为自贸区争端解决的首选方式。

2013年11月23日，自贸区仲裁院正式揭牌成立，成为上海国际经济贸易仲裁委员会（上海国际仲裁中心）和上海乃至中国仲裁事业发展的新的里程碑。接着上海国际经济贸易仲裁委员会（上海国际仲裁中心）于2014年5月1日制定《中国（上海）自由贸易试验区仲裁规则》（以下简称《仲裁规则》）。

《仲裁规则》的指导思想是，在中国仲裁法律框架内，结合自贸区法制建设的特点，充分借鉴国际知名仲裁机构的先进理念或成熟经验，对仲裁制度进行创新和完善。它的主要原则是，遵循公正、便捷、高效的程序理念，最大限度尊重当事人意思自治原则，满足商事主体对争议解决方式的多元化需求，并注重程度的对等性和操作性，进一步鼓励仲裁与调解相结合，努力制定一部适合国际商事仲裁发展趋势和潮流，又符合中国仲裁发展实际情况和特有规律的《自贸区仲裁规则》。

《仲裁规则》共十章五十八条，取消“节”的设置，首尾有“总则”和“附则”，以仲裁程序的开展和推行为主线，设“仲裁申请、答辩、反请求”、“仲裁庭”、“审理”、“裁决”等章，强调“临时措施”、“仲裁与调解相结合”等内容，并将“简易程序”、“小额争议程序”等分别独立成章。

《仲裁规则》吸纳和完善了诸多国际商事仲裁的先进制度，择其要点

有：完善了“临时措施”，并增设了“紧急仲裁庭制度”；突破了当事人选定仲裁员的名册制限制，确定了仲裁员开放名册制；为了更有利于保障当事人特别是知产权利人合法权益，通过设立仲裁庭组成前的调解员调解程序面进一步完善了“仲裁与调解相结合的制度”；进一步强化了仲裁证据制度，纳入了“友好仲裁制度”，增设了“小额争议程序”，降低了相应的仲裁费用等。《仲裁规则》适用范围上不仅适用于上海国际仲裁中心受理的涉自贸区仲裁案件，也可通过当事人约定，适用于其他民商事仲裁案件。

有关涉自贸区仲裁案件的判断标准，《仲裁规则》规定为，争议的当事人、标的物或民商事关系发生、变更、消灭的法律事实涉及自贸区的，适用该规则进行仲裁。

有关涉自贸区仲裁案件裁决，如上所述，上海市第二中级人民法院还发布了《关于“适用自贸区仲裁规则”仲裁案件司法审查和执行的若干意见》，司法效率将保障仲裁效率，从而促进贸易效率，这不仅是当事人权益保护的需要，更是自贸区营商环境的客观要求。

五、懂得自贸区行政执法的实施

行政执行是法治化的一个重要内容，它是国家行政机关和法律委托的组织及公务人员依照法定职权和程序行使行政管理权，贯彻实施国家立法机关所制定的法律，保障公民权利的功能。其中自贸区行政执行十分重要，因为它的法律滞后，上海自贸区已于2014年8月1日正式施行，在此之前，行政执法依靠各项政策来实施，这也是提高律师专业服务的一个重要方面。

国务院印发的《自贸区总体方案》中有关“重要任务和措施”中明确提出加快政府职能转变，改革创新政府管理方式，并具体规定营造相应的监管和税收制度环境，推进实施“一线放开”，“二线安全高效管住”，进一步强化监管协作，“实施促进投资的税收政策”、“实施促进贸易的税收政策”等。

现在选择一些重要的行政部门谈一下。

先谈人民银行。2013年12月公布的《关于金融支持中国（上海）自由贸易试验区建设的意见》（即“央行30条”）为自贸区金融改革定调，这是金融监管部门的法治化举措，必须遵守。2014年2月，人民银行总部召开政策发布会，宣布了自当年3月1日起放开自贸区小额外币存款利率。自贸区在全国率先实现外币存款利率的完全市场化。利率市场化改革是完善社会主义市场经济体制、发挥市场资源配置的决定性作用的重要措施。

再谈上海海关。2014年4月海关介绍了海关监管服务创新项目，根据“通关便利，安全高效”的要求，在前期试点基础上将分批推广14项“可复制，可推广”的监管服务制度，如“先进区，后报关”制度，调整了原来一线进境货物先报关再入区的通关作业流程，允许企业先凭货物舱单信息提货进区，再在限定时限内办理海关申报手续。

上述14项海关监管服务制度必将给知识产权保护工作带来变化，而并不减少保护力度。如上述“先进区，后报关”制度，简化备案清单制度，拓展了海关监管货物的时空概念，也会相应延展知识产权保护的过程，而新的形态，如跨境电子商务也对知识产权保护提出了新要求。

在自贸区成立之初，有人认为自贸区知识产权管辖属“境内关外”，海关的知识产权保护在自贸区内将不再实施，在自贸区内设加工厂生产假冒商品将畅行无阻。据海关有关人士解释，这是误解，可能是对《关于简化和协调海关制度公约》（简称京都公约）的片面理解。该公约非常明确地限定，“境内关外”是针对进口关税而言，并非指海关监管，海关的相关法律法规在自贸区当然得以实施，其中包括知识产权海关保护的法律法规。以洋山海关为例，每年都查获大量的侵犯知识产权案件。

自贸区知识产权审理和执法体系是其改革创新的重要组成部分。除海关外，还有其他知识产权执法机构，如自贸区综合执法机构统一实行上海市知识产权行政执法的集中管理（包括版权、专利等）等工商管理部分在区内设立了自贸区分局处理职责范围内商标侵权事宜。区内知识产权管理和执行体制统一，行政保护和司法保护的衔接，边境保护和境内保护的协同，将是自贸区知识产权保护工作的趋势。

自贸区其他行政执法也相继推出一系列政策。上海市质监局在自贸区取消工业产品生产许可委托加工备案试点。上海市出入境检验检疫部门推出将率先试行第三方检验机构和监管制度等。上海市外汇管理部门根据“成熟一

项，推动一项”原则，实施简化经常项目收结汇、购付汇单证审核；简化直接投资外汇登记手续，放宽对外债权债务管理等，并规定自贸区企业可借境外低息贷款。

2014年，上海国际金融中心建设开展73项重点工作，涵盖自贸区内各种面向国际的金融交易平台，还包含互联网金融激励政策。

六、关注自贸区法律服务的新探索

随着自贸区日益发展、成熟，律师的法律服务必将拓展、创新，律师不仅要创造新模式、新形态，还要不断探索新理念、新思维。我以为有以下三个方面应当值得关注。

（一）自贸园区与法律服务

2013年8月国务院正式批准于9月29日正式挂牌的中国（上海）自由贸易试验区，是中国自贸区的区域性试验田，它的英文名称为FTZ（Free Trade Zone）。它是根据本国法律法规在本国（地区）境内设立的区域性经济特区，这种贸易方式，使一国（地区）在其管辖区内划出一块地盘作为市场对外做买卖，对该市场的买卖不过多地干预，且不征收优惠关税。与国际上传统的自由贸易区（Free Trade Area，FTA）的不同点主要是：传统的自由贸易区多国一起“玩”，游戏规则共同制定；中国（上海）自由贸易试验区的游戏规则由中国自己制定，不须经过多方协商。

因此，国际上传统的自由贸易区在世界贸易组织中最惠国待遇基础上，相互进一步开放市场，改善服务和投资的市场准入条件，从而实现贸易和投资自由化的特定区域。因此，FTZ和FTA两者相同之处，都是为降低贸易成 本促进商务发展而设立。为避免两者混同，商务部等部门2008年专门提出分别将FTZ译为自由贸易园区、将FTA译为自由贸易区，现在也有人称上海的自贸区为小自由贸易区。这个基本特性，作为法律服务者是必须明确的。

（二）先行先试与法律服务

自贸区的先行先试是改革创新的重大举措，它深化金融制度创新，加强自主改革力度，拓展改革试点新领域，正如习近平总书记指示："大胆闯，大胆试，自主改。"这一点对自贸区的法律服务十分关键，但也有一定困惑。困惑之一，如先行先试未获成效，怎么办？那就"改"，是否暗示先行先试，还有先改的含义。困惑之二，怎样"自主改"，其含义和程序是什么？法律服务是依附于其他法律领域较多的，因此，除本身先行先试未获成效须改外，其他领域发生了问题，自身也必须改。困惑之三，怎样认定"未获成效"？由于法律滞后，判断创新制度的合理性和合法性十分困难，也许会众说纷纭，莫衷一是。

（三）金融创新与法律服务

金融制度改革是自贸区先行先试的重要内容，金融内涵十分广泛，创新形势又十分复杂。现在法律、法规滞后，而金融制度改革又有别于一般商事案例，既要尊重当事人意思自治，又要维护金融市场安全和效率。现在除了传统金融外，还有网络金融，它以虚拟性、即时性、跨界性等特点，更带来认定的复杂和艰难。另外，李克强总理指出："金融与实体经济相辅相成，有了经济的健康发展，金融才能稳定运作，要继续加大金融支持实体经济力度，通过综合运用多种货币政策工具，深化金融体制改革，让金融更好地为经济社会发展和民生改善服务。"因此，自贸区法律服务的金融创新既是重点，又是难点，既需要一般法律知识，更需要大量的金融经济法律知识。这要求我们不断学习和积累。

随着社会发展，自贸区法治化建设的法律制度必将从无到有，从粗到细，从政策到细则，从细则到条例。古代道家云，"法与时转则治"。最近澳大利亚国家馆已在自贸区开馆，据称有三十多家企业入驻该馆。中国（上海）自由贸易试验区"也许将走向国际传统的自由贸易区"。

自贸区是前所未有的崭新事物，自贸区法治化建设是史无前例的重大课题。目前，自贸区法治化建设理论尚待研究，素材尚待积累，思路尚待清晰。这对我们法律服务工作者来说，任重而道远。

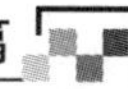

推进混合所有制经济发展中的律师服务

李志强

2013年11月，党的十八届三中全会通过了《中共中央关于全面深化改革若干重大问题的决定》，对混合所有制经济发展进行了全面的战略部署。2015年8月，中共中央、国务院共同颁布了《中共中央、国务院关于深化国有企业改革的指导意见》，2015年9月，国务院颁布了《国务院关于国有企业发展混合所有制经济的意见》（国发〔2015〕54号），前述文件均就混合所有制经济发展提出了相关意见。随着党和国家一系列的决策部署，混合所有制经济发展的热潮已经来临。

一、混合所有制经济的定义及解读

混合所有制经济这一概念的正式提出，可以追溯至1997年9月的十五大报告，之后党的十五届四中全会、十六大、十六届三中全会均对混合所有制经济有所提及。党的十八届三中全会通过的《中共中央关于全面深化改革若干重大问题的决定》，十分明确地提出了积极发展混合所有制经济的要求，明确了混合所有制经济的定义：混合所有制经济是国有资本、集体资本、非公有资本等交叉持股、相互融合的经济制度。该决定还强调了混合所有制经济的意义，即混合所有制经济是基本经济制度的重要实现形式，有利于国有资本放大功能、保值增值、提高竞争力，有利于各种所有制资本取长补短、相互促进、共同发展。

根据前述文件，中共中央、国务院鼓励以下形式的混合所有制经济。

（一）鼓励非公有资本参与国有企业混合所有制改革

非公有资本投资主体可通过出资入股、收购股权、认购可转债、股权置换等多种方式，参与国有企业改制重组或国有控股上市公司增资扩股及企业经营管理。非公有资本投资主体可以货币出资，或者以实物、股权、土地使用权等法律法规允许的方式出资。企业国有产权或国有股权转让时，除国家另有规定外，一般不得在意向受让人资质条件中对民间投资主体单独设置附加条件。

（二）支持集体资本参与国有企业混合所有制改革

明晰集体资产产权，发展股权多元化、经营产业化、管理规范化的经济实体。允许经确权认定的集体资本、资产和其他生产要素作价入股，参与国有企业混合所有制改革。研究制定股份合作经济（企业）管理办法。

（三）有序吸收外资参与国有企业混合所有制改革

引入外资参与国有企业改制重组、合资合作，鼓励通过海外并购、投融资合作、离岸金融等方式，充分利用国际市场、技术、人才等资源和要素，发展混合所有制经济，深度参与国际竞争和全球产业分工，提高资源全球化配置能力。按照扩大开放与加强监管同步的要求，依照外商投资产业指导目录和相关安全审查规定，完善外资安全审查工作机制，切实加强风险防范。

（四）推广政府和社会资本合作（PPP）模式

优化政府投资方式，通过投资补助、基金注资、担保补贴、贷款贴息等，优先支持引入社会资本的项目。以项目运营绩效评价结果为依据，适时对价格和补贴进行调整。组合引入保险资金、社保基金等长期投资者参与国家重点工程投资。鼓励社会资本投资或参股基础设施、公用事业、公共服务等领域项目，使投资者在平等竞争中获取合理收益。加强信息公开和项目储备，建立综合信息服务平台。

（五）鼓励国有资本以多种方式入股非国有企业

在公共服务、高新技术、生态环境保护和战略性产业等重点领域，以市场选择为前提，以资本为纽带，充分发挥国有资本投资、运营公司的资本运作平台作用，对发展潜力大、成长性强的非国有企业进行股权投资。鼓励国

有企业通过投资入股、联合投资、并购重组等多种方式，与非国有企业进行股权融合、战略合作、资源整合，发展混合所有制经济。支持国有资本与非国有资本共同设立股权投资基金，参与企业改制重组。

（六）探索完善优先股和国家特殊管理股方式

国有资本参股非国有企业或国有企业引入非国有资本时，允许将部分国有资本转化为优先股。在少数特定领域探索建立国家特殊管理股制度，依照相关法律法规和公司章程规定，行使特定事项否决权，保证国有资本在特定领域的控制力。

（七）探索实行混合所有制企业员工持股

坚持激励和约束相结合的原则，通过试点稳妥推进员工持股。员工持股主要采取增资扩股、出资新设等方式，优先支持人才资本和技术要素贡献占比较高的转制科研院所、高新技术企业和科技服务型企业开展试点，支持对企业经营业绩和持续发展有直接或较大影响的科研人员、经营管理人员和业务骨干等持股。完善相关政策，健全审核程序，规范操作流程，严格资产评估，建立健全股权流转和退出机制，确保员工持股公开透明，严禁暗箱操作，防止利益输送。混合所有制企业实行员工持股，要按照混合所有制企业实行员工持股试点的有关工作要求组织实施。

二、混合所有制经济发展与资本市场有机结合共生共荣

混合所有制经济发展与资本市场具有天然的联系，资本市场孕育了混合所有制经济，而混合所有制经济也在资本市场发展中得到升华繁荣，可谓混合所有制经济发展与资本市场有机结合共生共荣。

1993年笔者参加了中国证券监督管理委员会在天津召开全国股票公开发行工作会议，见证了中国第一批证券律师的诞生和中国第一任证券监管最高领导刘鸿儒主席的睿智和风趣。对于资本市场，党和国家的主要领导人历来重视并给出过重要的指示。

资本市场建立伊始，有人担心风险和股灾。亲历第二次世界大战的军事

家和政治家，我国改革开放和社会主义现代化建设的总设计师邓小平说道，“证券、股市，这些东西究竟好不好，有没有危险，是不是资本主义独有的东西，社会主义能不能用？允许看，但要坚决地试。看对了，搞一两年对了，放开；错了，纠正，关了就是了。关，也可以快关，也可以慢关，也可以留一点尾巴。怕什么，坚持这种态度就不要紧，就不会犯大错误。”

1998年，中国证监会第三任主席周正庆主编了《证券知识读本》一书。江泽民总书记亲自为该书题写书名并作序。他指出，实行社会主义市场经济，必然会有证券市场。建立发展健康、秩序良好、运行安全的证券市场，对我国优化资源配置、调整经济结构、筹集更多的社会资金、促进国民经济的发展具有重要的作用。但是，对于证券市场存在的消极因素和可能遇到的风险，我们也必须有清醒的认识。

胡锦涛总书记执政期间，曾提出“要大力发展资本市场，加强资本市场基础性制度建设，完善市场结构和运行机制，稳步发展股票市场，加快发展债券市场”。

习近平总书记自2015年9月22日以来，在50天左右的时间里，至少五次谈及中国股市。9月22日，在对美国进行国事访问前夕，习近平总书记在接受美国《华尔街日报》书面采访中表示，股市涨跌有其自身的运行规律，一般情况下政府不干预。政府的职责是维护公开、公平、公正的市场秩序，保护投资者特别是中小投资者的合法权益，促进股市长期稳定发展，防止发生大面积恐慌。习近平总书记指出，前段时间，中国股市出现了异常波动，这主要是前期上涨过高过快以及国际市场大幅波动等因素引起的。为避免发生系统性风险，中国政府采取了一些措施，遏制了股市的恐慌情绪，避免了一次系统性风险。境外成熟市场也采取过类似做法。在综合采取多种稳定措施后，市场已经进入自我修复和自我调节阶段。发展资本市场是中国的改革方向，不会因为这次股市波动而改变。

当地时间9月22日傍晚，习近平总书记在西雅图下榻饭店出席当地政府和美国友好团体联合欢迎宴会并发表讲话。在谈到中国股市时，习近平总书记再次强调，股市涨跌有其自身的运行规律。政府的职责是维护公开、公平、公正的市场秩序，防止发生大面积恐慌。中国股市已经进入自我修复和自我调节阶段。10月18日，习近平总书记接受路透社采访时表示，面对近期国际国内金融市场形势变化，我们陆续出台降准降息、完善人民币汇率形成机制等一系列举措。目前，市场风险得到相当程度释放，内在稳定性增强。下一步，中国将按照市场化、法治化方向稳步推进金融改革，培育公开透明和长期稳定健康发展的资本市场，完善风险管理，稳定市场预期，放宽民间资本进入金融领域的限制，更好支持实体经济发展。

在2015年10月26日至10月29日召开的十八届五中全会上，习近平总书记就《中共中央关于制定国民经济和社会发展第十二个五年规划的建议》起草的有关情况向全会作说明。他指出，近年来频繁显露的局部风险特别是近期资本市场的剧烈波动说明，现行监管框架存在着不适应我国金融业发展的体制性矛盾，也再次提醒我们必须通过改革保障金融安全，有效防范系统性风险。

2015年11月10日，习近平总书记在中央财经领导小组第十一次会议上指出，要防范化解金融风险，加快形成融资功能完备、基础制度扎实、市场监管有效、投资者权益得到充分保护的股票市场。

服务资本市场，中国律师已经有20多年的历史，也积累了经验和教训，同样，服务混合所有制经济，中国律师也责无旁贷。

三、推进混合所有制经济发展中的律师服务和律师扮演的角色

(一)担任各类混合所有制企业的法律顾问，成为专业法律服务的提供者

律师作为专业的法律服务提供者，至少在以下九个方面可以推进混合所有制经济发展，并扮演重要的角色。

1. 在非公有资本投资主体通过出资入股、收购股权、认购可转债、股权置换等多种方式，参与国有企业改制重组或国有控股上市公司增资扩股以及企业经营管理的过程中提供律师服务。

2. 在集体资本、资产和其他生产要素作价入股时，参与国有企业混合所有制改革过程中的律师服务。

3. 在外资通过海外并购、投融资合作、离岸金融等方式参与国有企业改制重组、合资合作过程中提供律师服务。

4. 在投资补助、基金注资、担保补贴、贷款贴息等优先支持引入社会资本，推广政府和社会资本合作（PPP）模式过程中提供律师服务。

5. 在鼓励国有企业通过投资入股、联合投资、并购重组等多种方式，与非国有企业进行股权融合、战略合作、资源整合，发展混合所有制经济过程中，在支持国有资本与非国有资本共同设立股权投资基金，参与企业改制重组过程中提供律师服务。

6. 在国有资本参股非国有企业或国有企业引入非国有资本时，将部分国有资本转化为优先股及在少数特定领域探索建立国家特殊管理股制度，赋予国有资本特定事项否决权过程中提供律师服务。

7. 探索实行混合所有制企业员工持股过程中律师服务。

8. 为各级国有资产管理部门提供法律顾问服务。

9. 为已经走在混合所有制经济发展前端的领先企业提供法律服务。

（二）担任混合所有制企业的董事和监事，成为良好公司治理的助推人

律师作为熟悉法律规制和法律程序的专业人士，可以利用自身专业特长和专业技能，为混合所有制企业，特别是其中的公众公司和上市公司担任以下职务：

1. 独立董事。律师依据《公司法》，担任混合所有制企业的独立董事，可以维护该企业的中小股东合法权益。

2. 股东董事。律师既可以担任混合所有制企业中控股股东和实际控制人委派的董事，也可以担任非控股股东委派的董事，无论是国有股东还是民营、外资股东委派的董事，律师都可以站在股东的立场，依法依规发出董事的声音，维护相关股东的合法权益。

3. 独立监事。律师可以担任混合所有制企业的独立监事，发表独立意见，依法监督所任职企业董事和高级管理人员，推进其公司治理。

4. 股东监事。律师既可以担任混合所有制企业中控股股东和实际控制人委派的监事，也可以担任非控股股东委派的监事，无论是国有股东，还是民

营、外资股东委派的监事，律师都可以站在股东的立场，依法依规发出监事的声音，维护相关股东的合法权益。

（三）担任混合所有制企业的股东争议的调解人和裁判人，成为纠纷和矛盾的化解人

律师作为天生的解决纠纷和矛盾的专业户，可以为解决混合所有制企业的股东纷争担任以下角色：

1. 仲裁员。律师作为仲裁案件的仲裁员和首席仲裁员，为混合所有制企业的股东在股权转让、股权受让、股权交易和股权过户中的各类争议作出公断。

2. 调解员。律师可以在当事人自愿的前提下，作为仲裁机构中的调解员，为混合所有制企业的股东争议提出调解纠纷的方案，努力使争议当事人化干戈为玉帛。

四、建议与畅想

第一，由地方国资主管部门、地方律协携手搭建起一个平台，组织律师对地方国资主管部门及其下辖的国有企业进行课题研究，就如何深化混合所有制经济提出建议与方案，并鼓励律师走进企业，在企业法人治理、合规建设等方面进行辅导。

第二，由地方国资主管部门牵头举办混合所有制经济发展先锋企业评选，表彰相关先锋企业，并且组织相关先锋企业及为其服务的律师进行表彰，进一步推动混合所有制经济发展。

第三，加快混合所有制经济发展的相关配套政策、法规的制定工作，邀请有经验的地方国资主管部门、企业及资深律师参与到相关的规则制定中，争取使相关规定尽快落地，以贯彻党的十八大和十八届三中、四中全会精神，落实党中央、国务院决策部署，推进国有企业混合所有制改革，促进各种所有制经济共同发展。

The Legal Regulations on Large Syndicated Loan in China

李志强

Background

Although the syndicated loan has become mature loan pattern in the international financial market, the syndicated loan in China is still in the early stage of development. The domestic syndicated loan in China started in the 1980s for the reason of expansion of foreign capital utilization. With the development of syndicated loan in China, the supervision department gradually attaches importance to it and provide system guidance and business supervision.

In 1997, in order to fully develop the overall finance function, better provide service for the enterprise (especially stated-owned large or medium-size enterprise) and key project, promote the expansion of enterprise group and economies of scale development and spread and prevent loan risks, the People's Bank of China enacted *Provisional procedures for Handling of Syndicated Loans*, which is the first national legal regulation in syndicated loan and plays an important role in stimulating the normative development of syndicated loan in China.

After the ten years development, the business volume of syndicated loan has grown by leaps and bounds while also shows some significant problems such as disorderly competition, more risk exposures of group client and increasing loan concentration. In this context, with a view to promoting and standardizing syndicated loan business, diversifying credit risks and boosting inter-bank cooperation and better provide financing service for the target enterprise and project, *Guidelines for Syndicated Loan Business* are formulated in 2007. And in 2011, China Banking

Regulatory Commission revised *Guidelines for Syndicated Loan Business* as the latest version of revision (hereinafter referred to as Guidelines) .

The Syndicate Members

The Guidelines establish the principles of "information sharing, independent examination and approval, independent decision–making and self–assumption of risks" for syndicate members. According to their respective functions and division of labor in a syndicated loan, syndicate members are often classified into lead bank, agent banks, participating banks and others. Based on the actual scale and needs of a syndicated loan, deputy lead banks and joint lead banks may also be appointed within the syndicate.

The Guidelines defines that lead bank is responsible for initiating and organizing a syndicated loan, distributing shares of the syndicated loan, conducting pre–loan due diligence on the borrower, drafting a syndicated loan memorandum and recommending the syndicated loan to potential participating banks, negotiating and determining conditions for the syndicated loan with the borrower and engaging relevant intermediaries to draft legal documents for the syndicated loan on behalf of the syndicate and so forth.

While an agent bank shall, as agreed in the syndicated loan contract, perform its duties as the agent bank which mainly include, examining and urging the borrower to fulfill the loan conditions, providing loans or handle other credit businesses for the borrower, handling security and mortgage procedures for the syndicated loan, formulating an account management scheme and opening a special account for managing the funds for the syndicated loan, supervising and inspecting the management of payment of funds for the syndicated loan, post–loan management and use of the syndicated loan according to the provisions of the syndicated loan contract, etc.

A participating bank is a bank that participates in a syndicate upon the invitation from the lead bank and provides loans to the borrower according to its share of loan commitment as agreed through negotiation. A participating bank shall transfer funds to the account designated by the agent bank in full and on time as agreed, attend syndicate meetings, properly conduct post-loan management, keep abreast of the day-to-day operations and changes in credit standing of the borrower, and notify the agent bank of abnormal conditions of the borrower in a timely manner.

Initiation and Organization of Syndicated Loans

The Guidelines stipulates that syndicated loan shall be initiated by a borrower or a bank. The lead bank shall set proposed conditions for the syndicated loan with the borrower, and obtain a letter of appointment for raising the syndicated loan signed by the borrower.

Then, lead bank shall conduct pre-loan due diligence on the borrower or loan project according to relevant requirements of credit due diligence, and on the basis of such due diligence, carry out preliminary negotiations with the borrower and prepare a syndicated loan memorandum accordingly.

After consultation with the borrower, lead bank shall issue invitations for participating in the syndicated loan to potential participating banks, by attaching a list of loan conditions, information memorandum, non-disclosure commitment, loan commitment letter and other relevant documents thereto.

Eventually, lead bank shall, according to the actual feedbacks provided by potential participating banks, reasonably decide the share of loan commitments for each member of the syndicate.

In the process of fund raising, Guidelines also emphasize the importance of intermediaries. Lead bank may engage intermediaries, such as accounting firms, assets evaluation firms, law firms and relevant technical experts to review and compile relevant information and data and offer written opinions.

Other Regulations Regarding Syndicated Loan

In addition, Guidelines provide the standard major content of syndicated loan contract and inter-bank agreement on syndicated loan and also stipulate the management, charges and transfer of syndicated loans.

Nowadays, Guidelines has become the first reference when designing the syndicated loan contract. Besides Guidelines enacted by China Banking Regulatory Commission, China Banking Association as self-regulatory organization also formulates *model text of syndicated loan contract*, *transfer norms of syndicated loan* and *cooperation treaty of syndicated loan* to standardize syndicated loan business, as industry regulations, which also makes a great impact on syndicated loan market.

Summary

Compared with mature international syndicated market, there is still much room for its development in China. The legal regulations in China have also been greatly improved and gradually made progress. I have ever acted as responsible lawyer for the Shanghai Disneyland syndicated loan project which achieves more than RMB 20 billion fundraising. In this project, we draft and revise relevant legal documents including memorandum and general and subproject contract, attend negotiation and coordinate the internal interest conflicts in the syndicate. Therefore, lawyer definitely can play an important role in the syndicated loan.

上市房企发行债务融资工具的比较分析

丁飞翔

债务融资工具是企业直接融资的重要途径，能够有效降低企业融资成本，并有助于改变我国上市公司外部融资主要靠股权、债务融资主要靠银行贷款的现状，有利于改善企业的资本结构。

一、债务融资工具市场发展情况概述

近年来，债务融资工具发展迅速，其品种不断扩展，除了企业债、公司债以外，超短期融资券、短期融资券、中期票据、银团贷款等多种新品不断涌现。债务融资工具市场的规模也呈现出成倍扩张的趋势。另外，企业的投资主体也呈现出多元化趋势，除境内机构外，境外机构也可以参与到银行之间的债券市场。随着我国经济持续快速增长，建立与之匹配的、能够支持经济发展的国内债券市场，已成为各界共识。我国债券市场的发展选择了以银行间场外市场为主、交易所场内市场为辅、场内外市场并存的债券市场体系。上市公司凭借其规范的内部控制、较强的盈利能力、透明的信息管理以及稀缺的上市平台等优势，在利用债务融资工具方面较非上市公司有绝对的优势。

2005年之前，国内债券市场的发行主体主要是政府、人民银行和银行等金融机构，非金融企业可发行的债券只有企业债，发行规模有限，发行期限也集中在10年或15年的长期品种。人民银行及其下属的中国银行间市场交易商协会以丰富债券产品作为促进市场发展的主要举措，债务融资工具面向广大企业应运而生，不仅为债券市场引入了广泛而具活力的发行主体，还提供了1年及1年以下短期、1～3年中短期和5年及5年以上中长期等各期限品种债券，顺应了市场需求，完善了产品结构，从而推动了债券市场的蓬勃发展。

二、债务融资工具的种类及比较

（一）债务融资工具的种类

目前我国的债务融资工具主要包括超短期融资券、短期融资券、商业票据、企业（公司）债券、中期票据、资产专项管理计划证券、资产支持证券、可转债及分离交易可转债、可交换债等（见表1）。

表1 主要债务融资工具种类及比较

债券类别	发行市场	监管部门	主要监管法规
企业债	交易所市场	发展改革委、国资委（中央企业）	《企业债券管理条例》（国务院令第588号）
公司债（公开、非公开）		证监会、交易所	《公司债券发行与交易管理办法》（中国证券监督管理委员会令第113号）
可转债			《上市公司证券发行管理办法》
分离交易可转债			《上市公司证券发行管理办法》
非公开定向债务融资工具	银行间债券市场	人民银行、交易商协会	《银行间债券市场非金融企业债务融资工具管理办法》
超短期融资券			
短期融资券			
中期票据（含永续债）			

（二）主要债务融资工具的比较

拘于我国的经济管理体制，我国企业债务融资工具分属不同的部门监管，各自的监管模式、运行方式也不尽相同。（超）短期融资券、中期票据、企业债和公司债在我国最主要的区别在于监管模式和交易方式的不同（见表1）。

（超）短期融资券、中期票据由人民银行、中国银行间市场交易商协会实行注册制和自律管理，并在全国银行间债券市场交易；企业债由发展改革委实行核准制，其中中央企业还必须接受国资委的管理，企业债在证券交易所和全国银行间债券市场交易；公司债由证监会实行一次核准、分期发行管理制度。（超）短期融资券和中期票据在全国银行间债券市场交易，企业债在全国银行间债券市场、证券交易所交易，而公司债仅在证券交易所交易。（超）短期融资券、中期票据、企业债和公司债其他方面的区别还表现在发行主体、期限、有无担保、募集资金用途的限制等。在发行主体方面，超短期融资券、短期融资券和中期票据的发行主体比企业债、公司债宽泛；在募集资金用途的限制方面，超短期融资券、短期融资券和中期票据的募集资金只要用于本企业的生产经营即可，而企业债和公司债对资金用途进行了较为严格的规定，募集的资金投向要符合国家产业政策和行业发展方向。

三、上市房企发行债务融资工具的比较分析

中国银行间市场交易商协会于2014年9月5日以通知形式向具备主承销资格的会员（商业银行及部分证券公司）通告了允许房地产企业发行债务融资工具开展普通商品房建设的有关事宜，对于上市房地产企业而言，融资工具的范围进一步拓展。

人民银行和中国银行间市场交易商协会管理的中期票据，在某种程度上打破了原有债券市场的分割状态，被打破了原先市场的平衡。中期票据采取了没有试点、没有批次、不预设规模的开放式姿态，市场化程度很高，挤压了企业对于企业债和公司债的需求，并进一步加速了全国银行间债券市场的扩张。企业对直接债务融资工具的市场化选择说明注册制适应了我国当前经济和资本市场的发展步伐，说明全国银行间债券市场场外报价驱动交易模式是我国债券市场未来发展的主要方向。

自20世纪90年代中期以来，我国企业债券发行一直执行“累计债券总额不超过公司净资产额的40%”的规定。时至今日，40%这一规定已经成为企业直接债务融资的天花板，严重限制了企业融资需求。另外，我国企业净资产在一段时间是稳定并缓慢增长的，企业直接债务融资市场每年的增长速度也因此被40%所限制。发行规模另一个值得商讨的问题是，（超）短期融资券、中期票据和公司债的发行是债券余额的总和不得超过企业净资产额的

40%，还是各自分别不得超过净资产额的40%，这个问题并没有得到一个权威部门统一的明确规定。在具体操作上，（超）短期融资券、中期票据合并计算，公司债分别遵循累计债券余额或待偿还余额的总和不超过净资产40%的原则。

中期票据与公司债券在多项特征上具备一定的可比性，在融资期限、资金用途、准入条件方面差别不大。从融资成本角度来说，中期票据具备一定的优势，从审核难易程度来看，公司债由证监会核准发行，审核较为烦琐，具体见表2。

表2　主要债务融资工具中期票据和公司债比较

类别	中期票据	公司债
发行条件	（1）在中华人民共和国境内依法设立的具有法人资格的非金融企业； （2）会计师事务所对企业近三年财务报告出具了非标准无保留意见审计报告； （3）应依据《银行间债券市场非金融企业债务融资工具注册规则》在交易商协会注册； （4）待偿还债券余额不超过企业净资产的40%	（1）股份公司的净资产不低于3000万元，有限责任公司净资产不低于6000万元； （2）累计债券余额不超过公司净资产的40%； （3）近三年平均可分配利润足以支付公司债券一年的利息
融资规模	根据相关规定，公司累计债券余额不得超过净资产的40%，而中期票据对于额度的限制与公司债基本一致。法律法规并没有明确表示中期票据与公司债及其他融资工具的额度应该累积计算	
融资成本	中期票据由于在银行间市场发行，其投资者数量及资金规模均明显大于交易所市场，因此中期票据的融资成本较公司债有一定优势。差异约为30～80个基点（即年利率差为0.3%～0.8%）	
审核周期	中期票据审批主管机构为交易商协会，审批程序为注册制，审批程序和时间上没有明确的规定，根据银行统计数据，中期票据上报材料到最后发行成功，平均所需周期为5个月左右。大型中央企业发行的中期票据规模大、评级高、影响力强，相对所需时间较少；一般型企业所需时间相对较长	公司债的审批主管机构为证监会。《证券法》、《公司债券发行试点办法》对审批程序和审批时间有明确的规定，规定收到申请文件后，5个工作日内决定是否受理，自受理发行申请文件之日起3个月内，依照法定条件和法定程序作出予以核准或者不予以核准的决定。从房地产上市公司发行债券实际情况来看，由于行业特殊性影响，证监会审核债券发行申请需要事前征求国土部乃至住建部意见，周期较长且具有较大不确定性

续表

审核结果	房地产企业发行中期票据政策尚处于刚推出阶段，对于注册条件的宽严程度、注册周期等因素都难有准确的预期，但可以肯定的是，评级高、实力强、有政策性项目作为依托且不存在重大的开发销售问题的企业必然优先	上市房企公司债发行申报陆续有通过案例，最终获得批文的关键在于通过国土部核查。总体来看，证监会征求国土部乃至住建部意见，导致审核周期明显延长。从最终结果分析，目前仅有少数几家地产上市公司拿到公司债批文，体现出整体把控从严的态势

四、结语

银行间债券市场与交易所市场长期处于高度割裂的状态，前者由人民银行负责监管，后者由证监会负责监管，这两个市场之间实际一直存在着明显的竞争性关系，显然两方面的监管者都希望更多优质企业在自己管辖的市场进行债券融资，促进该市场发展。房地产上市公司受证监会直接管辖，申报发行公司债券有利于在证监会建立良好的沟通基础，有助于企业后续进行股权融资、并购重组等重大资本运作。发行公司债的前提是通过国土部乃至住建部的核查，这一基本要求也同样适用于股权融资，因此，通过申报发行公司债可以提前完成这两项专项核查工作，可为上市房企后续资本运作奠定基础。

上海自贸区准入前国民待遇和负面清单管理模式

孙艳婷

一、背景

中国（上海）自由贸易试验区（以下简称上海自贸区）自正式挂牌成立以来对于上海加快政府职能转变、政府管理模式创新、促进投资便利具有重要的意义。依据2013年《中国（上海）自由贸易试验区总体方案》，上海市外高桥保税区、外高桥保税物流园区、洋山保税港区和上海浦东机场综合保税区四个海关特殊监管区域为上海自由贸易试验区域。之后，上海在不断探索与推进的过程中又在原有的基础上进行扩区。现在中国（上海）自由贸易试验区范围覆盖了上海市外高桥保税区、外高桥保税物流园区、洋山保税港区、上海浦东机场综合保税区、金桥出口加工区、张江高科技园区和陆家嘴金融贸易区七个区域。

二、上海自贸区管理模式

全球化浪潮的蓬勃发展推动了世界自由贸易区的发展。自由贸易区的设立与发展对国家及地区的经济发展有着至关重要的推动作用。对于发展中国家来讲，自由贸易区是成为发展国际贸易、招商引资、带动国内经济的试验区。因此，目前世界自由贸易区的管理模式发展主要呈现出自由化、便利化、政府职能高效化。

根据《中国（上海）自由贸易试验区条例》（以下简称《条例》），中国（上海）自由贸易试验区管理委员会（以下简称管委会）为市人民政府派出机构，具体落实自贸试验区改革试点任务，统筹管理和协调自贸试验区有关行政事务。在投资开发方面，上海自贸区实行外商投资准入前国民待遇加负面清单管理模式。负面清单之外的领域，按照内外资一致的原则，外商投资项目实行备案制，国务院规定对国内投资项目保留核准的除外。负面清单之内的领域，外商投资项目实行核准制，国务院规定对外商投资项目实行备案的除外。在贸易便利方面，自贸试验区与境外之间的管理为“一线”管理，自贸试验区与境内区外之间的管理为“二线”管理，按照“一线放开、二线安全高效管住、区内流转自由”的原则，在金融服务方面，在风险可控的前提下，在上海自贸区内创造条件稳步进行人民币资本项目可兑换、金融市场利率市场化、人民币跨境使用和外汇管理改革等方面的先行先试。建立有利于风险管理的自由贸易账户体系，实现分账核算管理。同时，对跨境资金流动按照金融宏观审慎原则实施管理。在税收管理方面，实施促进投资和贸易的有关税收政策，并遵循税制改革方向和国际惯例，积极研究完善不导致利润转移、税基侵蚀的适应境外股权投资和离岸业务发展的税收政策。

三、准入前国民待遇和负面清单模式

（一）历史沿革及基本概念

从历史沿革来看，负面清单概念起源于美国和他国签订的友好通商条约。自此之后，《北美自由贸易协定》（NAFTA）代表了准入前国民待遇和负面清单的投资规则管理模式。美国与多国缔结双边投资条约和自贸协定中基本采用负面清单模式。

负面清单依据“法无禁止即可为”的法律概念，是针对投资管理的一种管理模式。准入前国民待遇的实质也是外商投资的管理模式，即引资国在外资进入阶段给予不低于内资的待遇。但是，这种待遇并非绝对化，引资国通过负面清单的模式对投资领域或行业加以限制。

（二）美国BIT中负面清单的基本情况

从美国和他国签订双边投资协议（BIT）的情况来看，可以分为两个阶段，以2012年BIT范本为分界点。概括来讲，在第一阶段，BIT中主要以国

民待遇条款（National Treatment Clause，简称NT条款）和最惠国待遇条款（Most Favored Nation Clause，简称MFN条款）对某些行业进行投资限制例外的规定，并以附件形式列出。在负面清单涉及行业或项目中主要为六个领域：自然资源及土地使用权，能源，海洋及航空运输，广播及通讯，金融、保险及房地产，行业的水平型限制。在第二阶段，BIT中在第一阶段NT和MFN的基础上，增加了经营要求和高级管理者及董事会，并且，在负面清单中运用了“不符措施”的表述。

归纳来看，美国BIT的限制行业主要与国家安全方面紧密联系。对于金融服务领域的限制也在逐步细化。再者，美国的负面清单是国际条约的一部分，其试图在BIT的基础上与协议国达成共识，为他国向本国投资的企业搭建一个规范性整体框架。

（三）上海自贸区负面清单的基本情况

自2013年9月30日，《中国（上海）自由贸易试验区外商投资准入特别管理措施（负面清单）（2013年）》（以下简称2013版负面清单）正式对外公布并启动运作。从2013版负面清单的条款上来看，限制款较多，而禁止条款减少，共190条措施，涉及18个产业。以往，我国外商投资准入采用指导目录模式。在指导目录中分别列出了鼓励、限制和禁止外商投资的产业，并采用行政核准制。而2013版负面清单管理模式对清单之外的领域，将外商投资项目由核准制改为备案制，但国务院规定保留核准的项目除外，将外商投资企业合同章程审批改为备案管理。显而易见，从核准制到备案制意味着从注重事前审批转为事中、事后监管。

2014版负面清单在2013版的基础上，基于提高开放度、增加透明度、与国际通行规则相衔接三个基本原则进行了大幅度修订。从2013版的190条措施减少到2014版的139条。在2014版负面清单修订过程中，金融、教育、文化、医疗、育幼养老、建筑会计、会计审计、商贸物流、电子商务等有序开放，对一般制造领域的管理措施采取了能取消则取消、能放宽则放宽的态度。对比2013年和2014年两个版本的负面清单，上海自贸区实质性取消和放宽了33条管理措施，涉及制造业、房地产、基础设施、商贸、航运、社会服务等多个领域，同时进一步扩大开放了31条措施。

在经历了近两年的上海自贸区负面清单管理模式后，2015年国务院办公厅印发了《自由贸易试验区外商投资准入特别管理措施（负面清单）》（以下简称2015版负面清单）。2015版负面清单列出122项特别管理措施，其中有限制性措施85条，禁止性措施37条。2015版负面清单比2014版减少17条，比2013版减少了68条。而且，2015版负面清单统一适用于上海、广东、天津、福建4个自贸试验区。

四、中国推行准入前国民待遇和负面清单模式的意义

在 2013 年第五次中美战略经济对话中，中方同意以准入前国民待遇和负面清单为基础与美方进行投资协定实质性谈判。中国首先在上海自贸区试行准入前国民待遇和负面清单原则。推行负面清单管理模式是上海自贸区建立国际化和法治化跨境投资规则体系的初步尝试，也是中国开放政策在与国际规则接轨过程中的探索。

在投资全球化的大背景下，全球投资规则多以区域自由贸易协定或双边投资协议的方式出现。以发达国家美国为例，多达47个BIT协议形成了美国与他国双边投资领域的主要制度框架。再者，2012年4月，美国发布其最新双边投资协定范本（2012 BIT Model），体现了国际投资规则的最新发展。同时，美国倡导的准入前国民待遇和负面清单模式被其嵌入由其主导的《跨太平洋伙伴关系协定》（TPP）和《跨大西洋贸易与伙伴关系协定》（TTIP）谈判之中。在这些协议中，值得注意的是中国并不在列，从而中国在国际投资领域处于被动局面。因此，在上海自贸区首次试行的准入前国民待遇和负面清单模式的做法有利于中国在国际经济投资领域的进一步增强。

全球经济一体化的今天，我国外资法律制度如不完善并加以更新紧跟国际趋势，对我国的经济发展将会有极大的负面影响。事实上，国际投资新规则更公开、透明，为投资者提供了良好的投资环境，而我国外资准入法律制度尚需完善和创新。

如前所述，实行准入前国民待遇和负面清单模式，使得外资准入由审批制转为备案制。备案制的充分发挥有利于市场资源的优化配置，精简行政干

预，从而提高政府职能。准入前国民待遇和负面清单模式的实施不但是我国外商投资法的改革，也是我国努力向新的国际投资规则发展的重要一步。

五、上海自贸区投资规则对中美BIT的积极促进作用

上海自贸区试行的跨境投资国际规则是中国最终参加TPP这一国际谈判进行的试水。试行主要目的在于测试相关规则是否符合我国经济发展的进程及经济承受能力。上海自贸区负面清单的内容根据外商投资法和自贸区发展的需要进行适时的调整，其对外目标是将我国可接受的负面清单内容融入我国将会参与的国际投资规则中，从而实现与国际接轨。上海自贸区投资规则虽在一定程度上受到中美BIT谈判的影响，但在试行期间的过渡及适应性测试也是在为我国量身定做符合我国国情的国际投资规则。

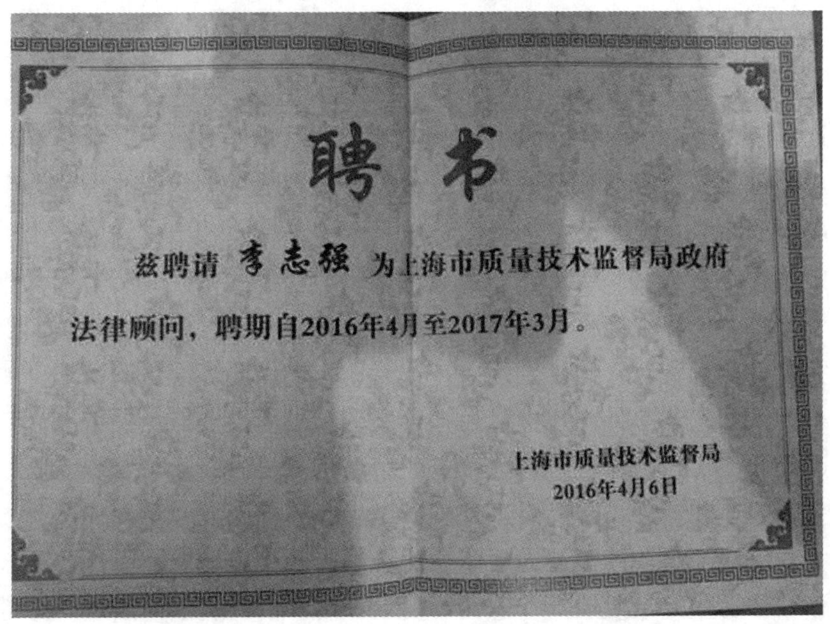
聘书

兹聘请 李志强 为上海市质量技术监督局政府法律顾问，聘期自2016年4月至2017年3月。

上海市质量技术监督局
2016年4月6日

外商投资事中、事后监管法律问题探析

丁飞翔

《中共中央关于全面深化改革若干重大问题的决定》首次提出推进国家治理体系和治理能力现代化。依法治国、依法行政、依法执政的水平是国家治理体系现代化的重要标志，而全面、完善、高效的监管体系是其中的主要环节。当前，以放权为重点的政府职能转变已有重大突破，政府管理由事前审批逐步转为事中、事后监管。

一、外商投资企业管理改革情况概述

近年来，上海以深化行政审批制度改革为重心，形成了一系列有效的改革措施，随着各个领域改革的不断推进，开始启动重点领域的事中、事后监管，取得了一定的成效。

中共中央、国务院于2015年5月5日发布《关于构建开放型经济新体制的若干意见》（以下简称《意见》），《意见》明确，创新外商投资管理体制，完善外商投资监管体系。按照扩大开放与加强监管同步的要求，加强事中、事后监管，建立外商投资信息报告制度和外商投资信息公示平台。《意见》明确，改善投资环境，扩大服务业市场准入，进一步开放制造业，稳定外商投资规模和速度，提高引进外资质量。改革外商投资审批和产业指导的管理方式，向准入前国民待遇加负面清单的管理模式转变，促进开发区体制机制创新和转型升级发展。《意见》要求，统一内外资法律法规。修订中外合资经营企业法、中外合作经营企业法和外资企业法，制定新的外资基础性法律，将规范和引导境外投资者及其投资行为的内容纳入外资基础性法律。对于外资企业组织形式、经营活动等一般内容，可由统一适用于各类市场主

体法律法规加以规范的，按照内外资一致的原则，适用统一的法律法规。保持外资政策稳定、透明、可预期，营造规范的制度环境和稳定的市场环境。《意见》强调，推进准入前国民待遇加负面清单的管理模式。完善外商投资市场准入制度，探索对外商投资实行准入前国民待遇加负面清单的管理模式。在做好风险评估的基础上，分层次、有重点放开服务业领域外资准入限制，推进金融、教育、文化、医疗等服务业领域有序开放，放开育幼养老、建筑设计、会计审计、商贸物流、电子商务等服务业领域外资准入限制，进一步放开一般制造业。在维护国家安全的前提下，对于交通、电信等基础设施及矿业等相关领域逐步减少对外资的限制。《意见》明确，完善外商投资监管体系。按照扩大开放与加强监管同步的要求，加强事中、事后监管，建立外商投资信息报告制度和外商投资信息公示平台，充分发挥企业信用信息公示系统的平台作用，形成各政府部门信息共享、协同监管、社会公众参与监督的外商投资全程监管体系，提升外商投资监管的科学性、规范性和透明度，防止一放就乱。《意见》还强调，推动开发区转型升级和创新发展。加强国家级经济技术开发区、高新技术产业开发区、海关特殊监管区域及省级开发区等各类开发区规划指导、创新发展。发挥开发区的引领和带动作用，大力发展先进制造业、生产性服务业和科技服务业，推动区内产业升级，建设协同创新平台，实现产业结构、产品附加值、质量、品牌、技术水平、创新能力的全面提升。

二、外商投资事中、事后监管的现状

政府监管覆盖事前、事中与事后监管全过程。事中、事后监管，主要是指政府依据法律规定和行政法规的要求，在政府相关职能部门相互协调的基础上，对市场及其市场经营主体的正在进行的或已结束的行为和活动进行整体性、全过程、多方位的监督和管理。其目的在于规范各种市场行为，维护市场基本秩序，创造良好的市场环境。

《中国（上海）自由贸易试验区条例》规定：负面清单之外的领域，外商投资企业设立和变更由之前的审批制改为实有备案管理，外商投资项目由之前的核准制改为实行以备案制为主的方式。负面清单之内的领域，外商投资企业设立和变更实行审批管理；外商投资项目主要实行核准制。

2013年，上海自贸区启动事中、事后监管工作，围绕六大体系，形成一整套监管手段，为全国提供可复制、可推广的经验。

1. 建立联合监管与协同服务制度。核心是建立信息服务和共享平台，推动各部门监管数据和信息的对接共享。

2.建立综合执法制度。明确自贸区管委会承担19个条线的行政执法权。

3.建立社会组织参与市场监督制度。推动社会组织在政府管理中发挥积极作用，适合由社会组织提供的公共服务和解决事项，交由社会组织承担，积极支持行业协会、中介机构等社会力量参与自贸试验区市场监督。

4.建立健全社会信用体系。依托全市公共信用信息平台，建设自贸区信用管理系统，对违法失信企业实施严格监管，营造失信企业“一处违法、处处受限”的信用环境。

5.建立安全审查和反垄断审查制度。为切实维护国家安全和市场公平竞争，建立区内涉及外资的国家安全审查工作机制，健全经营者反垄断审查工作机制。

6.建立健全综合评估制度。对区内重点行业开放情况及典型企业、特殊企业运营过程的代表性问题开展综合评估，建立年度评估和重大突发事项评估相结合的动态评估机制，加强风险监测防范。

三、外商投资事中、事后监管的法律问题探析

事中、事后监管是政府职能转变的新趋势、新要求，作为政府管理模式的一种新的制度安排，发达国家在很多行业领域已形成完善、高效的监管体系，可供上海借鉴。

（一）立法保障先行

美国食品安全体系以联邦和各州法律及行业生产安全食品的法定职责为基础，美国总统宣布并实施了《食品安全行动计划》、《食品药品法》、《肉类制品监督法》等多部法律。近年来，面对多次食品污染事件，2009年美国加快了食品安全立法进程，继《2009年消费品安全改进法》后，又通过

了几经修改的《2009年食品安全加强法案》，2011年又出台《食品安全现代化法案》，及时调整食品监管体系。

（二）注重部门之间协调

美国农产品质量安全体系实行的是多部门“一体化”联合监管的模式，为进一步加强各部门之间的协调和配合，美国政府于1998年成立总统食品安全管理委员会。同年，美国的食品安全运动开始实施一项重要计划——美国卫生部、农业部和环境保护总署联合签署一份备忘录，决定建立“食品传染疾病发生反应协调组”，职责是加强联邦、州和地方食品安全机构之间的协调与联络。1996年，爱尔兰政府为了保证食品产品的安全和质量，对本国食品安全体系进行评估，并成立一个各部门间的委员会，向爱尔兰议会建议如何使多个食品安全监管机构实现协调。

（三）注重发挥社会监管力量作用

美国医疗监管的主体包括各级政府各分支机构，以及行业内部和民间组织。除了政府的监管之外，各医疗专业学会和专业人员协会也对本专业人员的认证和实际工作负有监管职责。这些行业组织和民间组织对医疗的监管得到政府的承认，成为一种半政府的监管机构，最典型的是医疗机构联合认证委员会。

（四）建立惩戒机制

日本对于食品安全违法违规的处罚非常严厉，不仅有经济罚款和刑法处罚，更多的是来自社会的强大压力，企业故意违法违规就会进入社会道德体系黑名单，企业就会彻底垮台。美国建立了失信惩戒机制，失信行为将以法律许可的方式公布于众，不良信用记录一般会被保持5～10年，在此期间，有不良信用记录的企业和个人很难取得工商注册、信贷服务等。

（五）设立独立的风险评估机构

2002年，德国议会批准建立联邦危险性评估研究所，该所有540名职员。其职能是，在所有涉及消费者健康保护和食品安全方面为联邦政府制定法律和政策提供公正的、科学的意见和支持。其只开展危险性评估，将评估结果告知公众，并不参与政策制定，以保证政府决策的科学性。长期以来，美国的食品安全方针和决策的重要基础是预防和以科学为基础的风险分析，通过政府机构内专家的合作及向其他科学家的咨询，为法规制定者提供技术和科学方面的推荐方案；通过与国际组织的合作，如与CAC、WHO、FAO等合作解决技术问题、食品安全事件等。

（六）实施动态监管

在美国的联邦疾病控制中，有一套食品相关疾病发生的报告网络体系，称为食品相关疾病电子报告系统（EFORS），从每年发生疾病的提告中收集标准化数据信息，由地方和各州卫生部门负责调查和上报。法国当局从食品供应的源头开始，即实行严格的监控措施，供食用的牲畜如牛、羊、猪都会挂有识别标签，并由网络计算机系统追踪监测，屠宰场还要保留这些牲畜的详细资料，并标定被宰杀牲畜的来源，肉制品上市要携带身份证，标明其来源和去向。

（七）注重信用监管人才培养

信用管理是一门综合性学科，征信机构，银行、保险公司、基金等金融机构及一般工商企业等都需要专门的信用管理人才。美国达特茅茨学院设有信用和财务管理研究生院，以培养大型企业的各级信用管理经理人员为目标。英国奥克汉姆郡的信用管理学院不仅考虑企业高级信用管理人员的培训需要，而且还培养信用管理从业人员。

（八）监管机构和被监管者互动

美国的商业银行各监管主体之间，监管机构与被监管机构的高级管理人员和内部审计部门之间定期进行信息交流。通过交流，既加强了不同监管者之间监管信息的交流和沟通，避免监管漏洞的发生；监管机构也通过直接与金融控股公司高级管理人员和内部审计部门人员的沟通，及时获取必要的信息。

四、结语

事中、事后监管要体现政府管理理念的转变，结合上海发展实际情况，从决策、执行、监督等方面进行梳理，未来在全市范围内推进事中、事后监管的主要思路可概括为“注重职层设计，强化统筹协调，下沉监管重心，完善监督机制”。

事中、事后监管作为政府管理模式的新探索，既要摆脱传统管理理念的束缚，更要结合上海发展的实际情况，形成合理有效的管理制度。

中国上市公司协会

中上协函〔2014〕51号

关于同意上海金茂凯德律师事务所成为联系会员的函

上海金茂凯德律师事务所：

你所提交的联系会员申请文件收悉。按照中国上市公司协会章程、会员管理办法及发展联系会员通告的有关规定，经会长办公会审议，同意你所的入会申请，成为中国上市公司协会联系会员。

特此函复。

中国上市公司协会

2014年9月30日

－1－

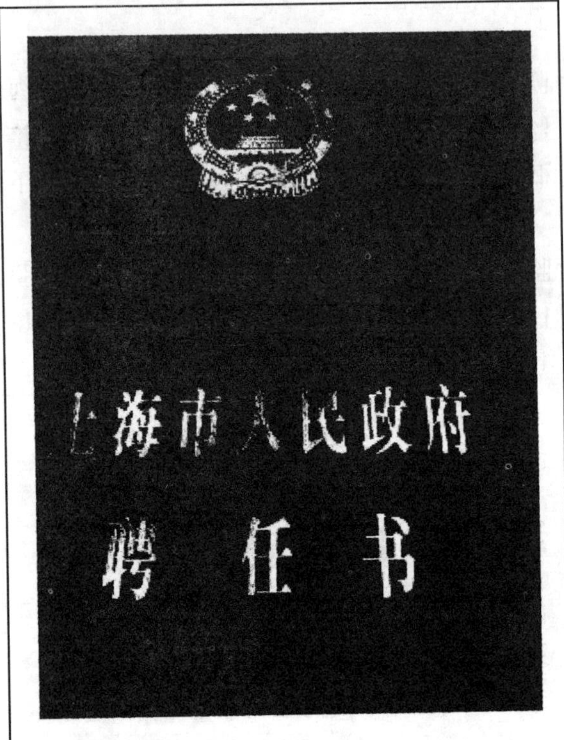

聘 任 书

现聘任 李志强 同志为上海市人民政府行政复议委员会委员，任期四年。

2014年10月

跨国投资并购中政府的作用

李志强

2000年党的十五届五中全会通过的《中共中央关于制定国民经济和社会发展第十个五年计划的建议》（以下简称《建议》）中明确指出："要实施走出去战略，努力在利用国内外两种资源、两个市场方面有新的突破。鼓励能够发挥我国比较优势的对外投资，扩大经济技术合作的领域、途径和方式，支持有竞争力的企业跨国经营，到境外开展加工贸易或开发资源，并在信贷、保险等方面给予帮助。"《建议》从全局和战略的高度，深刻阐明了企业跨国投资并购的必要性、重要性。①

2014年，国务院办公厅发布《国务院办公厅关于支持外贸稳定增长的若干意见》（国办发〔2014〕19号），鼓励企业采取绿地投资、企业并购等方式到境外投资，促进部分产业向境外转移。支持企业开展境外品牌、技术和生产线等并购，提高国际竞争力。

2014年，习近平主席先后提出了建设"丝绸之路经济带"和"21世纪海上丝绸之路"的倡议，"一带一路"战略为跨国投资并购提供了新的海外投资、并购机遇。2014年11月的APEC会议上，习主席表示中国将出资400亿美元成立丝路基金，为"一带一路"沿线国家基础设施、资源开发、产业合作及金融合作等与互联互通的项目提供投融资支持。同时，中国主导的亚洲基础设施投资银行已经在世界瞩目的眼光中成立。政府上述重大举措给企业进行跨国投资并购带来前所未有的有利条件。

截至2014年，中国对外直接投资超过1200亿美元，2002—2014年，中国对外投资猛增了45倍。根据商务部的预测，未来10年中国对外投资还会以每

①伊文媛：《论实施"走出去"战略中政府的作用》，南京师范大学硕士学位论文，2004。

年两位数的增幅增长，对外投资额很可能在2020年超过2000亿美元。经济学人智库发布的《中国海外投资指数报告》中预测，2017年中国将成为全球最大的净投资国，海外投资规模将居世界第一位。政府如何发挥自身作用为企业跨国投资并购保驾护航将是一项重要议题。

一、跨国投资并购中存在的制约因素

今日世界经济的竞争已经不仅是企业之间的竞争，更是国家之间的竞争，是政府和企业联合力量之间的竞争，由于历史、制度等原因，我国在跨国投资并购当中还存在若干问题，这些问题值得我们注意。

（一）法律法规不健全问题

我国现行的对外投资国内立法，其对境外投资采取了较多鼓励措施，但就境外投资保护措施而言，制度方面有许多不足，特别是对境外投资、并购方面的保护和促进力度要小于境内，跨国投资并购有关法律法规不健全。

（二）多头审批管理的问题

在现行部门职能分工中，发展改革委（负责一般对外投资项目）、商务部（负责境外加工贸易项目及境外投资项目）、国家经贸委（负责境外加工贸易项目）、外经贸部（负责除金融保险外的境外投资项目，包括贸易型项目）表面上是均对境外投资负责，但审批内容重叠，职能交叉，很大程度上增加了企业对外投资并购的成本。

（三）项目审批与企业实际得到的相关优惠政策脱节问题

企业在经过前置审批拿到对外投资项目批准书之后，要获得实际的政策支持，如外贸发展基金贴息贷款、援外优惠贷款、合资合作基金贴息贷款、进出口银行政策性贷款、外汇汇出等方面仍需经过层层审查、批准，从而进一步增加了企业成本。在实践中，企业即使经过了上述职能部门的审查程序，最终也未必能够得到上述的优惠政策。实际上能够得到各种资金贴息贷

款的企业为数不多，因此优惠政策支持的力度极为有限。[①]

（四）咨询服务欠缺问题

由于国内企业对外部世界了解有限，资金、人才、渠道缺乏，对国际有关法律、政策、投资环境等知之不多，在互联网上能够查询到的真正有用的信息不多。有关的研究、咨询机构较为分散，各种资源未能有效整合。[②]在我国企业无法充分了解相关投资并购信息的前提下，企业难以作出合理的投资并购决策。

二、跨国投资并购中政府应发挥的作用

（一）加强立法保护与支持

为推动我国跨国投资并购的顺利开展，必须建立及完善符合国际规则、惯例的对外投资并购法律体系。建议加快研究制定专门的如“跨国投资并购法”等法律法规。该法应当明确政府部门在投资并购方面的管理职能、权限，同时规定中国企业对外投资并购的权利和义务，作为企业进行对外投资并购的指导性法规。

（二）利用国际规则，签订双边协议

应当抓紧与尚没有签订双边投资协议的国家进行这方面的商签工作以确保我国企业在世界各地的投资利益得到保障。加强多边、双边经贸磋商，减少和排除各种境外投资壁垒。例如，签订投资保护协定、避免双重征税协定、司法协助协定、经济合作协定、贸易投资协定、社会保险协定等政府间协定，为我国企业跨国投资并购创造良好的外部环境。[③]

---

①伊文媛：《论实施“走出去”战略中政府的作用》，南京师范大学硕士学位论文，2004。
②伊文媛：《论实施“走出去”战略中政府的作用》，南京师范大学硕士学位论文，2004。
③卢娜：《论跨国并购与我国企业“走出去”战略》，对外经济贸易大学硕士学位论文，2003。

（三）加强整体规划和政策指导

政府应做好境外投资的整体规划，明确指导思想、发展目标和发展重点，要本着优势互补、讲求效益、统筹规划、合理布局的指导方针定期选定和公布海外投资的重点鼓励行业。要为企业创造货物运输、资金进出、人员往来信息服务等后勤方面的有利条件。从全国的高度指导企业的对外投资行为，可以避免企业因短视造成的盲目投资，可以帮助企业及时获取信息，还可以帮助企业解决投资过程中非核心的诸多问题，有利于中国整体对外投资的有序和讲求效率。

（四）完善审批、管理监督体制

合理划分和调整有关部门的职能，建议将有关审批权限统一于由某一部门或专设部门，简化程序，避免重复审批，加快审批效率。①同时，针对不同企业实行分类管理，加强总体规划，使政策、监管落到实处。同时，明确发展目标和重点，引导企业进行正确选择。

（五）加强信息收集，建立信息实时更新体系

政府通过各种途径收集信息，解决企业信息不足的问题。例如，可以通过有关媒体向企业提供政府出版物、研讨会成果等信息，便于企业了解最新的信息动态；政府牵头组成官员、企业家考察团外出考察、接待来访团体。政府定期收集有关东道国最新经济状况、法律法规等内容，并编制如“海外投资环境报告”等材料供企业参考。②同时，可以在重点投资国设立办事处，研究当地市场情况并及时将信息反馈回国内的信息咨询服务系统，由相关部门指导企业进行投资并购活动。③

（六）注重人才培养

人才是最宝贵的财富、资源。从国家层面上讲，如何正确引导和推动跨

①张玲群：《企业“走出去”战略中政府的角色研究》，中南大学硕士学位论文，2007。

②伊文媛：《论实施“走出去”战略中政府的作用》，南京师范大学硕士学位论文，2004。

③刘英奎：《中国企业实施“走出去”战略研究》，中国社会科学院研究生院博士学位论文，2003。

国投资并购是一项复杂的系统性工程，必须要有大量的专业人才作为支撑。政府可以通过公共教育等形式提供大规模的、系统性的人才培养体系。同时，建立完善的国际吸收模式，吸引紧缺人才。

三、结语

我国正处于经济发展的新阶段。伴随着“一带一路”、亚洲基础设施投资银行的步伐，我国企业对外进行直接投资并购的时机已经成熟。其中，发挥政府在跨国投资并购中的作用是关键，必须始终坚持完善政策法规的制定，不断完善管理职能，以更为积极的姿态推动我国企业跨国并购的发展。

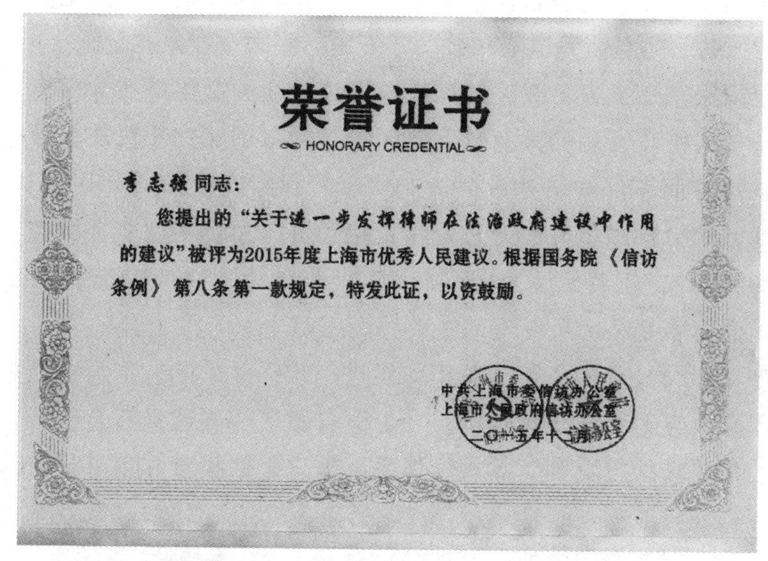

荣誉证书

HONORARY CREDENTIAL

李志强同志：

您提出的“关于进一步发挥律师在法治政府建设中作用的建议”被评为2015年度上海市优秀人民建议。根据国务院《信访条例》第八条第一款规定，特发此证，以资鼓励。

中共上海市委信访办公室

上海市人民政府信访办公室

二〇一五年十二月

上海自贸区跨境并购新机遇

李志强　田孝明

2014年3月，为深入贯彻党的十八大和十八届二中、三中全会精神，国务院发布《关于进一步优化企业兼并重组市场环境的意见》（国发〔2014〕14号）明确指出，简化海外并购的外汇管理，改革外汇登记要求，进一步促进投资便利化；引导企业开展跨国并购；落实完善企业跨国并购的相关政策，鼓励具备实力的企业开展跨国并购，在全球范围内优化资源配置；规范企业海外并购秩序，加强竞争合作，推动互利共赢；积极指导企业制定境外并购风险应对预案，防范债务风险；鼓励外资参与我国企业兼并重组。

随着国家“走出去”战略的推广及实施，在国家促进兼并重组、放松对上市公司重组行政管制的大背景下，中国并购市场2014年再次呈现爆发性增长。根据国家商务部的统计数据，2014年，我国境内投资者共对全球156个国家和地区的6128家境外企业进行了直接投资，累计实现非金融类对外直接投资6320.5亿元。以美元计，全年累计实现非金融类对外直接投资1028.9亿美元，同比增长14.1%。

2015年4月8日，国务院《关于印发进一步深化中国（上海）自由贸易试验区改革开放方案的通知》强调，在上海自贸区率先建立符合国际化、市场化、法治化要求的投资和贸易规则体系，推进外商投资和境外投资管理制度改革。

上海自贸区作为国家改革开放的排头兵、创新发展的先行者，不断推进金融创新，实现境外投资的便利化。截至2015年9月底，中国企业通过上海自贸区累计对外投资184亿美元，其中2015年投资额同比增长2倍，累计对外投资项目607个。①上海自贸区正成为中国跨境投资的最佳平台。

①是冬冬、胡苏敏：《上海自贸区投资规模成倍增长，累计对外投资超180亿美元》，载《东方早报》，2015-09-29。

目前，中国跨境并购市场的体量相比于中国经济总量和产业整合需求还较小。与此同时，国内经济面临下行风险，在国家政策的鼓励下，通过跨境并购来解决国内产能过剩和发展乏力，必然是未来几年上市公司及非上市公司发展的主旋律。跨境并购有利于完善综合能力，克服短板效应，迅速打入市场核心圈，为客户提供全产业链、全过程服务。而上海自贸区金融开放创新的丰富性和广泛性必将激发跨境并购市场的活力，为跨境并购创造新的机遇。

一、跨境并购的定义及特点

（一）跨境并购的定义

一般认为，并购概念源于英文Merger and Acquisition（M和A）的译文。由于我国民商法源于大陆法系，在我国现有的民商类法律中尚无并购的概念，只是在部门规章如《关于外国投资者并购境内企业的规定》明确使用了并购概念。若并购在不同国籍的企业之间进行，则称之为跨国并购或跨境并购。国际权威组织如国际货币基金组织关于跨境并购的定义为：通过兼并或收购国外企业或公司的股权达到一定比例以上获得企业控制权，从而获得这个企业持久的生产和经营利益。在此基础上，国内也有学者解释过跨境并购这个概念。如史建三先生在其著作《跨国并购论》中指出，跨境并购是指一国企业为了某种目的，通过一定的渠道和支付手段，将另一国企业的整个资产或足以行使经营控制权的股份收买下来。①

结合跨境并购法律实务，本文讨论的跨境并购一般指中国境内企业对境外企业进行的资产收购或股权收购的行为。

（二）跨境并购的特点

在法律实务当中，跨境并购一般具有如下特点。

①吴伟央、贺亮、邱智源：《跨国公司并购法律实务》，北京，法律出版社，2007。

1. 跨境并购是一项较为复杂的交易结构设计。考虑到投资者保护、税务筹划、未来资产处置的灵活性等因素，跨境并购往往会通过设计一层或多层SPV的交易架构以实现其商业目的。

2. 存在较高的不确定性及潜在风险。影响并购交易成功的因素包括技术、估值、法律变化、政府审批、第三方同意、竞争对手等，交易完成进度也存在不确定性，与此同时，相应伴随着商务、政治、财税、技术、法律等风险。

3. 难度较大，对参与人员的专业水平要求较高。跨境并购交易金额较大、资金支付过程较为复杂、交易环节较多、涉外性较强等特点往往带来交易进度控制的难度。在交易过程中，口头及书面的沟通一般以英文为主，且并购交易各方存在文化差异等情形，对参与并购的人员的语言沟通、综合协调、文化差异理解等能力提出了较高的要求。

二、跨境并购的常见交易模式及基本流程

（一）跨境并购的常见交易模式

除根据并购标的可分为资产并购或股权并购外，在中国的法律实务中，跨境并购根据收购方主体类型不同，可分为上市公司跨境并购及非上市公司跨境并购。相比于非上市公司跨境并购，除一般流程外，上市公司还应受到中国证监会相关规定的监管，如若购买资产数额达到规定的比例，应根据《上市公司重大资产重组管理办法》等规定履行相应的程序。

在选择合适的境外投资主体后，另一个重要考量是控股架构的设计与搭建，根据实际情形的不同，可选择直接控股型或间接控股型架构。

直接控股型即境内主体直接对境外进行投资，较为简便，缺点是投资灵活性较低、获得境外投资收益及投资退出时受国内税收影响等。

间接控股型需先建立境外SPV，再进行海外投资。其优点在于投资灵活度较高，便于资产处置，海外资金调拨限制较少，有机会利用税收协定降低股息红利的整体税务成本，投资退出的税务影响主要集中在境外公司层面等。根据境外的具体税务环境，可以在香港、开曼群岛、英属维尔京群岛等地设

置单层或多层SPV。

除上述以境内企业或其境外子公司直接作为跨境收购方主体外，为避免中国企业身份直接暴露，国际通行的做法一般以PE作为收购方主体，借助其专业化、市场化、国际化的优势完成跨境并购。上海自贸区目前也允许PE利用自贸区平台赴境外设立投资平台，再寻找合适的境外项目开展投资合作。

在弘毅投资收购PPTV的案例中，便采用了上述方式。首先在自贸区内设立投资主体，再由投资主体成立PE基金，募集资金用于投向境外项目，而后在海外设立跨境投资平台（PE），最后，进行境外投资备案申请，向已经设立的海外PE汇出资金并完成并购。通过上述方式，可以避免暴露国内收购主体的身份，以PE身份参与跨境并购。

在境内企业跨境并购的过程中，支付手段一般以现金收购为主，股权支付为辅。这主要是考虑到若以股权作为支付手段，需要履行中国境内关于外资并购的相关程序，从而对并购的方案设计、时间安排等造成较大的不确定性。在支付的资金来源方面，除通过PE融资外，境内企业也可通过债权融资，如银行并购贷款、债券发行等方式募集资金，但可能需要借助内保外贷等方式提供相应的担保。

（二）跨境并购涉及的流程及主要内容

一般来说，跨境并购的整个流程可主要分为初始准备、尽职调查及初步协议、谈判并签订正式交易文件、正式交割、交割后期价款调整、索赔及后续整合与运营等阶段。

首先，在初始准备阶段，需要寻找并确定标的公司，与标的公司初步接洽并签订保密协议及并购意向书，就此次并购事宜拟定时间表。

其次，并购方需要组建公司内部的专业团队，包括技术、商务、法律、财务、税务等人员，同时视交易的需要，团队还需聘用相应专业的外部顾问，包括但不限于投行、会计师事务所、律师事务所、技术服务公司、人力资源顾问、公关公司等。完成尽职调查后，视情况设计全面的并购交易方案，起草并购协议文本。

之后，交易各方需要就并购协议文本进行谈判修改并予以签署。在并购协议文本签署后，需要尽快履行交易各方所在国的政府核准程序，以满足协议生效的先决条件。

完成正式交割后，针对过渡期内发生的情形，相应调整并购价款，若发生并购协议约定的索赔情形，权利方有权主张相应赔偿。

最后，并购流程基本结束，标的公司进入后续整合及运营等阶段。

三、上海自贸区对跨境并购的意义

截至目前，上海自贸区推出了包括自贸区跨境投资备案、跨境人民币借款、分账核算体系等在内的一系列金融创新措施，为区内企业跨境并购创造了巨大的便利条件。而仲裁机制的创新，也有助于高效解决争议，必将为实现上海自贸区国际化和法制化“营商环境”提供强有力的保障。

（一）简化审批流程，开放对外投资

目前，中国境内企业对外投资主要适用的法律法规为发展改革委颁布的《境外投资项目核准和备案管理办法》及商务部公布的《境外投资管理办法》。即境内企业在进行对外投资前，需要根据投资项目的实际情形分别向发展改革委（或省级政府发展改革部门）和商务部（或省级商务主管部门）履行核准或备案程序。在以往的跨境并购中，需要向发展改革委、商务部等主管部门分别办理核准或备案手续，耗时较长，而在很多跨境并购的交易机会面前，对于中国境内政府审批的时间及结果的不确定性，境外交易方往往心存顾虑。中国境内企业有时不得不提高价格加价来换取交易机会，而境外交易方有时也会要求支付因境内审批原因未能成功实现交易的补偿金，从而增加境内企业的交易风险和成本。

而在上海自贸区内，上述问题得到了有效解决。目前，上海自贸区境外投资主要适用《中国（上海）自由贸易试验区境外投资开办企业备案管理办法》及《中国（上海）自由贸易试验区境外投资项目备案管理办法》。与此同时，自贸区管委会将同时作为权限内企业境外投资项目和境外投资开办企业的备案机关。对3亿美元以下的境外投资项目，一律实行备案，所有备案信息只需一次填写、一表申报，简化工作量，在5个工作日内就可以完成境外投

资备案。

弘毅投资便通过自贸区跨境投资平台，成功从上海自贸试验区向外投资1.86亿元，与苏宁电器共同收购注册于英属维京群岛的PPTV项目控股股东的股权，成为试验区私募股权投资基金“出海”第一单。随后，弘毅投资又陆续完成了向美国STX公司的投资及全资收购英国餐饮品牌Pizza Express的项目。

（二）加速资金流转，便利结算方式

2013年12月2日，中国人民银行发布《关于金融支持中国（上海）自由贸易试验区建设的意见》，明确简化直接投资外汇登记手续。将直接投资项下外汇登记及变更登记下放银行办理，加强事后监管。在外汇管理方面，上海自贸区内企业在获得境外投资备案文件之后，可以直接到商业银行办理外汇登记手续，向境外汇出资金，大量节省了跨境并购的时间成本。而上海自贸区这一外汇直接投资的新政也由国家外汇管理局通过2015年《关于进一步简化和改进直接投资外汇管理政策的通知》推广至全国。

2014年5月，中国（上海）自由贸易试验区分账核算业务实施细则（试行）及《中国（上海）自由贸易试验区分账核算业务风险审慎管理细则（试行）》正式公布，1年以后，2015年 4月22日，中国人民银行上海总部发布《关于启动自由贸易账户外币服务功能的通知》，标志着与跨境并购相关的具有最大创新性的政策——提供本外币一体化服务的自贸区分账核算体系正式建立。

分账核算体系的核心为企业在自贸区内开设的自由贸易账户（FTA）。FTA可以与境外账户、境内区外的非居民机构账户，以及其他自由贸易账户之间进行资金划转。目前外币划转也被允许，且不限于划转至同一公司境外账户，几乎实现区内和境外的“资本项开放”。在FTA开立后，这一账户与境外公司的资金划转将基本不存在任何障碍，本外币划转也不再局限于特定业务、特定模式。对于区内企业境外投资而言，这是境外投融资收付汇兑渠道与方式的大幅突破与创新。例如，以参与国际竞标为例，依托账户提供的便捷服务，企业只需发出一个支付指令，银行即可依据账户协议自动为其以

人民币或兑换成所需要的货币实现对外支付，而无须在不同规则下管理多类账户、签发多个指令。区内主体的资金使用效率和快捷程度可以大幅提高。①

2014年，上海腾瑞制药有限公司通过其在自贸区内设立的子公司以850万美元收购美国某知名药企旗下厂房及土地，境外药企限定在收购合同签署后的10个工作日内款项必须到位。该企业在首先取得自贸区管委会核发的《企业境外投资证书》后，在银行开立FTA，最终在合同限定期限内，顺利将850万美元通过FTA成功汇往境外，完成了自贸区医疗企业第一单跨境并购。

（三）拓宽融资渠道，降低融资成本

2013年，中国银监会发布《关于中国（上海）自由贸易试验区银行业监管有关问题的通知》，鼓励开展跨境投融资服务。支持区内银行业金融机构推进跨境投资金融服务，包括但不限于跨境并购贷款和项目贷款、内保外贷、跨境资产管理和财富管理业务、房地产信托投资基金等。

自贸区的金融创新，为区内企业进行跨境并购拓宽了融资渠道。从保监会对自贸区的支持便可见一斑，“支持在自贸区内试点设立外资专业健康保险机构”、“支持国际保险中介机构及从事再保险业务的社会组织和个人在自贸区开展相关业务”，这两大吸引外资机构的政策，将可能为自贸区带来数量更多、更有经验的机构投资者。同时，对于外资银行等机构准入的开放，也将产生类似的效果。

2014年2月，中国人民银行上海总部发布《关于支持中国（上海）自由贸易试验区扩大人民币跨境使用的通知》，进一步限定了跨境人民币借款的业务范围。对于自贸区内企业而言，进行境外借款必须符合以下原则。

1. 账户使用。在上海地区的银行的任意网点开立专用存款账户（活期计息），而非自由贸易账户。

2. 借用境外人民币资金规模。按余额计，上限不得超过“实缴资本×1×宏观审慎政策参数”（双向资金池及贸易信贷不计入）。

①乔加伟：《自贸区分账核算细则解读》，载《21世纪经济报道》，2014-06-15。

3. 资金使用范围。必须支持实体经济，符合国家宏观调控，符合经营范围，只能用于区内或境外，包括区内生产经营、区内项目建设、境外项目建设等。

4. 借用期限。1年以上（含1年）。

5. 利率。双方在商业、合理的基础上议定。

从目前区内银行的跨境人民币借款业务开展来看，多数是中资银行与其境外分行联动，由中资银行的境外分行向境内企业提供资金。①

2014年3月，上海现代设计集团便通过其在上海自贸区设立的子公司上海艺卡迪投资发展有限公司并购位列全球酒店餐饮室内设计领域三甲的美国威尔逊室内设计公司，这也是上海国企依托上海自贸区开展跨境收购的率先尝试。此项并购中，上海现代设计集团通过在自贸区设立的投资平台获得了工商银行自贸区分行提供的跨境并购外币贷款，享受到了和境外市场一样低的利率。

截至2014年5月底，自贸区企业已完成跨境人民币境外借款45笔，共计101亿元。自贸区内企业在通过银行进行低成本融资方面，不乏成功案例。工商银行上海市分行以某企业自由贸易账户存款为质押担保，为该企业境外非居民并购实体的FTN账户发放并购贷款，用于境外收购；中国银行上海市分行、中国银行法兰克福分行为某自贸试验区企业安排了总金额2亿欧元的银团贷款，用于其向境外支付港口使用费；浦发银行自贸试验区分行为某企业的境外子公司FTN账户发放6亿元并购贷款，支持其收购一家加拿大上市公司；交通银行自贸试验区分行为一家知名互联网企业设立在自贸试验区内的投资管理公司的境外子公司发放了一笔1亿美元的离岸贷款，支持其境外并购项目的股权转让款。

（四）创新仲裁机制，高效解决争议

《中国（上海）自由贸易试验区条例》明确，本市依法设立的仲裁机构应当依据法律、法规并借鉴国际商事仲裁惯例，适应自贸试验区特点完善仲

①陈晓奕：《自贸区一周年外投创新落地全盘点》，载《中国外资》，2014（19）。

裁规则，提高商事纠纷仲裁的国际化程度，并基于当事人的自主选择，提供独立、公正、专业、高效的仲裁服务。

随着自贸区对外开放的不断加强，在跨境并购领域，自贸区的商事主体将遇到更多专业性、国际性的法律争端，需要更具国际水准的专业人员处理争端，提供法律保障。鉴于仲裁具备高效、保密、意思自治、国际上便于承认执行等特点，对于涉外民商事活动的当事人，往往更倾向于选择独立的、非官方的、可以外语作为仲裁语言的、由众多不仅精通法律而且在不同行业具备丰富经验的仲裁员组成的仲裁机构作为争端解决管辖机构。

2013年10月22日，上海国际经济贸易仲裁委员会（上海国际仲裁中心）“中国（上海）自由贸易试验区仲裁院”正式成立。2013年11月26日，中国（上海）自由贸易试验区仲裁院在自贸区内首次开庭。2014年 5月1日，上海国际经济贸易仲裁委员会《中国（上海）自由贸易试验区仲裁规则》正式生效施行。

《中国（上海）自由贸易试验区仲裁规则》吸纳和完善了诸多国际商事仲裁的先进制度。如完善了“临时措施”并增设了“紧急仲裁庭”制度；突破了当事人选定仲裁员的“名册制”限制，确立了仲裁员开放名册制；细化了“案件合并”、“其他协议方加入仲裁程序”及“案外人加入仲裁程序”等制度；通过设立仲裁庭组成前的调解员调解程序，进一步完善了“仲裁与调解相结合”的制度；进一步强化了仲裁中的证据制度；纳入了“友好仲裁”制度；增设了“小额争议程序”，降低了相应的仲裁收费等九项创新举措。这一“几乎与国际接轨”的仲裁规则，能更好地为境内外当事人提供更为公正、专业、便捷、高效的仲裁法律服务，有助于发挥仲裁自身的优势，高效解决争议。①

而作为上海国际经济贸易仲裁委员会的司法审查单位，上海市第二中级人民法院也于 2014年 5月4日颁布了《关于适用〈中国（上海）自由贸易试验区仲裁规则〉仲裁案件司法审查和执行的若干意见》，为《中国（上海）自由贸易试验区仲裁规则》的实施提供了强有力的司法保障。至此，上海自贸

①张贵志：《首部自贸区仲裁规则九大创新》，载《法制周末》，2014-04-09。

区已经构建了一个自贸区仲裁机构、一部自贸区仲裁规则、一个涉自贸区仲裁规则的司法审查意见三位一体的自贸区仲裁机制。①

四、如何更好地利用上海自贸区平台实现跨境并购

在上海自贸区为跨境并购创造的新机遇面前，我们同样需要关注如何更好地发挥上海自贸区的作用，如何尽可能防范跨境并购的风险。

目前，上海自贸区在税收政策方面，并不属于“政策洼地”，而在跨境并购领域，也无新的税收优惠措施出台。值得关注的是，针对境外投资获得的收益，上海自贸区应积极与国家税务部门沟通，研究完善适应境外股权投资和离岸业务发展的税收制度，例如境外投资所得抵免方式的实施细则，这不仅是税收优惠政策，而且提升到了税收制度的改革层面。

在跨境并购的支付方式方面，目前境内企业主要以现金为主，较为单一，而国际市场大多采用股权或股权加现金的混合方式。考虑到境内企业以股权作为支付方式进行跨境并购，涉及外资并购的产业准入及审批流程问题，而对于境内上市公司而言可能构成发行股份购买资产需要履行证监会的审批程序，从而对跨境交易造成影响，建议上海自贸区进一步研究推动跨境并购过程中的多元化支付手段，一定程度上松绑外资并购等相关审批流程，与国际规则接轨。

机遇面前，挑战同样并存。鉴于跨境并购存在较大风险，我们仍需关注其风险的防范方式，以更好地保障境内企业的合法权益。

在跨境并购的过程中，境内企业往往缺乏对标的公司所在国家投资法律环境的全面尽职调查。除常规的尽职调查，如业务、财务、法律等方面的尽职调查以外，尤其要注意以下方面的尽职调查，如所在国的商业、法律、税务环境，环保方面的法律和潜在负债，员工方面的法律法规和潜在负债，要深刻理解被收购方的企业文化，注意任何潜在的负债和现金支出，包括未决的诉讼、资本性的承诺等方面的问题。

①袁杜娟：《上海自贸区仲裁纠纷解决机制的探索与创新》，载《法学》，2014（9）。

政治风险，如国有化、征收、政府违约、外汇管制等情形，虽然发生频率不高，但仍需要特别关注。境内企业首先要熟悉标的公司所在国政府的政策，一方面在合同中对政府违约的情形、违约后的救济措施进行详细的约定，另一方面通过向保险机构购买保险的方式降低风险。

此外，劳动用工风险往往是较容易被忽视的。境内企业进行跨境并购，特别是面对劳动力密集型企业，境内企业要考虑遵守当地的劳动法律制度、社会保险制度。且国外与境内不同，工会组织势力强大，某些交易可能需要得到当地工会组织批准，在交易过程中很可能需要与工会组织进行谈判，对工作环境、员工福利等变动进行协商，可能导致交易成本提高。

因此，在上海自贸区现有金融创新的基础上，仍需进一步建立与国际接轨的机制，与此同时，深刻认识并有效防范跨境并购的风险，方能使跨境并购在上海自贸区内迸发出更大的能量。

五、结语

作为国家层面主动应对全球形势深刻变化、统筹国内国际两个大局作出的重大战略决策，建设“一带一路”必将进一步促进境内企业的跨境并购活动。伴随“一带一路”建设，未来将涌现出更多中国企业，通过跨境并购、海外投资等在全球范围内配置生产要素，成为大国经济的中流砥柱。

2015年6月9日，上海市委常委、常务副市长屠光绍在“一带一路”背景下企业国际化和跨境并购圆桌会议上表示，“一带一路”战略为上海进一步开放创造了非常好的机会，上海要从激活主体、搭好平台、强化支撑三个方面努力推进：第一，上海的企业要发挥好企业国际化和跨境并购的主体作用。第二，上海自贸区要搭建好企业国际化和跨境并购的重要平台。第三，上海城市的发展要为企业走出去承担好重要的支撑功能。

作为我国顺应全球经贸发展新趋势，创新对外开放战略的一项重大举措，上海自贸区的战略意义不言而喻。而在上海自贸区的多方面改革创新当中，金融创新则是重中之重。可以预见，上海自贸区不断完善的金融创新措施，必将进一步激活境内企业跨境并购的动力，打造便利高效的跨境并购平台，为跨境并购创造新的机遇。

在我国法律背景下上市公司股份并购与反并购的实践策略

罗雪花

全球并购市场风起云涌，中国并购市场更是屡创新高。2015年底，万科宝能股权争夺的世纪并购大战更加牵动了资本市场每个人的神经。在资产价值被低估的背景下及我国现行法律制度框架下，如何打赢一场漂亮的反并购之战，是诸多公司及股东和管理层需要研究的重大课题。

以目标公司董事会/管理层的意愿和态度为标准，对目标公司的收购可以分为友好收购和敌意收购。如果收购符合董事会的意愿并在其配合下进行，就称之为友好收购，反之则称之为敌意收购。

目标公司的反收购不是一个抽象的概念。细分析，一家目标公司的反收购力量主要来自三个方面：一是目标公司的管理层；二是目标公司的控股股东；三是目标公司的员工及其组织代表即工会。由于目标公司的董事会多由控股股东入主，而目标公司经理人员又由董事会聘任，因此，目标公司的管理层和它的控股股东在对待收购的态度上往往是意见一致、二位一体的。但不全然是这样。目标公司的管理层往往会从个人的利益动机出发而不是从公司发展及股东利益出发去反收购。

不同的目标公司，不同的反收购力量，其反收购动机各不相同。归纳起来，反收购的原因主要有以下几种：（1）控股股东不愿意失去控股地位；（2）公司现股价低估了公司的实际价值，买方的收购条件不符合“等价交换”法则，不利于公司股东；（3）通过反收购以便提高收购价格，为公司现股东争取更优惠的股权转让条件；（4）认为收购无助于公司状况的改善或不利于公司的长远发展；（5）管理层为保住其个人职权地位、薪酬待遇，或为了面子尊严而反收购等。

在市场经济发达的西方，发展起来了许多反收购方法，其中美国堪称反收购措施的集大成者。美国的反收购措施大多有着生动且极具概括力的名称，较为常见的有“驱鲨剂”条款、“毒丸”计划、“金降落伞”协议、“讹诈赎金”、“皇冠之珠”、“焦土策略”、“锁定”安排、“白衣骑士”等。这些措施有的是针对已经出现或迫在眉睫的特定敌意收购而采取的对抗措施，如“白衣骑士”，有的是针对潜在的不特定敌意收购而采取的防御措施，如“驱鲨剂”条款。无论这些策略在细节上存在多少变数，它们的目标是一致的：增大敌意收购者的收购成本或增大其在收购成功后控制目标公司的难度，减少乃至消除目标公司对于敌意收购者的吸引力。国内在借鉴这些方法的基础上，也应积极创造新的反并购策略。在我国法律背景下，主要的反并购措施可以采取以下几种。

一、建立“合理的”持股结构

收购公司的关键是收购到“足量”的股权。一个上市公司，为了避免被收购，应该重视建立这样的股权结构，在该种股权结构中，公司股权难以“足量”地转让到收购者的手上。建立这种股权结构，其做法主要有以下几种：

1. 自我控股。自我控股即公司的发起组建人或其后继大股东为了避免公司被他人收购，取得对公司的控股地位。自我控股分为两种情况：第一种情况是在一开始设置公司股权时就让自己控有公司的“足量”股权。第二种情况是通过增持股份加大持股比例来达到控股地位。自我控股又有控股程度的差别。自我控股如果达到51%的比例，那么敌意收购不再可能发生，收购与反收购问题不复存在。一般地说，在股权分散的情况下，对一个公司持有25%左右的股权就能控制该公司。但从理论上说，只要持股比例低于50%，敌意收购就有可能发生，公司就要面临反收购问题。一个股东对自己控制的上市公司持股比例越大，该上市公司被收购的风险就越小，当持股比例大到51%时，被敌意收购的风险为零。那么在51%以下，该持股多少比例才为最佳点位呢？这要视控股股东及目标公司的具体情况而定。持股比例太小，难以收到“足够”的反收购效果；持股比例太大，则会过量“套牢”资金。合适的持股比例点位应是这两方面的平衡点。

2. 交叉持股或相互持股。关联公司或关系友好公司之间相互持有对方股权，在其中一方受到收购威胁时，另一方伸以援手。比如A公司购买B公司10%的股份，B公司又购买A公司10%的股份，它们之间达成默契，彼此忠诚相互保护。在A公司沦为收购靶子时，B公司则锁住A公司的股权，加大收购者吸纳“足量”筹码的难度，同时B公司在表态和有关投票表决时支持A公司的反收购。反之，B公司受到收购威胁时，A公司也这样。

3. 员工持股计划。一般地说，员工对公司有一种归属感，员工与公司有着紧密的利益关系，推行员工持股计划，将使员工与公司的利益关系更为密切，感情纽带更为牢固，员工对公司的归属感会更强。

二、发行特种股票

目前，世界上大多数国家允许采取双重类别股份。我国新《公司法》对于股份有限公司，严格坚持“一股一票”原则，明确规定：“股东出席股东大会会议，所持每一股份有一表决权。”虽然有学者认为把新《公司法》“一股一票”理解为补充性规则，并据此认为：“新《公司法》并不禁止公司发行表决权各不相同的双重或多重类别股份。故其中‘有一表决权’，也不应作强制性规范理解，宜理解为‘所持每一同类别的股份享有一表决权’。”但是，从我国公司法理论和实践对“同股同权”的理解与贯彻情况，以及新《公司法》仅明确规定了有限责任公司股东表决权上的补充性规则，而并未对股份有限公司作类似规定的情况看，把第一百零四条规定理解为“一股一票”是符合立法本意的。因此，从目前我国《公司法》的规定看，尚没有发行两级证券或者超级表决权股份的可能，也没有发行对股东大会决议事项行使否决权股份（包括像政府发行享有一票否决权“金股”）的可能。

三、公司章程中设置反收购条款

公司章程是公司的根本大法，它经股东大会通过后生效，效力上相当于股东达成的一个契约，对公司及股东有约束力。公司章程中的规定，公司及股东应当遵守。我国《公司法》第十一条就规定："公司章程对公司、股东、董事、监事、经理具有约束力。"出于反收购的目的，公司可以在章程中设置一些条款作为并购的障碍。这些条款被称做"驱鲨剂条款"，又被称做"反收购条款"。具体说来，这些条款有以下几种：

1. 分期分级董事会制度，又称董事会轮选制。如公司章程规定董事的更换每年只能改选1/4或1/3等。这样，收购者即使收购到了"足量"的股权，也无法对董事会作出实质性改组，即无法很快地入主董事会控制公司。但是，《公司法》规定，持有公司股份10%以上的股东请求时，必须召开股东大会，且同时规定股东大会行使下列职权：选举和更换董事；修改公司章程。既然这样，收购者可请求召开股东大会，通过股东大会先行修改公司章程中关于分期分级董事会制度的规定，然后再行改选董事。这是收购者针对分期分级董事会制度的一项有效的反制方法。

2. 绝对多数条款，即由公司规定涉及重大事项（比如公司合并、分立、任命董事长等）的决议须经过绝大多数表决权同意通过。绝对多数条款常伴随着"占据条款"，即更改公司章程中的反收购条款，也须经过绝对多数股东或董事同意。这就增加了收购者接管、改组目标公司的难度和成本。比如章程中规定："须经全体股东2/3或3/4以上同意，才可允许公司与其他公司合并。"这意味着收购者为了实现对目标公司的合并，须购买2/3或3/4以上的股权或须争取到更多的（2/3或3/4以上）股东投票赞成己方的意见。我国《公司法》规定："股东大会作出决议，必须经出席会议的股东所持表决权的半数以上通过。股东大会对公司合并、分立或解散公司作出决议，必须经出席股东大会的股东所持表决权的2/3以上通过。"这是我国《公司法》中的超多数规定。

3. 限制董事资格条款，增加买方困扰。可在公司章程中规定公司董事的任职条件：非具备某些特定条件者不得担任公司董事；具备某些特定情节者也不得进入公司董事会。这样，将给收购方增加选送合适人选出任公司董事的难度。

四、作为反收购策略的公司重组

公司重组作为一种反收购策略，可分为两类，一类是正向重组，另一类是负向重组。两类重组，都有助于消除潜在的收购威胁，也可反击正在发生的收购袭击。

先谈公司正向重组。一个公司，沦为收购的目标，自有其原因，往往是，这个公司经营管理不善，资产质量不高等致使这个公司业绩差，前景黯淡，股价低落，股东意见大，从而为他人提供了收购的契机。这种契机，主要表现在三方面：其一，股价低落，收购成本小，动用的资金量不需要太大，易于筹集。其二，股东意见大，不看好公司前景，他们愿意抛售手持股权，支持对公司的改组，这意味着：收购者易于收购到“足量”的股权，也易于争取到广大股东的支持。有了这种支持，收购者往往可以达到虽控制少量股权却能成功改组公司董事会的理想结果。其三，公司在资产、业务、管理等方面问题多，表明有待调整和改进的地方很多，公司的优化整组存在较大的空间。这种公司，一旦整组成功，其升值潜力极大。这种升值，往往带给收购者以暴利。这是引发收购袭击的主要原因。

站在反收购的立场看，公司的上述正向重整和改组行动，将达到以下效果：（1）消除收购者攻击目标公司现状的借口，为了取悦公司股东，争取舆论支持；（2）公司重整和改组，将提升资产质量，优化业务结构，在这种情况下，收购成本加大，收购涉及的金额增加，收购融资难度增大。而且，股价高到一定程度，将使收购失去其经济上的合理性；（3）取得现有股东们的支持和配合。重整和改组，能优化公司素质，改善业务前景，促进股价涨升。表明公司现任董事会和管理层有能力改善公司状况，维护股东权益，令股东们看好公司前景，他们不愿轻易转让手中股票，这意味着相当筹码“锁定”在原股东手中，收购者往往难以收到“足量”股权。

再谈公司负向重组。负向重组是正向重组的对立，指对公司的资产、业务和财务进行调整和再组合，以使公司原有“价值”和吸引力不复存在。这种重组，往往使公司的素质和前景变得更差，对公司的长远发展起着负面作用，因而称之为负向重组。在西方国家，著名的“焦土术”和“毒丸术”，即是公司负向重组反收购策略的典型代表。

“焦土术”的常用做法主要有两种：一是售卖“冠珠”。所谓“冠珠”，系“皇冠上的珠宝”的简称，即一个公司里富有吸引力和具收购价值的部分。它可能是某个子公司、分公司或某个部门，也可能是某项资产，也可能是一种营业许可或业务，也可能是一种技术秘密、专利权或关键人才，更可能是这些项目的组合。“冠珠”，是一个公司里闪光的部分，它富于吸引力，诱发收购行动，是收购者收购该公司的真正用意所在，将“冠珠”售卖或抵押出去，可以消除收购的诱因，粉碎收购者的初衷。二是“虚胖战术”。一个公司，如果财务状况好，资产质量高，业务结构又合理，那么就具有相当的吸引力，往往诱发收购行动。在这种情况下，一旦遭到收购袭击，它往往采用“虚胖战术”，作为反收购的策略。其做法有多种：或者是购置大量资产，该种资产多半与经营无关或盈利能力差，令公司包袱沉重，资产质量下降；或者是大量增加公司负债，恶化财务状况，加大经营风险；或者是故意作一些长时间才能见效的投资，使公司在短时间内资产收益率大减。所有这些，使公司从“精干”变得“臃肿”，收购之后，买方将不堪负累。

“毒丸术”的常用做法主要是两种。

一是股东权利计划。即公司赋予其股东某种权利（往往以权证的形式），该等权利（权证）的内容，主要有三类：（1）权证的价格被定为公司股票市价的2~5倍，当公司被收购且被合并时，权证持有人有权以权证执行价格购买市值两倍于执行价格的新公司（合并后的公司）股票。（2）当某一方收集了超过预定比例的公司股票后，权证持有人可以半价购买公司股票。（3）当公司遭受收购袭击时，权证持有人可以升水价格（只要董事会看来是“合理”的价格），向公司出售其手中持股，换取现金、短期优先票据或其他证券。

二是“可兑换毒债”。公司在发行债券或借贷时订立“毒药条款”，依据该条款，在公司遭到并购接收时，债权人有权要求提前赎回债券、清偿借贷或将债券转换成股票。这种“毒药条款”，往往会增加债券的吸引力，令债权人从接收性出价中获得好处。

“毒丸术”，无论各类权证，抑或“毒药”条款，在平常，皆不发生效力。一旦公司遭受并购接收，或某一方收集公司股票超过了预定比例（比如20%）。那么，该等权证及条款即可生效。

在反并购中，“毒丸术”的威力，主要表现在以下两个方面：一方面，权证持有人以优惠条件，购买目标公司股票或合并后的新公司股票，债权人依据“毒药”条款，将债券换成股票，从而“稀释”收购者的持股比例，加大收购资金量和收购成本。另一方面，权证持有人以升水价格向公司售卖手中持股，换取现金，以及债权人依据“毒药”条款，立即要求兑付债券，可耗竭公司现金，恶化公司财务结构，造成公司财务困难，令收购者在接收后立即面临巨额现金支出，直至拖累收购者自身，虑及此，收购者往往望而生畏。基于这两个方面的逻辑，收购者收购目标公司后，类似于吞下“毒丸”，自食其果，不得好报。

五、“金降落伞”

公司收购往往导致目标公司的管理人员被解职，普通员工也可能被解雇。为了解除管理人员及员工的这种后顾之忧，美国有许多公司采用“金降落伞”（golden parachute）的做法。“金降落伞”是指目标公司董事会通过决议，由公司董事及高层管理者与目标公司签订合同，规定当目标公司被并购接管、其董事及高层管理者被解职的时候，可一次性领到巨额的退休金（解职费）、股票选择权收入和/或额外津贴。该项“金降”收益视获得者的地位、资历和以往业绩的差异而有高低，如对于公司CEO（首席执行官），这一补偿可达千万美元以上。该做法就像一把降落伞让高层管理者从高高的职位上安全下来，故名“降落伞”计划，又因其收益丰厚如金，故名“金降落伞”。

从反收购效果的角度来说，“金降落伞”策略，能够加大收购成本或增加目标公司现金支出从而阻碍并购。该策略有助于防止管理者从自己的后顾之忧出发阻碍有利于公司和股东的合理并购。我国对并购后的目标公司人事安排和待遇无明文规定，引入该策略，可能导致变相瓜分公司资产或国资，损公肥私，也不利于鞭策企业管理层努力工作和勤勉尽职，宜从社会保险的角度解决目标公司管理层及职工的生活保障问题。

六、寻找“白马骑士”

所谓寻找“白马骑士”，是指目标公司在遭到敌意收购袭击的时候，主动寻找第三方即所谓的“白马骑士”来与袭击者争购，造成第三方与袭击者竞价收购目标公司股份的局面。显然，“白马骑士”的出价应该高于袭击者的初始出价。在这种情况下，袭击者要么提高收购价格，要么放弃收购。往往会出现“白马骑士”与袭击者轮番竞价的情况，造成收购价格上涨，直至逼迫袭击者放弃收购。如果袭击者志在必得，也将付出高昂代价甚至使得该宗收购变得不经济。

为了吸引“白马骑士”，目标公司常常通过“锁定选择权”或曰“资产锁定”等方式给予“白马骑士”一些优惠条件以便于充当“白马骑士”的公司购买目标公司的资产或股份。

七、刺激股价涨升

公司股价偏低是诱发收购袭击的最重要因素。在公司股价低于公司资产价值或公司潜在收益价值的时候，尤其容易诱发收购袭击。很显然，提高股价一方面可以消除或曰弱化收购诱因，稳定原有股东持股的信心，另一方面可加大收购成本，迫使收购者从成本—收益法则考虑放弃收购企图。退一步说，即便袭击者坚持收购，目标公司股东也能获得一个较高的价格。如果袭击者放弃收购，提高股价也有益于提升公司形象，有利于股东的资本利得和公司再筹资。所以，刺激股价涨升是目标公司常用的一种防卫策略。

刺激股价涨升的主要方法：（1）发布盈利预测，表明公司未来盈利好转。（2）资产重新评估，体现评估增值。资产重估方法要依会计制度不同而作取舍。在资产采用经折旧的历史成本来估价的财会制度中，资产的价值反映到公司账面上往往会处于被低估的状态。这时，用资产重新评估的办法可立即反映出资产增值，对刺激股价常常能起到显著效果。但在实行现行成本会计制度的情况下，在公司定期对其资产进行重估并把结果及时编入资产负债表的情况下，运用资产重估方法就很难得出资产升值的结论。（3）增加股利分配。（4）发表保密状态下的开发研究成果等对股价有利的消息。（5）促成多家购并者竞价争购哄抬股价。

八、管理层收购

为了避免公司落入他人手中，目标公司的管理层将目标公司收购为己有。其主要方式有两种：一是管理层杠杆收购，即公司管理层以公司的资产或未来收益作担保向银行借贷从而融资买入自己所管理的公司，以此保持对公司的控制权。二是资本重组方式，即将公司的资本总额降低，相对地提高管理层对公司的持股比例。由于公司总股本的减少，管理层持股在绝对量不变的情况下相对量增加，从而实现对目标公司的控制权。由于管理层深知公司的情况，能够对收购的利弊得失作出较好的判断，所以管理层收购（MBO）一度成为普遍运用的公司收购方式。从反收购的意义上说，与外来袭击者相比，管理层对目标公司收购有近水楼台之便。

The New Regulation on Material Asset Reorganizations of Listed Companies

李志强　张摩西

On October 23, 2014, the China Securities Regulatory Commission published the Administrative Measures for the Material Asset Reorganizations of Listed Companies, which simplifies administration of the material asset reorganisation of listed companies, perfects the classified approval system, strengthens information disclosure and intermediaries' responsibilities and implements the gradual return to marketization of M&A and reorganisations. This article discusses these provisions and their implementation.

Background

The Administrative Measures for the Material Asset Reorganizations of Listed Companies (the Measures for Reorganizations), first enacted on April 16, 2008 and later revised on August 1, 2011, is the general formal provision to regulate material asset purchases and the sale or trading of assets in other ways beyond routine operations, of listed companies and their holding or controlling companies. Asset purchases by means of stock issuance of listed companies must comply with the relevant provisions of the Measures for Reorganizations.

On March 17, 2014, the State Council enacted the Opinions of State Council on further Optimizing Market Environment of Enterprise Merger and Restructuring (Circular 14). Subsequently, on May 8, 2014, the State Council enacted the several opinions of State Council on further promoting healthy development of

capital market （Circular 17）. Circular 14 points to a gradual decrease in relevant administrative approvals for enterprise mergers and restructuring， an increase in approval efficiency， a further perfecting of the market system and a gradual elimination of market barriers. Circular 17 encourages market–oriented M&A and restructuring， fully articulates the role of capital markets in the process of enterprise M&As and restructuring， strengthens property rights pricing and the trade functions of the capital market， broadens M&A financing channels， enriches M&A payment methods， displays respect for the autonomous decisions of enterprises， encourages various types of capital funds to participate in M&As fairly， eradicates market barriers and industry segmentation， and realises the smooth transfer across regions of ownership， property rights and control rights of companies.

In order to implement the spirit of Circular 14 and Circular 17 and taking into consideration practical need and market opinions， the Securities Regulatory Commission revised the Measures for Reorganizations， published the Administrative Measures for the Material Asset Reorganizations of Listed Companies （the New Measures for Reorganizations） on October 23， 2014， which becomes effective on November 23， 2014.

An Interpretation of the Main Revised Content

The New Measures for Reorganizations implement the programme of Circular 14 and Circular 17， further simplify governmental administration in relation to the material asset reorganisations of listed companies， perfect the classified approval system， further strengthen information disclosure in the process of reorganisations， reinforce government supervision during and after the course of enterprise M&As， urge intermediary organisations to be in place and responsible， make M&A and reorganisations gradually return to marketisation and realise the "Survival of the Fittest" M&A and reorganisations mechanism.

Compared with the Measures for Reorganizations， the New Measures for Reorganizations implement bold and substantial improvements and these improvements are mainly reflected in the following aspects discussed below.

1.Perfecting the Classified Approval System

According to the provisions of the Measures for Reorganizations, trade which is in accordance with the regulation standard and conforms to the material asset reorganisations provisions must be submitted to the Securities Regulatory Commission for approval, and that which leads to the alteration of controlling rights of listed companies and other similar circumstances, must be submitted to the sub-committee in charge of M&A and reorganisations for approval. The New Measures for Reorganizations cancels the requirement for approval of material asset reorganisations other than back door listings and strengthens the regulation of this type of asset reorganisations, mainly through the reinforcement of information disclosure and checks on intermediary organisations, to further increase the trade efficiency of material asset reorganisations of listed companies. However, according to article 44 of the New Measures for Reorganizations, for listed companies to issue shares to purchase assets, the compilation of a pre-arranged planning and asset report regarding the issuance of shares to purchase assets is required and must be reported to and approved by the Securities Regulatory Commission due to the need for shares issuance during the transaction.

In contrast to the above lowering of the approval requirement, the New Measures for Reorganizations further specify the standards for back door listings and require that asset reorganisations which constitute back door listings shall be reported to and approved by the sub-committee of M&A and reorganisations of the Securities Regulatory Commission. In addition, the corresponding business entity that will be purchased by listed companies on the main board and small and medium-size enterprises board shall comply with the issuance conditions stipulated by the Measures for the Administration of Initial Public Offering and Listing of Stocks (Order 32 of the Securities Regulatory Commission) while listed companies on the growth enterprises market may not conduct back door listings. Compared to the

previous Measures for Reorganizations that required the corresponding business entity of purchased assets to operate a business for three years and have an accumulated net profit of more than RMB 20000000 in the past two accounting years, the New Measures for Reorganizations are much stricter and equal the requirements of Initial Public Offerings. Furthermore, the new regulation specifies that the seller of a listed company' s asset purchase can be the purchaser or their affiliated party, which includes the purchase circumstances that appeared in practice.

The New Measures for Reorganizations also add share exchange mergers by absorption to the scope of regulation and the relevant provisions regarding issuance of shares to purchase assets in the new regulation also apply to it.

The implementation of the classified approval system in the New Measures for Reorganizations and the substantial revision to cancel the approval for material asset purchases, sales and replacement of listed companies narrows down the approval scope of regulatory authorities for material asset reorganisations of listed companies, speeds up approval efficiency, further encourages listed companies to hold more capital when conducting an M&A and to increase their capital usage efficiency.

2.Simplification of Administrative Measures and Lowering of Certain Standards

The New Measures for Reorganizations simplify many of the copy and report obligations to the Securities Regulatory Commission and its dispatched office in the process of asset reorganisations of listed companies, alters the original copy and report obligations to an information disclosure mechanism, therefore providing more information to market investors for their reference. For example, the original stipulation required that listed companies shall disclose documents and file a copy with the dispatched office of the Securities Regulatory Commission in the place where the listed company is located after the board of directors made a resolution on material asset reorganisation and submitted written reports to the Securities Regulatory Commission and its dispatched office after the implementation of the reorganisation strategy. These original stipulations have been cancelled by the New Measures for Reorganizations.

Secondly, the New Measures for Reorganizations cancel the mandatory requirement for listed companies to provide a profit forecasting report and alters it to a stipulation that in the material asset reorganisation report, the board of listed companies must provide a detailed analysis of the influence of this trade on its continuous operation capability, future development prospects, earnings per share in the present year and several financial indicators and non-financial indicators of such listed companies. In consideration of the uncertainty and lack of basis for profit forecasting, the new regulation cancels the profit forecasting report and changes it to information disclosure which is a more practical and effective method.

In addition, the New Measures for Reorganizations cancel the compensation obligation of listed companies during an asset purchase by share issuance from a non-affiliated third party. On one hand, it reserves the mandatory requirement of a compensation agreement for the material asset reorganisation concerned with the controlling shareholder and actual controller so as to continually provide security to medium and small market investors. On the other hand, it focuses more on the market-oriented game when trading with a non-affiliated third party and provides more negotiation space for both trade parties.

The New Measures for Reorganizations also cancel the lower limit for stock issuance scale in an asset purchase that uses an issuance of shares and creates conditions for M&As of medium and small-scale listed companies by the issuance of shares.

3.Strengthening of Reorganisations Disclosure and Subsequent Regulation

The new regulations under the New Measures for Reorganizations reserve a company' s obligations to make a material assets reorganisation report as set forth in the Measures for Reorganizations and also adds an information disclosure obligation

for intermediary organisations under various circumstances. For example, it requires that an independent financial consultant shall conduct a supplementary examination and issue a professional opinion if the Securities Regulatory Commission discovers any circumstance which might possibly damage the benefits of listed companies or market investors. Meanwhile, the New Measures for Reorganizations also strengthen the information disclosure obligation of listed companies in the pricing method of stocks and underlying assets, which also provides a reference to potential market investors.

In terms of subsequent supervision, the New Measures for Reorganizations perfect several terms of legal liability and specify the punitive measures under the circumstances of unfair pricing of assets reorganisation and unjustified benefits chaneling, and they strengthen the investigation mechanism for finding the responsible personnel of listed companies, intermediary organisations and other participants who are liable for misconduct during enterprise M&As.

4.Protection of Medium and Small Market Investors

First, the New Measures for Reorganizations stipulate that internet voting and independent vote counting for medium and small shareholders shall be made available when listed companies host a shareholders' conference to approve material asset reorganisations.

Second, the New Measures for Reorganizations broaden the scope of compensation parties from the directors, supervisors and senior managers of listed companies to also include the opposite trade parties in material asset reorganisations. In particular, it requires that the opposite trade party makes public promises as to the authenticity, accuracy and integrity of its provided information and bears the corresponding compensation liability according to the law.

Meanwhile, the new regulation stipulates in several places that when relevant units and individuals have an investigation initiated by a judicial authority against them, the transfer of such personnel's equity in the listed companies shall be suspended. It also establishes a civil compensation mechanism and requires the relevant parties to compensate for loss due to their false promises and/or disclosure.

5.Strengthening of Responsibility of Intermediary Organisations

The New Measures for Reorganizations adds several responsibility clauses regarding participating intermediary organisations. On one hand, it requires intermediary organisations to further perfect their obligation performance in the process of material asset reorganisations of listed companies. For example, it requires law firms to issue legal opinions on the procedures for convening and voting and the voting result of the shareholders' conference on material asset reorganisations of listed companies. On the other hand, it raises the requirements for intermediaries so that intermediaries shall not abet, assist or together with the issuer, make or disclose in a report a false record, misleading statement or material omission, shall not engage in unfair competition and utilise material asset reorganisations to promote unfair interests. In addition, the new regulation also stipulates an accountability system for intermediary organisations so that when an intermediary makes and/or issue documents with a false record, misleading statement or material omission, it shall be subject to the corresponding punitive measures and prohibited from entry into the market.

6.Reformation of the Pricing Mechanism and Payment Method

The New Measures for Reorganizations reflect the reform of the pricing mechanism in two aspects. First, it legalises the practical operation that the assessment result is not a required basis of asset pricing, it cancels the requirement of adopting more than two methods to conduct the assessment and instead it requires more analysis and disclosure on the transaction made by the board of listed companies. Second, it relaxes the original excessively rigid pricing mechanism. In the past, price shall be no lower than the average stocks trading price of 20 trading days before the announcement of the board of director's resolution, now, the price shall not be lower then 90 percent of the market reference price, which is the average stocks trading price of 20 or 60 or 120 trading days before the board announcement. Further, the revised new regulation also establishes a mechanism for the board of directors to adjust the offering price according to the material change in stock prices in the capital market, but the board of directors is required to specify beforehand the possible price adjustment strategy in the board of directors' resolution on an asset purchase by issuance of shares to afford a specific expectation for market investors. This revision considers that in the marketisation of M&A and reorganisations, it requires the admitting the basic principle is that the price shall be determined by the market and creates a harmonious balance between not being excessively rigid but also not being without any restriction.

In terms of the payment method, the New Measures for Reorganizations specify that listed companies may issue preferred stock for reorganisations and asset purchases or merger with other companies. Meanwhile, listed companies also may issue convertible bonds and directional warrants to specified objects to purchase assets or to conduct company mergers. The New Measures for Reorganizations provide diversified choices for listed companies to design payment methods according to their practical needs. From the domestic and overseas practice of M&A, the payment method of M&A and reorganisations is always one of the important factors that influence the degree of M&A market prosperity. The New Measures for Reorganizations afford listed companies options of various payment methods and further strengthen the function of listed companies M&A and reorganisations for industry structure adjustment and optimisation of social resources allocation.

An Analysis of the Possible Influence of this Revision

This revision is the largest revision since the promulgation of the Administrative Measures for the Material Asset Reorganizations of Listed Companies in 2008 and it has a profound influence on the current pattern of listed companies' M&A and reorganisations in the Chinese capital market. In the authors' view, the following main influences are as follows:

(1) The number of listed companies' material asset reorganisations will remarkably increase. The former long approval period and the uncertainty of listed companies' material asset reorganisations was always one of the reasons why listed companies were cautious about material asset reorganisations. Now, regulation authorities implement the principle of "relax the control and strengthen the regulation".

(2) The more flexible pricing mechanism and increasingly diversified payment methods will lead to the trade strategies of listed companies' M&A and reorganisations to be more diversified and complicated. After receiving relief from approval pressure, the focus of listed companies' M&A and reorganisations will be gradually turned to the negotiations conducted between the participating parties in a reorganisation. Difficulties arising from negotiations will be further increased and the complexity of trade will also substantially increase.

(3) Against the background of strengthening the regulation during and after the course of enterprise M&A and reorganisations, the responsibility of intermediary organisations will be further enhanced. On the one hand, the New Measures for Reorganizations add the express stipulations that they focus on the responsibility of intermediary organisations and provide corresponding punitive measures to require intermediary organisations to earnestly perform their duties. On the other hand, the diversification of trade plans also places an expectation on intermediary organisations to demonstrate better performances in trade negotiation, trade structure design, trade compliance judgment and trade process control.

Conclusion

In conclusion, this revision of the Measures for Reorganizations will further play a role in listed companies' M&A and reorganisations in increasing the value of listed companies, promoting industry structure upgrades and optimising the allocation of the capital market.

公司强制清算理论与实务问题研究

陈说

一、公司强制清算概述

公司自股东或发起人合意设立公司并经过工商行政管理部门核准颁发营业执照后公司法律人格即建立起来，此刻公司的财产即脱离出资人或股东掌控，公司随即独立享有了其民事主体权利和民事行为能力。公司以其自有的股东出资财产对外承担法律责任和独立享受独立法人主体的各项权利义务，这种主体资格非因法律程序不得否定或解除。与自然人一样，公司作为民事权利主体同样具有一定的生命周期，或因股东自治原因，或因法定原因，或因公司存在司法部门强制性原因而消亡。

当公司出现上述情形时公司应该消亡，公司法律制度下称之为解散。公司解散是因为公司具备了消亡的前提条件，解散后公司应该依法履行清算的义务。与公司破产清算不同，公司解散后仍有剩余财产可供分配，如同自然人死亡后进行遗产及相关事务的清理，这样公司才最终可以依法从社会主体中彻底消亡。近年来，在国际金融危机及全球经济衰退的大背景下，许多公司因经营困难而“关门”，公司清算纠纷也随之增加。为了适应时代要求，维护市场运行秩序，使经济主体各方利益均衡，强制清算制度应运而生。

公司强制清算往往经由司法程序，由法院裁定解散清算。司法强制解散，又称为裁定解散，或法院勒令解散，是指法院基于股东的申请，在遵照公司经营管理出现显著困难，持续经营会重大损害股东利益，或董事、股东之间出现僵局等一系列情况出现，通过其他途径不能解决的解散事由出现，而作出公司强制解散的裁定。

现行法律体制下《最高人民法院关于适用〈中华人民共和国公司法〉若干问题的规定（二）》（以下简称《公司法解释二》）第一条 明确规定四种可以受理公司解散之诉的情形，应该视为现阶段判决解散的依据。上述情况，单独或合计持有公司全部股东表决权百分之十以上的股东具有此类非讼诉解散案件适格原告的主体资格。

而在导致公司被司法裁定强制清算的原因当中，公司僵局、股东僵局往往是最多的。而产生僵局后，往往公司有理由依法自行清算。根据《公司法解释二》的规定，公司应当在解散事由出现十五日内自行组织清算，否则人民法院可以依申请指定清算组进行清算。由法院组织强制清算可以建立较为可靠的清算组监督机制，法院将选定有能力、有资格的管理人接管被清算公司，由管理人成立清算组开始对公司进行清算。

公司法中仅仅规定债权人申请公司清算的权利，而对于其他主体包括公司股东是否可以提出清算申请没有规定。针对这个局限，《公司法解释二》规定："债权人未提起清算申请，公司股东申请人民法院指定清算组对公司进行清算的，人民法院应予受理。"《公司法》将"债权人未提起申请"作为公司股东提出清算申请的前提条件，既体现了对股东权益的维护，同时也平衡了公司、股东以及债权人三方的利益。

二、管理人在强制清算案件中的实务问题探究

（一）清算费支付或预交的问题

《公司法解释二》明确指出，强制清算案件具有非诉讼程序的特点，但是在审判实践中很多法院将强制清算案件作为诉讼案件进行处理，以诉状形式立案，双方当事人以原被告称呼，并按诉讼程序进行处理，开庭审理。因此涉及案件收费问题也成了实务中关注的疑难点。

由于当前的法律及司法解释对强制清算纠纷案件的受理费如何收取没有明确规定，因此，许多法院以一般的非诉案件对待，也有人认为应参照破产案件的收费标准收取清算受理费。同时对于清算费用是否需要预收，如何收取都没有规定。如果不预先收取费用，对于那些组成清算组进行清算但清算不成的案件，尽管已产生一定的清算费用，但却无法收取；如果预先收取，应预收多少，应由申请方还是被申请方先垫付，如果拒不预付，如何处理。这些问题均成为强制清算程序的瓶颈。

实践中，如果申请人有紧迫的对被申请公司清算的愿望，往往会提出垫付一部分清算费用，以此作为清算案件开展的保障，使得强制清算得以进行，管理人顺利开展工作。

（二）不完全清算问题

由于当前法律或司法解释对强制清算的规定不太明细，《公司法》仅规定债权人可申请强制清算，《公司法解释二》增加了股东可作为申请主体的规定，但对于申请人的范围没有明确的规定。同时对于被申请对象应该是被清算的公司还是股东也存在许多争议。有些人直接将股东作为被申请方；有些人将清算公司作为被申请方；有些人将清算公司作为被申请方，将股东作为第三人。审判实践中对被申请清算的公司及其股东的诉讼地位比较混乱。

实践中，清算申请人的范围被扩大到公司的股东后，引起了一个实际问题，即不完全清算。一般来说，如果公司会计账目严重缺失，或者管理人发现财产以及债权债务难以查清，或审计机构、管理人认为公司的会计凭证有伪造、变造或者难以支持确认账目等情形的，公司可能陷入不完全清算的局面。而不完全清算导致的后果，即债权债务的归还责任将由股东、实际控制人承担。

根据《公司法解释二》第十八条，有限责任公司的股东、股份有限公司的董事和控股股东未在法定期限内成立清算组开始清算，导致公司财产贬值、流失、毁损或者灭失，债权人主张其在造成损失范围内对公司债务承担赔偿责任的，人民法院应依法予以支持。有限责任公司的股东、股份有限公司的董事和控股股东因怠于履行义务，导致公司主要财产、账册、重要文件等灭失，无法进行清算，债权人主张其对公司债务承担连带清偿责任的，人民法院应依法予以支持。上述情形系实际控制人原因造成，债权人主张实际控制人对公司债务承担相应民事责任的，人民法院应依法予以支持。

因此，司法实践中，将上述条文中所述的无法清算的情形，也就是不完全清算的情形所导致的债务的清偿责任分配给了股东和实际控制人，以追求衡平法上的实际公平的偿债原则。

（三）管理人接管后调查工作的开展

公司法明确了组织强制清算的主体为人民法院，表明债权人和利害相关人可以通过向人民法院行使请求权的方式来获得救济，但是，在强制清算程序中，公司股东下落不明或拒不提供会计凭证账册等各种原因导致无法查清公司的财产及债权债务，清算程序无法进行的现象比较普遍，对怠于清算或导致清算不能的责任人如何制裁，债权人应当如何补救，法院审理应当到达何种程度，目前也无法可依。正是法律对清算主体违反法定义务所应承担的法律后果的空白，才导致清算主体有恃无恐，滥用权力。

清算实践中，还存在对管理人接管公司后成立的清算组的另一项难题和挑战，就是调查工作的困难。由于清算工作涉及许多繁杂的调查工作，尤其对债权债务的梳理、公司资产的盘点清理等工作，都涉及与各个部门的配合。比如，需要前往银行核查账目、前往外管局调查资金进出情况、到房管局调查资产状况、到人力与社保部门调查员工遗留情况等，每个部门都会有障碍。清算组除了提前向法院申请调查令，取得司法授权以外，还应当勤勉、尽职地与各个部门取得沟通，以完整地掌握公司的各项情况，不能管中窥豹，以偏概全。

依据经验，在调查陷入困难或不被配合的时候，也可申请法院出动调查组，借助法院的力量取得重要的划款凭证、流水单据、公安备案信息等。对于有涉外因素的情形，比如外方股东，清算组还应当根据自己的职权和能力委托境外调查机构或者律师事务所对涉外因素的股东信息进行调查，出具尽职调查报告，有必要时对报告进行公证。

对于公司或股东掌握的材料而拒不提交的，则可以视重要程度与否评估是否造成了实际上不能清算的局面，依照《公司法解释二》第十八条的规定进行处理。而对于股东掌握公司账目、财产等一系列有可能出现人格混同的情形，则在办理移交、盘点，清理的时候，应当聘请公证员在场，对全程进行公证，以保证程序合法。

（四）清算与破产衔接问题

虽然《公司法解释二》规定，在清算过程中发现公司财产不足清偿债务，又无法达成债务清偿方案时，清算组应当向法院申请宣告破产，但对于该清算程序与破产程序如何衔接未进一步作出明确规定。同时，对于清算不能的情形下是否存在可以宣告破产情形如债权人申请强制清算，但股东不配合，无法查明公司现有的财产是否足以抵偿债务等未作规定。对于清算不成的债权清偿之诉及赔偿之诉如何衔接也缺乏配套规定。债权人是否可以直接将不履行清算义务的责任主体作为被告，是否可以要求全额承担赔偿责任等也成为实践中争议较多的问题。

实践中，应当等待审计师出具审计报告后，视审计报告记载的内容决定，如果该公司确实已经符合《破产法》中所述的资不抵债和到期债务不能偿还的情形（此处不涉及银行破产情形），则清算组应当立即向法院以及所有债权人报告该情况，并召开债权人会议拟定下一步方案，以顺利衔接破产程序。

（五）其他

在强制清算程序启动后，由于《公司法》及《公司法解释二》清算程序的规定不够明细，导致审判实践中清算程序的进行存在诸多障碍：一是清算组成员的组成，包括清算组成员的资格、清算组的人数、报酬标准、具体责任等缺乏明确的规定，虽然《公司法解释二》作出了补充规定，但在实务操作中很难落实到位；且所有的股东是否需要参加清算组，债权人是否可以成为清算组成员成为实践中的主要争议问题。二是清算过程中需要采取的强制措施，如查封、冻结公司财产或银行账户等也未作出规定。三是未规定提交财务账册及提供债权人名单等的相应期限，也未规定通知债权人及公告的期限、债权人申报的期限及债权人异议期限等。四是清算衍生诉讼缺乏规定。如对于清算过程中债权债务确认有争议，需要通过诉讼来确认的，清算程序如何处理，或者股东瑕疵出资或隐名股东出资需要通过诉讼确认等如何处理等也未进行规定。五是完成清算或清算不成的终结程序不规范。

实践中，如果遇到上述问题，尤其是采取强制措施、衍生诉讼追讨债权或补足出资、清算不成的终结问题，均应当首先及时地汇报法院与主审法官，并且召开债权人会议汇报该情况，在不损害债权人利益的情况下，公开透明地根据法院的指导进行追逃的衍生诉讼，以及不完全清算的偿债、分配、提存等各种情形。

三、结语

我国现行解散清算制度体系平衡了股东、债权人和职工等各方主体利益，但同时存在解散事由不具体、不全面的缺陷，以及清算过程中各方利益制衡导致清算不能的僵局状态等诸多问题，因此，进一步完善我国的强制清算制度有利于发挥公司退出市场机制的作用，对于维护股东、公司与债权人权益及一级市场经济秩序均具有重要作用，是完善商事制度尤其是企业退出制度的重要基石，也是迈向全面建成有中国特色社会主义法律体系的重要一步。

荣誉证书

李志强同志

被评为2011年度上海市司法行政系统先进个人。

特颁此证，以资鼓励。

上海市司法局

二〇一二年四月

反向混淆中不良影响条款的若干问题研究

龚嘉驰

创博公司于2010年11月申请注册8840949 号“微信”商标，并于2011年8月27日初审公告，指定用于第38类信息传送、电话业务等服务上。2011年1月，微信APP发布。在异议期内，某自然人对“微信”商标提出异议，该商标上附加的巨大商业价值并非由创博公司创造。2013年3月，商标局以容易使消费者误认、产生不良社会影响为由裁定不予核准注册。2014年10月，商评委复审裁定不予核准。创博公司因不满商评委裁定而向法院起诉。2015年3月，法院以《商标法》第十条第一款第（八）项“有其他不良影响”为由，当庭判决维持。

本文以微信案件为线索，就不良影响条款及其在反向混淆案件中的若干问题进行简要分析。

一、不良影响条款针对的是标志本身，还是包括标志在使用后的情况

最高人民法院《关于审理商标授权确权行政案件若干问题的意见》（以下简称《意见》）第三条规定，人民法院在审查判断有关标志是否构成具有其他不良影响的情形时，应当考虑该标志或者其构成要素是否可能对我国政治、经济、文化、宗教、民族等社会公共利益和公共秩序产生消极、负面影响。如果有关标志的注册仅损害特定民事权益，由于商标法已经另行规定了救济方式和相应程序，不宜认定其属于具有其他不良影响的情形。

《〈关于审理商标授权确权行政案件若干问题的意见〉的理解与适用》（最高人民法院孔祥俊、夏君丽、周云川）进一步指出：从条文看，《商标

法》第十条第一款第（八）项是一个列举加概括的例示性规范，根据例示性规范的适用规则，“其他不良影响”并非兜底条款，仅是指与有害于社会主义道德风尚相类似的，可能对我国政治、经济、文化、宗教、民族等社会公共利益和公共秩序产生消极、负面影响的情形，属于禁用禁注的绝对理由之一，人民法院在适用过程中要避免错误和不必要的扩张。

当然，以上理解仍无法避免法院在具体审理案件的过程中有不同的观点。

例如，在2010年“亚平YAPING及图”一案中，商评委认为，邓亚萍女士是我国公众熟知、被誉为国际运动健将的世界著名乒乓球运动员。争议商标“亚平”与“邓亚萍”文字相近，易使消费者误认为与邓亚萍有某种关联。“亚平”作为商标申请注册在乒乓球拍商品上，其所指向的“邓亚萍”姓名的含义，已明显强于艾斯特公司所称的“用乒乓事业促进亚洲和平”的含义，况且，艾斯特公司赋予争议商标之含义并不为相关消费者所普遍知晓，争议商标的注册和使用极易误导公众，致使相关消费者误认为争议商标核定使用的乒乓球拍商品与邓亚萍女士存在某种联系，从而造成对商品来源的混淆并产生不良影响。据此商评委裁定撤销商标。一审法院判决维持。

案件二审阶段，北京市高院认为，争议商标由汉字“亚平”及图构成，该商标标识本身具有一定的显著性。争议商标核定使用的商品为第28类乒乓球拍，该商标标志中的文字部分“亚平”的发音与“邓亚萍”近似，相关公众可能会认为争议商标核定使用的商品与邓亚萍存在某种关联，但这种后果不会对我国政治、经济、文化、宗教、民族等社会公共利益和公共秩序产生消极、负面影响。争议商标的注册仅仅设计是否损害邓亚萍本人的民事权益的问题，属于特定的民事权益，并不涉及社会公共利益或公共秩序，故不应适用《商标法》第十条第一款第（八）项的规定。

上述案例明确指出，不良影响仅包括“对我国政治、经济、文化、宗教、民族等社会公共利益和公共秩序产生消极、负面影响”的情形，同时明确将商标使用后可能导致的相关公众对其指定使用的商品或服务来源产生混淆的不利影响排除在外。

类似的问题在2015年的“微信”商标一案中得到了不同的看法。一审法

院一方面肯定了《意见》中“在审查判断有关标志是否构成具有其他不良影响的情形时，一般应当考虑该标志或者其构成要素是否可能对我国政治、经济、文化、宗教、民族等社会公共利益和公共秩序产生消极、负面影响”的内容，但随即又指出，“如果该标志作为特定主体在特定商品或服务上的商标注册和使用，可能会误导广大消费者，从而对公共利益产生消极影响，也应属于该条款所规定的情形”，进而推出其逻辑核心：在这种市场实际情况下，如果核准被异议商标注册，不仅会使广大消费者对“微信”所指代的信息传送等服务的性质、内容和来源产生错误认知，也会对已经形成的稳定的市场秩序造成消极影响。

可以看到，在这份明显留有“先定结论，后找依据”的逻辑方式痕迹的判决书上，不良影响的适用范围已经悄然发生改变，不仅包括了标志本身，还扩大到了标志的使用情况，并且以使用后可能产生的混淆情况否定了争议商标的注册。这不仅与《商标法》、最高人民法院《意见》相佐，更是违背了第十条这一绝对禁止条款的立法本意。

二、对商标指示商品/服务来源的功能的理解

在“微信”案一审判决以后，有一种观点认为，广大的微信用户本来就已经将“微信”与腾讯公司的上述服务密切联系起来，因此，如果该商标由腾讯注册或使用，就会消除造成经济方面不良影响的客观基础，因为人们的主观认知与客观事实一致。但是这个观点忽视了一个前提，即商标本身有没有维护消费者“主观认知与客观事实一致”的功能。具体而言，商标的其中一项重要功能就是指示商品或服务的来源，这一点毋庸置疑，那么进一步来分析，其应当指示的是唯一来源，还是广大消费者普遍认知的来源?

（一）商标指示的是唯一来源而非普遍认知来源

笔者认为，《商标法》的作用是在存有数个相同或类似商标同时指定相同或近似服务时，通过一系列的法律、法规、行政文件确定的，以先申请原则为基础的规则体系下，排除其他商标的注册和使用，确保留存下来的商标所指示的相应的商品/服务来源是唯一确定的，以此维护消费者的利益。

在最近告一段落的非诚勿扰案中，原告金阿欢于2010年9月7日取得“非诚勿扰”注册商标，但是随着江苏电视台《非诚勿扰》同名节目的热播，使得后者节目的知名度远大于前者经营的婚介服务，相关公众看到“非诚勿扰”首先联想到的是后者而非前者，甚至误以为前者与后者有某种关联，或者前者有意搭后者的顺风车。我们假定法律发挥的是指示“普遍认知来源”的功能，那么此时为发挥法律应有的指引作用，确保相关公众主观认知与客观事实一致，法院应判决江苏电视台不侵权。而事实上，不仅二审法院，甚至是早先判决原告败诉的一审法院，也未将普遍认知当做一种公共利益。

多年前的蓝色风暴案也是一个例子。百事可乐公司于2005年在其商品上使用了与蓝野酒业公司的注册商标相同的“蓝色风暴”。百事可乐公司通过本身的市场地位及大量的广告宣传，使得百事可乐“蓝色风暴”的知名度远大于蓝野酒业公司的注册商标，以致消费者看到蓝色风暴就会联想到百事可乐，甚至导致原告自身的商品在销售过程中被当地工商部门错误地查处、下架。最终二审法院判决百事可乐公司停止侵权并赔偿300万元。可见在本案中，选择保护的仍然不是所谓普遍认知的公共利益。

（二）“唯一来源”应狭义理解为法律上的来源而非实质上的来源

对于商标指示来源功能，应理解为仅限于在法律上，不能存在两个或以上相同或近似的商标指向相同或相似的商品/服务，如发生此种情况或存在此可能，则必须通过相应的规则排除，例如不得将与他人因合同、业务往来关系或其他关系而明知的他人在先使用的未注册商标申请注册的规则，不得与在先注册商标冲突的规则，在先申请原则，禁止不正当抢注规则等。通过这些规则的有效实施，保证在相同或相似的商品上不会存在两个相同或相似的商标。经过排除后，剩余的唯一商标应与市场上的某个经营主体对应，至于该经营主体是否就是当下市场上广大消费者心目中的商标拥有者，这就不属于《商标法》能够调整并应当调整的范畴了。

就微信案而言，假设腾讯通过一系列的努力最终取得了“微信”商标的专用权，并且转让或许可他人使用该商标（此处不考虑该行为在商业上的合理性），那么必然导致商标使用人的变化，实际使用人由A变为了A、B同时

使用，使得法律事实与既有的相关群体的普遍稳定的认知产生了偏差，会再一次“使广大消费者对微信所指代的信息传送等服务的性质、内容和来源产生错误认知，也会对已经形成的稳定的市场秩序造成消极影响”。同时，根据我国《合同法》的规定，损害公共利益的合同无效。此时，法律是否应当伸出其指示商品服务来源的大手，对上述转让或许可行为加以限制呢?

（三）在反向混淆中，尤其应避免对法律保护范围的不当扩大

通过上述两个典型的反向混淆案例，需要进一步说明的是，在反向混淆中，商标的使用人往往处于市场优势地位，拥有庞大经济和社会资源，通过铺天盖地的宣传营销，短时间内就能使商标拥有相当高的知名度，并且在广大消费者群体中建立起使用人和商标之间的牢固稳定的联系。但这一过程同样意味着割裂了在先商标权利人和该注册商标之间的联系，使得该注册商标失去其基本的识别功能，在先商标权利人寄予该注册商标谋求市场声誉、拓展企业发展空间、塑造良好企业品牌的价值受到抑制。如果此时法律仍然选择保护公众的普遍认知，则无异于建立了一个弱肉强食的权利体系。

三、公众普遍认知与司法公信力的取舍

法律作为一种社会规范，调整社会关系，不仅要对现有的社会关系进行调整，也要对可能出现的社会生活进行预测，调整可能出现的社会关系，具有可预测性。如果人们的合法权利不能以一种“可感知”方式实现，判决的不可预测性所带来的社会秩序危机和交往诚信危机必然危及到法治秩序价值的整体建构。就商标申请而言，申请人只要不存在法律第十条、第十五条、第三十条、第三十二条等情形，就能够合理预期该项申请的结果，至于他人通过在后使用取得的知名度，不应成为阻碍在先申请的原因。此即法的公信力的体现。

微信案中，法官认为，一方面是商标申请人基于申请行为产生的对特定符号的先占利益和未来对特定符号的使用可能产生的期待利益，另一方面是庞大的微信用户已经形成的稳定认知和改变这种稳定认知可能形成的较大社会成本，鉴于此，选择保护不特定多数公众的现实利益具有更大的合理性。

那么遵循这种“两害相权取其轻”的价值判断取向，在消费者对个案商品或服务来源的免受混淆利益和国家司法公信力之间，前者事关庞大用户群体对商品来源的普遍稳定认知，后者事关法治体系有效运行，事关依法治国能否有效推进，此时选择保护哪一方具有更大的合理性呢？答案不言而喻。

四、结语

综上所述，商标在使用过程中发生的或可能发生的情形不应作为判断商标是否具有不良影响的依据。同时相关公众的普遍认识偏差并非《商标法》需要保护的利益，更不能上升为公共利益并作为“其他不良影响”的情形。在动辄产生一定社会影响的反向混淆案件中，维持法律的信赖利益，改变社会公众认知固然需要一定的成本，这部分成本由谁埋单，如何埋单，这是我们法律人需要继续深入考虑的问题。就微信案而言，在笔者看来，腾讯所要做的仅仅是推出一个新版本升级补丁，然后委托张某发布一则官方信息：“亲爱的用户，当您看到这封信时，我们刚刚又作出了一个非常艰难的决定。”

中国债券纠纷解决机制研究

李志强　田孝明

2013年11月，党的第十八届三中全会通过的《中共中央关于全面深化改革若干重大问题的决定》明确提出，发展并规范债券市场，提高直接融资比重。在改革红利、市场创新和稳健货币政策等多重因素支撑下，我国债券市场快速发展，极大地提高了直接融资比重，有效支持了实体经济发展。根据有关媒体报道，2015年，中国债券市场规模增长至39.8万亿元（6.3万亿美元），远高于2007年的12.6万亿元，在全球仅次于美国和日本，位列第三。

2014年5月，国务院发布《关于进一步促进资本市场健康发展的若干意见》（国发〔2014〕17号），强调积极发展债券市场、强化债券市场信用约束、深化债券市场互联互通、加强债券市场监管协调。

2015年6月，国务院下发《关于大力推进大众创业、万众创新若干政策措施的意见》（国发〔2015〕32号）明确指出，优化资本市场，鼓励创业企业通过债券市场筹集资金。在推进大众创业、万众创新的战略新形势下，中国债券市场必将大有作为。

在国家大力推进并发展债券市场的同时，债券纠纷也逐步爆发，债券违约风险呈上升之势。2014年，我国信用债券市场发生了4起违约事件和多起信用事件，信用风险显著上升。其中，违约事件分别是“11超日债”、“13华珠债”利息违约事件以及“12津天联”和“12金泰债”本金违约事件。“11超日债”成为国内首例违约的公募债券，后经破产重整免予进入破产清算程序。除上述违约事件外，债券市场上还发生了多起信用事件，包括獐子岛大幅亏损事件、华通路桥和华锐风电兑付风险事件、二重重装和湘鄂情级别大幅下调事件等。进入2015年仅2个月，“12东飞01”、“12蓝博01”和“12致富债”3只产品又出现违约。①

①刘宝亮：《2014年债市兑付危机频现 今年违约事件或进一步增多》，载《中国经济导报》，2015-03-10。

统计数据显示，2015年6月，债券领域已发生7起违约事件，包括3只公募债。2015年下半年，也不乏“12舜天债”、山水水泥集团、云南煤化工等债务违约事件。除频繁发生的债券违约纠纷外，债券交易方之间以及债券发行人与证券公司之间的纠纷同样不容忽视。

目前，在我国经济下行压力增大的大环境下，债券市场风险将进一步增加，面对不断涌现的债券争议，如何建立完善的纠纷解决机制，从而保护投资者及其他方相关的合法权益，显得至关重要。目前，关于证券市场（主要指股票市场）纠纷解决机制的相关文献较多，但少有单独研究债券市场纠纷的解决机制，本文旨在单从债券市场入手，结合债券市场与股票市场完全不同的特点，对我国的债券纠纷解决机制提出自己的看法，希望能为监管部门、金融及法律从业人员提供一些参考、借鉴。

一、我国债券市场发展现状

长期以来，我国资本市场“重股轻债”的特点导致直接融资的“股强债弱”。与此相对应，公司债券法制被边缘化，作为资本市场基本法的公司法、证券法更多地呈现以股票为中心的规则体系，债券管理先天缺少统一和系统的制度基础。[①]

目前，在实践当中，主要形成了“多龙治水”的多套债券监管体制，以及银行间债券市场与证券交易所、商业银行柜台债券市场三个分割的市场。其中，财政部主管国债和地方政府债，国务院《关于加强地方政府性债务管理的意见》也已明确，政府举债只能通过发行债券的方式。企业债券由国家发展和改革委员会监管，主要适用《企业债券管理条例》、《关于进一步改进和加强企业债券管理工作的通知》、《关于推进企业债券市场发展、简化发行核准程序有关事项的通知》等规定，发行制度实行核准制，发行主体主要是国有大中型企业和地方政府融资平台，所募集的资金主要投向国家重点项目或基础设施建设，债券可以同时在证券交易所和银行间债券市场交易。

①洪艳蓉：《债法统一是检验依法治市的试金石》，载《经济观察报》，2015-03-01。

公司债券由中国证券监督管理委员会监管，主要适用《证券法》、《公司债券发行与交易管理办法》、《非公开发行公司债券备案管理办法》等规定，公开发行实行核准制，非公开发行实行备案制。发行主体之前以上市公司为主，现已扩大至所有公司制法人。所募集的资金由公司根据核准或备案的用途自主使用，债券主要在证券交易所、全国中小企业股份转让系统交易。非金融企业债务融资工具由中国人民银行领导下的银行间市场交易商协会监管，主要适用《银行间债券市场非金融企业债务融资工具管理办法》、《银行间债券市场非金融企业债务融资工具发行注册规则》等规定，发行制度实行注册制。主要以非金融企业为发债主体，所募集的资金由企业自主使用，债券只能在银行间债券市场交易。另外，中国人民银行和中国银行业监督管理委员会监管金融债券、商业银行次级债券、混合资本债的发行。而在2015年，《关于保险公司发行资本补充债券有关事宜的公告》则明确保险公司资本补充债券由中国人民银行和中国保险监督管理委员会监督管理。

Wind资讯统计显示，截至2014年11月15日，整个中国债券市场余额34.3万亿元，其中国债和地方政府债规模为10.4万亿元，政策性金融债9万亿元，发展改革委审批发行的以城投债为主的企业债大概有3万亿元，中央银行及下辖交易商协会注册发行的中期票据、短期融资券和PPN（非公开定向债务融资工具）余额为6.4万亿元，银监会审批的与银行相关的债券，包括同业存单、商业银行债券等约2万亿元，证监会审批发行的公司债规模不足8000亿元。[①]在上述几套监管体制中，发展改革委监管的企业债券延续了计划经济下政府分配信贷资源并直接管制经济的轨迹，许多做法更多地依靠政策和指导，市场化程度不高。证监会监管的公司债券，之前由于一直受到发债条件的限制发展缓慢，但近年来，随着公司债券发行主体扩大到非上市公司，开始受到投资者的欢迎和市场的追捧。交易商协会监管的非金融企业债务融资工具采用市场化程度较高的注册制，丰富债务融资工具品种，通过自律监管推进创新，成为增长最快的市场。

①覃苏：《债市“五龙治水”走向统一监管》，载《第一财经日报》，2014-11-14。

二、债券纠纷的定义及与股票纠纷的差异

债券纠纷是指一切基于债券的发行、交易及持有而产生的契约性与非契约性纠纷，是指有关债券市场参与主体违反与债券相关法律法规及规范性文件的规定或合同约定而引发的纠纷。

由于我国资本市场“重股轻债”，更多呈现以股票为中心的规则体系，关于债券的专门规定较少，所谓的证券市场一般主要指股票市场。但实际上，债券所体现的债权债务法律关系，与股票的股权法律关系完全不同，同时，作为两只不同的证券品种，在收益分配及价格波动方面，同样存在差异。

例如，债券收益比股票收益更为稳定。债券作为公司的债务，其本金和利息收入有保障，公司必须按照规定的条件和期限还本付息。债券的偿付金额事先已经确定，公司无权擅自变更。一般情况下，债券的还本付息不受企业经营状况和盈利数额的影响，即使公司发生破产清算的情况，债券的清偿也先于股票。而股票投资者作为公司股东，其股票收益无法事先确定，不仅直接取决于公司经营状况和盈利情况，而且取决于公司的分配政策。如果发生公司破产清算，股票持有人只有待债券持有人及其他债权人的债务充分清偿后，才能就剩余资产进行分配。

债券和股票在二级市场上的价格同样会受各种因素的影响，但二者波动的程度不同。一般来说，债券由于其偿还期限及利率已经固定，因此其市场价格也相对稳定。二级市场上债券价格的最低点和最高点始终不会远离其发行价和兑付价的区间，价格每天上下波动的范围较小。正因为如此，债券“炒作”的周期要比股票长，“炒作”的风险也要比股票小得多。相反，股票价格的波动比债券要剧烈得多，其价格对各种“消息”极度敏感。影响股票价格的因素不仅包括公司的经营状况，还包括宏观经济形势、市场供求状况、国际国内形势的变化，甚至一些空穴来风的“小道消息”也能引发股市的大起大落。因此股票市场价格涨落频繁，变动幅度大。这种特点对投机者有极大的吸引力，投机的加剧又使股市波动加剧。因此，股票炒作的风险极大，其价格波动程度也远远大于债券。

正因为债券与股票存在法律性质及特点上的差异，必然导致争议类型的不同，应建立有所区别的纠纷解决机制。例如，考虑到债券市场的价格波动幅度较小，违法所得利益的驱动有限，虚假陈述、内幕交易、价格操纵等各类在股票市场常见的违法违规行为在债券市场较为少见，关于股票市场的相关纠纷及纠纷的解决机制并不一定适用于债券市场。

三、债券纠纷的类型及特点

根据《民事案件案由规定》关于证券纠纷的相关规定，排除涉及股票纠纷的情形外，总体可以分为债券合同纠纷及债券侵权纠纷。目前，相比于股票纠纷，关于债券纠纷的案件数量并不多，根据通过公开渠道可以检索到的数十个案例，债券纠纷主要集中于投资者与发行人之间的债券兑付纠纷、投资者之间的债券交易纠纷、发行人与证券公司之间的债券承销合同纠纷等。债券纠纷一般存在如下特点。

（一）涉及主体较多，数额较大

在债券市场中，以债券发行或交易为例，金额通常在几十亿元甚至上百亿元左右。与此相对应，债券纠纷标的额较大。一次债券发行往往存在众多的公众投资者，还存在证券公司、律师事务所、会计师事务所、信用评级机构等中介机构，涉及主体较为广泛。

（二）影响较为广泛

债券纠纷往往会引起社会各界的广泛关注，因为涉及众多的公众投资者，容易造成巨大的社会影响。在债券纠纷发生后，一般的中小投资者抗风险能力及心理素质较差，容易在纠纷无法得到有效解决的情况下导致群体事件，影响社会稳定。

（三）案件复杂，专业性较强

债券纠纷涉及债券的发行、交易等各个环节，具有很强的专业性和技术性。与一般的民事纠纷相比，债券纠纷案件往往涉及金融证券领域的专业知识和经验，以及债券市场的各种规则，较为复杂，对纠纷解决者的综合能力提出了更高的要求。以涉及的法律问题为例，由于我国目前立法相对滞后，司法实践不足，在对债券纠纷这样一类特殊案件的处理上，很多法律技术问题尚未解决。

（四）债券纠纷类型以兑付纠纷为主

相比于股票纠纷的常发性，债券纠纷的数量并不多。从债券纠纷的定义上理解，应涵盖债券发行及交易环节，涉及债券发行人、投资者、证券公司、律师事务所、会计师事务所、信用评级机构等中介机构。而从目前可以检索到的已经发生的案件判断，债券纠纷主要集中于投资者与发行人之间的债券兑付纠纷，投资者之间的债券交易纠纷、发行人与证券公司之间的债券承销合同纠纷等，其中以投资者与发行人之间的债券兑付纠纷最为常见。

四、我国债券纠纷解决机制现状

（一）监管体系分割，监管要求存在差异

我国债券市场存在财政部、发展改革委、人民银行、银监会、证监会、保监会、银行间市场交易商协会等多套债券监管体制。通过对比目前市场上主要的企业债、公司债、非金融企业债务融资工具的相关监管规定，可以看出，上述监管体制均规定了中介机构的勤勉尽责义务、债务人还本付息的法律责任，发行人的信息披露义务等常规性条款。企业债强调，在发生债券违约纠纷时，主承销商应代理债券持有人追偿的义务，并明确各地发展改革部门在企业债兑付纠纷当中的协调作用，但未见债券受托管理人及债券持有人会议等投资者保护制度。而公司债则专章设立债券持有人权益保护制度，并对债券受托管理人及债券持有人会议相关内容作出明确规定。为保护银行间债券市场非金融企业债务融资工具持有人的合法权益，银行间市场交易商协会专门制定了《银行间债券市场非金融企业债务融资工具持有人会议规程》，对持有人会议的召开条件、召集、参会机构、表决和决议等内容作出详细规定。监管体系的分割，造成对于投资者保护等制度的规定并不一致，

也对实践当中债券投资人的权益保护造成不确定性。

（二）纠纷解决机制尚待完善

目前，我国的债券纠纷解决主要通过诉讼途径解决，未能充分发挥仲裁、调解等替代性争议解决机制（ADR）的作用，从而影响纠纷解决的效率。

1. 诉讼不利于有效处理债券纠纷。由于法院的诉讼程序较为烦琐，处理周期长，成本较高，一些法官对金融证券知识了解不多等，影响债券纠纷解决的效率，当事人往往不愿意到法院诉讼，更依赖证券监管部门的处理。

2. 调解在债券纠纷解决机制中的缺失。调解是具有中国特色的纠纷解决制度，而在证券等专业领域，调解制度尚未建立。目前的调解仅仅是当事人自行协商，或针对证券业协会会员的内部调解，范围有限，且缺乏对调解协议效力等制度性规定。在债券纠纷解决过程中，调解未能引起足够的重视，其优越性未能得以发挥。

3. 仲裁在债券纠纷解决方式中处于边缘地位。相对于诉讼而言，证券仲裁制度还未引起高度重视。我国现行的证券仲裁制度存在着合法地位尚未确立、证券行业仲裁体系没有建立等问题。构建我国的证券仲裁制度，必须根据我国的仲裁制度现状，制定体系性的规则体系。

五、债券纠纷解决的域外经验

如何完善我国债券纠纷解决机制，同样需要向其他国家或地区借鉴先进经验。美国、日本、中国台湾等地，一般将股票、债券等品种统称为证券，并形成了相对完备的证券仲裁及调解制度。

（一）美国证券仲裁及调解制度

证券仲裁制度起源于20世纪初的美国，已经成为美国解决证券纠纷最主要的形式。美国证券仲裁受理案件的范围非常广泛，并实行“纠纷前订立的强制性仲裁条款”，即证券经纪商单方在客户协议中拟定的把其与投资者之间将来发生的一切证券纠纷提交仲裁的仲裁条款。目前美国主要的证券自律组织都规定，经纪商要成为其会员，就必须接受章程中规定的仲裁条款，这就打破了仲裁提出的必须要存在合法仲裁协议的原则，巧妙规避了与仲裁当事人意思自治原则的冲突。随着《统一仲裁法典》的颁布，对于投资者而言，即使没有仲裁协议也可以对证券经纪商提起仲裁，只要该纠纷是因经纪商的业务引起或与经纪商的业务活动有关。

在调解方面，在2007年7月，经美国证监会（SEC）批准，成立了美国最大的非政府金融监管机构——金融业监管局，专门负责调解事宜。由于金融业监管局调解的纠纷都是与自己会员有关的纠纷，根据相关规定，金融业监管局有权对会员因违反相关规定而受到处罚，所以在实践中为避免处罚会主动履行调解协议。而且，在美国，调解与仲裁、诉讼等并行，对当事人具有较强的约束力，无须经过任何司法确认程序，当事人可以申请强制执行。

（二）日本证券业纠纷解决机制

2009年8月，日本证券业协会正式设立证券和金融商品斡旋咨询中心（Financial Instruments Mediation Assistance Center，FINMAC），旨在通过建立协调解决纠纷机制保护投资者利益，也借此提高行政效率。

FINMAC采用一人制斡旋委员制度，其在对纠纷事实进行调查的基础上进行调解，促使当事人之间达成和解协议。纠纷产生后先由客户提出斡旋申请，FINMAC决定受理后，将选定斡旋委员受理该案件。斡旋过程中斡旋委员对客户与相应事件者进行询问调查，基于判例、先例及自己的经验见解提出斡旋方案。在斡旋过程中，若合意成立，双方签订和解协议。如果没有达成合意的可能性，斡旋委员可以终止斡旋程序，通知当事人双方以诉讼等方式解决纠纷。

为了提升FINMAC运作过程的透明性，增加公信力，FINMAC每季度都在其主页上公布斡旋的解决情况。公布的内容主要有：纠纷的区分及内容（如劝诱、买卖交易等）；客户的性别、年龄；商品区分（如股份、投资信托、金融期货等）；纠纷的概要（当事人双方的主张）；纠纷解决的情况（和解结果）。[①]

①杨东、毛智琪：《日本证券业金融ADR的新发展及启示》，载《证券市场导报》，2013（7）。

（三）中国台湾证券仲裁及调处制度

中国台湾属于大陆法系，有着完备的成文法体系。中国台湾直接通过法律将仲裁作为争议解决方式固定下来，并针对不同主体采取了任意仲裁及强制仲裁并行的证券仲裁体系。例如，《证券交易法》第一百六十六条规定，依法本法进行有价证券的募集、发行、买卖，当事人得依照约定进行仲裁，但证券商之间，或证券商与交易所之间，不论有无仲裁协议，均应进行仲裁。

此外，中国台湾还建立了行业保护机构，对一定范围的证券纠纷进行调处，并限定纠纷一方为证券投资人或期货交易人，另一方则是发行人、证券商、交易所等其他利害关系人。在调处的效力方面，法律法规规定调处成立之日起7日内，将调处书送达管辖法院审核，由法院核定调处的效力，这也增强了调处结果的权威性。

六、构建我国债券纠纷解决机制的若干建议

（一）完善现有监管制度及条款设计

正所谓防患于未然，在纠纷发生前，有必要从现有的监管制度设计角度加以完善。证监会在《公司债券发行与交易管理办法》中同时引入了英美法系的债券受托管理人制度和大陆法系的债券持有人会议制度，但上述制度并未完整地运用于企业债及债务融资工具中。虽然我国债券市场目前还面临着监管分割的问题，统一监管尚不现实，但可以考虑将公司债适用的债券受托管理人制度及债券持有人会议制度以部门规章、规范性文件等形式完整地引入企业债及债务融资工具当中。

与此同时，公司债现行的债券持有人大会制度和受托管理人制度也应加以完善。国内现有规范体系并未明确持有人大会决议的效力问题，导致在实践中决议并不必然得以实现，如发行人可能以募集说明书中的既有约定对抗决议。另外，在程序方面，持有人会议制度在实践中还存在难以召集持有人、开展不顺畅等问题。根据持有人会议制度目前的状况，投资人应更加重视相关文件中对持有人会议制度的约定条款，为持有人会议作出的决议的执

行提供充分的依据，做好铺垫。

目前，我国债券受托管理人更多的是发挥组织者、协调者及持有人会议决议的执行者的角色，尤其是承担风险管理职责方面，受托管理人较为被动，一方面是由于与债券持有人会议制度存在协调问题；另一方面则是受托管理人无明确责任约束。因此，其与债券持有人的法律关系要予以明确，在此基础上明确双方的权利义务关系，进而界定受托管理人的法律责任。①

（二）完善投资者保护机制

在债券兑付纠纷中，投资者自我权益保护主要依托的实现机制包括债券持有人大会制度和受托管理人制度。目前，我国债券市场上存在持有人大会制度保护效力有限、交叉违约缺失及投资者自我保护意识不足等问题，造成债券投资者相比于银行贷款、信托贷款等其他债务的债权人在某些方面显得更为弱势。

1. 债券持有人大会制度保护效力有限，亟待完善。鉴于募集说明书中关于投资者保护和债券持有人大会的内容比较模式化，例如明显的信用资质恶化等情形，召开持有人大会的触发条件不够细致具体。需要结合可能发生的实际情况，在募集说明书中明确约定召开持有人大会的具体触发条件，避免出现发生兑付纠纷但无法召开持有人大会的情形。此外，债券持有人大会的决议并不具有强制执行力，因此持有人大会决议能否落实仍取决于发行人与投资者共同协商结果。从国外债券市场经验来看，募集说明书中可以设置非常细致的事先约束条款，一旦出现约定情形（如重大资产变化、财务指标超限、其他债务违约等），立即启动相应保护措施（比如债券加速到期等），或者明确约定重大资产重组等可能影响发行人偿债能力的事项必须经过债券持有人同意才能进行。②

2. 应引入交叉违约条款。所谓交叉违约（cross-defaulting），是欧美国家国际银团贷款协议中常见的贷款人保护条款，其基本含义是：如果本合同

①中债资信政策研究团队：《债券违约！投资者应了解的四件事》，和讯债券网，2015-08-28。

②姬江帆、王志飞：中金固定收益研究发表的研究报告《假如遭遇违约——债券违约求偿相关知识及问题探讨》，2015。

项下的债务人在其他贷款合同项下出现违约，则也视为对本合同的违约，合同的债权人可以对该债务人采取相应的合同救济措施。目前，我国债券市场基本不设立交叉违约条款，只有应急预案设置中有一定交叉违约特征，但实际操作一般只有督促发行人公开披露和召开持有人大会两项措施，保障效力较弱。由于交叉违约条款的缺失，若先到期的债权人针对债务人资产实施保全、求偿等法律措施后，后到期的债权人就很难获得有效的资产清偿。而且，债券投资者对于债务人资产的控制能力本就弱于同为债权人的商业银行、信托公司等其他金融机构，更处于不利地位。

我国现行《合同法》中“预期违约”及“不安抗辩权”的原理对于上述交叉违约的情形的保护并不明确，在债券尚未到期但其他债务出现违约的情况下，能否依法求偿还存在不确定性。但笔者认为，在法律依据可能存在不足的情况下，通过募集说明书以合同约定的形式加以明确，寻求合同依据的支撑，至少是一种可以尝试的方式。

3. 债券投资者自我保护意识有待提高。在我国债券市场的兑付纠纷事件中，特别是个人投资者较多的债券发生违约时，债券投资者的自我保护意识薄弱，并未积极主张自己的权利。例如召开债券持有人会议时，多次出现持有人出席情况无法达成大会会议有效条件，导致会议决议无法生效的情形。笔者认为，即使我国债券市场的投资者保护机制尚待完善，但作为投资者自身，应主动了解行使权利的方式，通过合法途径充分表达自身诉求。与此同时，监管部门也应通过组织讲座、定期培训等方式，加强投资者保护机制的宣传及普及工作，提高投资者自我保护意识，引导其有效行使自身权利。

（三）引入仲裁条款，大力发展证券仲裁制度

1. 积极引入仲裁条款，发挥仲裁优势。鉴于仲裁具有灵活、高效、专业、保密等特点，与资本市场高效公正解决纠纷的诉求完全一致。因此，应大力倡导以仲裁作为债券纠纷主要解决方式。根据《仲裁法》的规定，仲裁的争议解决以达成仲裁协议为前提，因此，在实践操作中，应将仲裁条款明确纳入募集说明书、投资者之间的债券交易合同、发行人与证券公司之间的债券承销合同等，以有效解决我国债券市场常见的投资者与发行人之间的债

券兑付纠纷、投资者之间的债券交易纠纷、发行人与证券公司之间的债券承销合同纠纷。2004年，国务院法制办公室、中国证券监督管理委员会曾发布《关于依法做好证券期货合同纠纷仲裁工作的通知》明确，订立证券、期货合同和制订证券、期货合同示范文本或者格式合同，将仲裁解决纠纷的方式载入合同争议解决条款，仍有一定借鉴意义。

2. 仲裁条款在债券兑付纠纷当中的适用问题。目前，我国债券市场的纠纷以债券兑付纠纷为主，应予以重点关注。根据《公司债券发行与交易管理办法》第五十七条，发行人应当在债券募集说明书中约定构成债券违约的情形、违约责任及其承担方式，以及公司债券发生违约后的诉讼、仲裁或其他争议解决机制。一般而言，债券发行的募集说明书中规定了债券的主要权利义务，是债券法律关系的主合同，直接约束债券发行人、投资人及其他相关主体。因此，若募集说明书约定了仲裁条款，则仲裁条款对于发行人及投资人的适用是毫无疑问的。但是在债券发行过程中，除发行人、投资人外，还包括发行人董事、监事、高管、证券公司、律师事务所、会计师事务所、信用评级机构、担保人等其他当事人存在。以担保人为例，担保人在债券发行时往往是通过提供担保函等形式来为债券的债务履行提供担保责任，但该等担保函中往往又不会约定具体的仲裁条款，则担保函作为从合同，在没有约定仲裁条款的情况下，其纠纷解决能否受募集说明书等主合同的仲裁条款约束？

从法律实务角度，最高人民法院基本持否定态度。从最高人民法院关于“惠州纬通房产有限公司与惠州市人民政府履约担保纠纷案”及“成都优邦文具有限公司、王国建申请撤销深圳仲裁委员会（2011）深仲裁字第601号仲裁裁决一案”可以看出，对于担保合同是否适用主合同中仲裁条款的问题，最高人民法院坚持从仲裁协议的合同相对性及仲裁的自愿性角度出发，认为担保合同是相对于主合同的另外一个合同，担保人并非主合同的当事人，非经其自愿，不能直接受主合同的仲裁条款的约束。

因此，为避免担保函未约定仲裁条款造成的债券投资人行使权利的不便及相关纠纷，建议在担保人出具担保函时明确约定接受募集说明书的仲裁条款的约束或在担保函中约定与募集说明书相一致的仲裁条款。若担保函未对仲裁条款明确约定，可由担保人以补充函或补充协议等方式，明确约定接受

募集说明书的仲裁条款约束，或达成与募集说明书相一致的仲裁条款。

3. 大力推广普及证券仲裁制度。证券业协会等证券业自律组织应与仲裁委员会及仲裁行业相关协会合作，做好仲裁的推广工作：采用业内通讯、组织讲座等形式，加强仲裁的宣传及普及工作，使业内人员了解仲裁的基础知识及仲裁在解决证券纠纷上的优势；可以借鉴美国证券仲裁的方式，通过拟定示范性的仲裁条款，要求会员使用的合同中必须使用仲裁条款；适时、定期举办研讨会或论坛，研究证券纠纷中产生的新问题、新难点，组织证券领域和仲裁领域的专家、学者开展对证券仲裁规则的理论研究，可借鉴美国《统一仲裁规则》和CIETAC《金融争议仲裁规则》，制定《证券仲裁示范规则》，为各仲裁机构今后制定仲裁规则提供蓝本。[①]

（四）充分发挥调解在证券争议解决当中的作用

目前，中国证券业协会已成立了证券调解专业委员会和证券纠纷调解中心，制定并颁布了证券纠纷调解相关制度。该调解中心的受理范围包括：会员与会员之间发生的证券业务纠纷；会员与投资者之间发生的证券业务纠纷；会员与其他利益相关者之间发生的证券业务纠纷。即该调解中心仅受理一方为会员的证券业务纠纷，范围有限，而债券市场常见的投资者与发行人之间的债券兑付纠纷、投资者之间的债券交易纠纷等与会员无直接关联的各类纠纷，则无法通过该途径解决。

因此，中国证券业协会应考虑修改协会证券调解的规则，扩大接受调解的案件范围。此外，在上述规则尚未修改前，对于会员之外的债券纠纷，例如常见的投资人与发行人的债券兑付纠纷、投资者之间的债券交易纠纷，考虑由证监会建立的中小投资者服务中心受理此类纠纷，进行前期调解工作。

最后，对于上述通过中国证券业协会证券纠纷调解中心及证监会中小投资者服务中心进行调解的相关纠纷，仍应关注调解协议强制执行力的问题。可考虑通过法律规定或与法院合作的方式，赋予该调解协议强制执行力。例如，上海一中院便与上海证监局、中小投资者服务中心签约，开启诉调对接

①陈共炎、刘肃毅、周雪保：《证券投资者保护系列课题研究报告》，北京，中国财政经济出版社，2008。

“绿色通道”，快速审查确认由中小投资者服务中心自主受理并调解达成的调解协议，并在7个工作日内裁定准许撤诉或出具调解书，赋予调解协议的强制执行力。

七、结语

资本市场是现代金融市场的重要组成部分，而发展多层次资本市场是我国金融改革的核心内容。我国资本市场“重股轻债”的特点导致直接融资的“股强债弱”，一直以来，债券市场的发展存在监管分割、市场分割等问题，一定程度上导致债券纠纷解决机制缺乏针对性，亟待完善。在党的十八届三中全会关于“发展并规范债券市场”的号召下，我国债券市场必将迎来全新的发展机遇，与此同时，债券纠纷也将不可避免地增多。如何完善现有制度设计，构建公平高效的债券纠纷解决机制，是我国债券市场能否长期健康发展的重要因素，也必将为我国债券市场提供强有力的司法保障。

中国税务争议解决替代机制研究

李志强　崔源

缴税纳税已成了每一个公民生活中必不可少的一部分，下至超市买东西，上至开工厂办企业，税务已经融入了人们的日常生活。随着社会经济的发展和纳税人权利意识的增强，我国税务纠纷也越来越多，越来越普遍。而目前我国并未有专门有关税务纠纷的法律规定，其现行解决机制主要依赖《行政法》中规定的行政复议和行政诉讼，对于现实存在的税务争议解决来说，并未有令人满意的效率和处理结果。笔者一直致力于研究在法学学科内，用边缘学科的方法研究各种部门法之间的融合，譬如在刑事诉讼中引入民事诉讼的理论，同样，税务争议也可以用民事诉讼中的非诉解决机制来替代传统的行政复议和行政诉讼，从而灵活、便利、高效地处理税务纠纷。

一、目前我国税务争议的解决

税务争议是税务行政争议的简称，在本文中特指纳税人、扣缴义务人与税务机关就税务登记、征收方式、税收管辖、定税信息和其他涉及税收管理的问题与税务机关产生的争议。其主体是有关国家机关，主要是税务机关；客体是税务行政相对人认为侵犯其合法权益的税务具体行政行为。一般来说，税务争议通常是由不服税务行政处理决定的当事人提起，而争议的解决要以当事人全面履行税务处理决定为必要条件。

（一）税务争议的特点

1. 周期长。我国的税务行政执法行为贯穿了整个社会生产经营活动。税收行政审批、税收征管、税务稽查、税务保全和强制执行、税务行政处罚等各个环节，从纳税人的纳税申报开始经税务机关登记管理到征收入库结束，其中的每一个环节都有可能发生税务争议，甚至争议发生在税务行政行为之后的很长时间。

2. 专业性高。税法具有很强的技术性特征，对税收筹划、避税与偷税的界限，要完全区分亦非易事，[①]税务行政争议往往还与会计、财政等知识相联系，这对纳税人的相关知识要求很高，而一般纳税人又很难做到这点。因此，税务行政争议具有强专业性特点。

3. 纳税主体的抗争性。我国的税收征管存在着征收成本和纳税成本双高的情形，但是纳税人在征纳关系中的主体地位并未得到相应的体现，仍然"游离"于税收征管过程中，纳税人要么及时纳税，要么因违反税法规定而受到处罚，导致其主体性得不到体现。同时，纳税人进行生产经营的目的是追求利益最大化，为达此目的，部分纳税人往往想方设法逃避纳税义务，从而产生更多纳税争议。

（二）我国税务争议产生的原因

1. 税收立法存在的缺陷。目前我国税收法律占整个税务立法体系的比重较低，大量的税收征管行为仍以法规、规章、政策为依据。税收规范性文件在数量上占据绝对多数，税收政策变化频繁，政策代替法律法规的现象时有发生。政策多而不全，支离破碎，大量未经充分论证的政策出台，致使现实操作弊端丛生。个别地方为了局部利益，擅自变通国家税收法律法规，制定"土政策"，相当多的规范性文件与上位法相违背，地方政府规范性文件与税收法规相违背，使正常的税收秩序被打乱，使依法治税大打折扣，具体到纳税人，则造成纳税人对生产经营的可预期性差，极大地损害税法的严肃性，造成税法效力的弱化。并且一些政策并未对外公布，这种现象造成征纳双方对税务条文理解的不一致，造成税务相关法律法规的可操作性差，导致税务争议越来越多。

国务院已连发《国务院关于清理规范税收等优惠政策的通知》（国发〔2014〕62号）和《国务院关于税收等优惠政策相关事项的通知》（国发〔2015〕25号）来规定专项清理该类税收政策。

①刘剑文：《税法学》，429页，北京，北京大学出版社，2007。

2. 税务机关执法自由裁量权较大。税收法规中关于涉及税收行政处罚的条款都只是对应受处罚行为的简单列举，规定过于原则，未对税务行政相对人违法行为划分层次，处罚幅度也模糊地规定为“并处不缴或应缴税款的50%以上五倍以下的罚款；构成犯罪的，依法追究刑事责任”，而对于处罚50%以上五倍以下这个幅度所对应的违法行为没有明确规定，致使税务机关及其工作人员的自由裁量权过大，可能会出现行政处罚的不公平，从而导致税务争议。

（三）传统税务争议解决方式

《中华人民共和国税收征收管理法》第八十八条规定，纳税人、扣缴义务人、纳税担保人同税务机关在纳税上发生争议时，必须先依照税务机关的纳税决定缴纳或者解缴税款及滞纳金或者提供相应的担保，然后可以依法申请行政复议；对行政复议决定不服的，可以依法向人民法院起诉。

当事人对税务机关的处罚决定、强制执行措施或者税收保全措施不服的，可以依法申请行政复议，也可以依法向人民法院起诉。

当事人对税务机关的处罚决定逾期不申请行政复议也不向人民法院起诉，又不履行的，作出处罚决定的税务机关可以采取本法第四十条规定的强制执行措施，或者申请人民法院强制执行。

1. 行政复议存在的问题。首先，行政复议机关往往是原税务行政决定作出机关的上级单位，本身其所作出的行政复议决定就难以服众。其次，行政复议以书面审查为原则，缺乏审查力度。

2. 行政诉讼存在的问题。行政诉讼的受案范围，受制于《行政诉讼法》所规定的受案范围，局限于具体行政行为，而有些政策性的税务规范性文件则是抽象行政行为，无法受诉。在我国行政诉讼领域，由于一直强调“公权力不可处分”，所以对于税务争议很少采用协调乃至和解的方式，很难让税务争议的处理得到征纳双方都满意的结果。另外，由于税务的专业性，目前我国并未有专门的税务法庭，导致法官在审理税务争议案件时，不得不求助于税务部门，那么独立性及权威性就很难体现。

二、国外税务争议解决替代机制

（一）英美法系中的税务争议解决替代机制

1. 英国税务争议解决替代机制。自2009年4月1日起，英国实行新的税收裁判所制度，取代之前存在的四个分散的税收裁判所。新的税收裁判所分为两级：初审裁判所负责绝大多数税收争议；高级裁判所负责处理对初审裁判所决定不服的上诉，承接了原来由高等法院审理的税收上诉。

设立专业的法院外纠纷解决机构——税收裁判所对税务争议进行审议。税收裁判所具有专业性和权威性。

2. 美国税务争议解决替代机制。为了保护纳税人权利，解决税收争议，美国建立了以行政复议和司法审查为主，提起行政复议前的协商和调解，以及国家纳税人援助官为辅的税务行政争议解决机制。此外还设立专业的税务法院及裁判人员，他们拥有丰富、专业的税收知识，技术化程度高，而且税务法院不由陪审团审案，程序方便快捷，并针对较低争议款项设置了简易程序。

在美国，如果纳税人对联邦税务局作出的决定不服，可以要求与作出决定的联邦税务局职员的上级进行当面或电话会议的会谈，会谈可以自己参与，也可以委托代理人参与，以期在双方的共同努力下达成争议解决的最好效果。协商是替代性纠纷解决机制（ADR）所倡导的纠纷解决方式。

纳税人援助官类似“兜底”条款。一般来说，当纳税人穷尽所有正常救济渠道后，税务争议仍未得到满意解决或认为当前联邦的税务制度处于不良运行状态中，纳税人可以请求纳税人援助官进行帮助，必要时可以申请签发纳税人援助令。

（二）大陆法系中的税务争议解决替代机制

1. 法国税务争议解决替代机制。法国议会专门通过立法设立了争议解决委员会，职责是针对纳税人提出的减免请求问题向税务机关提供咨询意见。纳税义务可以得到减免的另一种途径是税务机关与纳税人之间达成的协议，通过达成协议这种类似于和解的方式来解决税务争议，在法国税法上被认为具有终局的效力。同时，法国税法对达成协议的程序作出较为灵活的规定，税务机关和纳税人都可以在税款缴纳之前或之后主动向对方提出达成税收协议的请求，以避免可能出现的税务争议。

另外，法国还设立了咨询机构，其功能在于预防税务机关与纳税人之间可能出现的争议或对该争议事项提供仲裁。“直接税与营业税地方委员会”和“地方税收协商委员会”就是其中具有代表性的两个组织。前者由地方行政法院的法官，税务机关派出的具有相当于主要税收调查官地位的人员及纳税人代表共同组成。该委员会主要针对有关税务争议的事实问题提供咨询意见。后者由地方税务机构的主任官员，隶属于经济、财政与工业部的税务总局派出的三名官员，三名纳税人代表，一名公证人及普通法院的一名法官共同组成。该委员会主要针对税务机关与纳税人在印花税征缴过程中，对有关交易价格的确定或估算方面发生争议时提供咨询意见。

2. 日本税务争议解决替代机制。日本没有专门的行政法院，税收行政诉讼由普通法院负责审理，但是在诉讼中设立了专门的税务法庭，以杜绝税务机关以其专业优势影响法院的中立判断。

另外，日本还设立了苦情处理制度，是一种申诉制度，往往针对不良行政。该制度的优点在于涉及的对象广泛、没有申诉期间的限制等。但是行政机关从中的斡旋、调解等行为不具有强制力。苦情处理为税务行政相对人提供了发泄不满情绪的渠道，不仅能够使争议得到缓和，而且有助于增进税务机关与税务行政相对人之间的相互理解与信任。

三、构建我国税务争议解决替代机制

（一）构建我国税务争议解决替代机制的法律基础

2007年3月13日，国家税务总局发布《关于全面加强税务行政复议工作的意见》（国税发〔2007〕28号），提出要“注重运用调解手段，实现法律效果与社会效果的统一”，强调“调解是化解矛盾的有效手段”，“坚持原则性与灵活性相统一，依法进行调解”，并总体给出了“必须坚持当事人自愿、合法、公平、公正、诚实守信的原则，不得侵害纳税人的合法权益”的行政复议调解原则。

同月，最高人民法院发布的《关于进一步发挥诉讼调解在构建社会主义和谐社会中积极作用的若干意见》中明确指出，对行政诉讼案件，人民法院可以根据案件实际情况，参照民事调解的原则和程序，尝试推动当事人和解。人民法院要通过行政诉讼案件和解实践，不断探索有助于和谐社会建设的多种结案方式，不断创新诉讼和解的方法，及时总结工作经验，不断完善行政诉讼案件和解工作机制。因此税务行政执法作为行政执法中的一个重要分支，税务争议完全可以参照民事调解的原则和程序，推动当事人用和解的方式解决税务争议。

2010年4月1日，《税务行政复议规则》正式确立了“税务行政复议和解与调解”，明确规定：“对下列行政复议事项，按照自愿、合法的原则，申请人和被申请人在行政复议机关作出行政复议决定以前可以达成和解，行政复议机关也可以调解：（1）行使自由裁量权作出的具体行政行为，如行政处罚、核定税额、确定应税所得率等。（2）行政赔偿。（3）行政奖励。（4）存在其他合理性问题的具体行政行为。”对税务行政复议和解与调解的适用范围和基本原则，设计了详细的程序和具体要求，“税务行政复议的和解与调解”的正式确立向税务争议用和解方式解决的方向迈出了重要一步。

但现行《中华人民共和国行政诉讼法》第六十条规定，人民法院审理行政案件，不适用调解。这一规定至今仍然有效，因此，税务行政调解仅适用于税务行政复议。

（二）构建我国税务争议解决替代机制应遵循以下原则

1. 合法原则。现行法律规范中仅规定了行政复议和行政诉讼，并且在行政诉讼中不得适用调解，若需建立起我国税务争议解决的替代机制，必将对相应现行法律规范进行修改，制定相应的税务争议解决配套措施。

2. 公正原则。税收争议的产生对于正常税收管理秩序来说是一个不稳定因素，不利于维护税收管理秩序有效运转，如果解决不好还有可能引发新的税务争议甚至其他不良后果。

3. 效率原则。这是基于税收成本的考虑，作为税收征管机关，降低税收成本尤其重要，如果成本过高，有悖于税务机关的为国聚财宗旨。这里的税收成本不仅仅是指以货币衡量的经济成本，还有其他成本，如社会效应、税务机关的公信力、税收执法的威慑力等。遵循效率原则对于减轻纳税人的负担、方便纳税人也有着非常重要的意义。

（三）我国税务争议解决替代机制

对于我国税务争议解决替代机制来说，首先，必须要在立法上给予相应支持，承认相应替代机制的合法性。其次，替代机制并不是完全替代，在现有行政复议手段和行政诉讼手段的基础上更加丰富从而构建出一个多元化的税务争议解决机制。这就要对行政复议和行政诉讼进一步完善。结合上述境外国家已有的税务争议解决替代机制，适合我国的有以下税务争议解决替代机制。

1. 建立征纳双方的商谈机制。商谈机制，即通过征纳双方就争议的事实、证据、法律适用、决定、程序等方面双向沟通，互换信息，并提出条件以供对方作出选择判断，促进彼此换位思考，增进了解、理解，尤其是征税部门对缴纳一方提出的陈述、辩解、意见本着认真对待的态度，及时作出合情合理合法的回应，最终形成吸纳了双方意志和利益（合意）的联合处理决定，达成征纳和谐共赢并解决争议的理念与机制。①商谈机制可以建立在目前行政复议中已有的和解和调解的基础上，将其制度化。

2. 引入税务争议仲裁机制。仲裁多出现在商事领域，非常灵活，只要争端当事人双方均同意以仲裁方式解决争端，并且这种同意要以仲裁协议作为承载，仲裁机制即可启动。仲裁机制是一种有效的争议解决方法，是一种可以产生公共效果的私人程序。②在实践中并不是所有的争议都可诉诸于仲裁，只有具有可仲裁性的争议才可诉诸于仲裁。某一特定问题究竟能不能通过仲

①臧荣华：《税收争议解决的新模式：商谈》，载《甘肃理论学刊》，2013（2），139页。
②韩迎：《论国际税务争议的仲裁解决方法》，华东政法学院硕士学位论文，2007。

裁加以解决，取决于一个国家的法律对此作出的规定，或一国法院在适用法律时作出的认定。随着可仲裁事项呈扩大化趋势，涉及公法领域的部分争议不再是仲裁的禁区，而在税务争议救济程序中，案件审理者的独立性经常受到纳税人的质疑。而仲裁程序对纳税人来说，更能彰显程序上的公正，更容易被接受。因为仲裁程序中，纳税人有权选择独立、公正的仲裁员，按照现有法律和已有约定审理税务争议。

四、发挥律师在税务争议解决替代机制中的重要作用

由于税法的专业性，税务争议一旦发生，当事人甚至未发现争议和纠纷到底分歧在何处，就此陷入一种迷茫的状态，此时，专业中介机构的介入很大程度上决定着当事人的纠纷解决思路和决策。自2014年7月，注册税务师取消资格许可，律师就更能够在税务争议中发挥重要作用。律师善于从法律角度解决注册会计师、注册税务师难以解决的问题，从而在税务争议解决中扮演重要角色。

律师因为具有丰富的财税法律知识和实践经验，所以面对纠纷有足够的能力运用法律知识进行判断和衡量，能根据法律的规定，对当事人的行为进行法律上的预测，对于纠纷的评价意见更可能“接近正义”，更有可能使当事人获得与法律规定相当的结果，这是纠纷当事人所期盼的，也是其对法律权威的信仰需要。①

律师一方面依据法律的规定评价纠纷，另一方面促使当事人放弃法定的权利而寻求实际利益，帮助当事人寻求权利与利益统一的结合点，使税务争议得到妥善解决。建立税务律师介入机制，不仅能有效地维护当事人的合法权益，而且能最大限度地降低税务行政成本，提高税务行政效率，促进税务机关依法行政，对构建和谐征纳关系起到非常积极的作用。

综上，税务争议解决替代机制并不能完全取代行政复议和行政诉讼手段，而是多元化税务争议解决机制的重要组成部分。只有综合运用各种争议

①林应钦：《诉讼外纠纷解决机制中的律师角色》，载《中国司法》，2005（10），61页。

解决手段，兼顾效率与公平，有效提高税法执法和守法水平，才能建立和谐的税收征纳关系。

中国律师在税务争议替代机制中应当也完全可以发挥其应有的积极作用，培育专业税务律师、开拓税务法律新兴市场。可以预见，不久的将来，中国律师将成为税务争议解决的中坚力量。

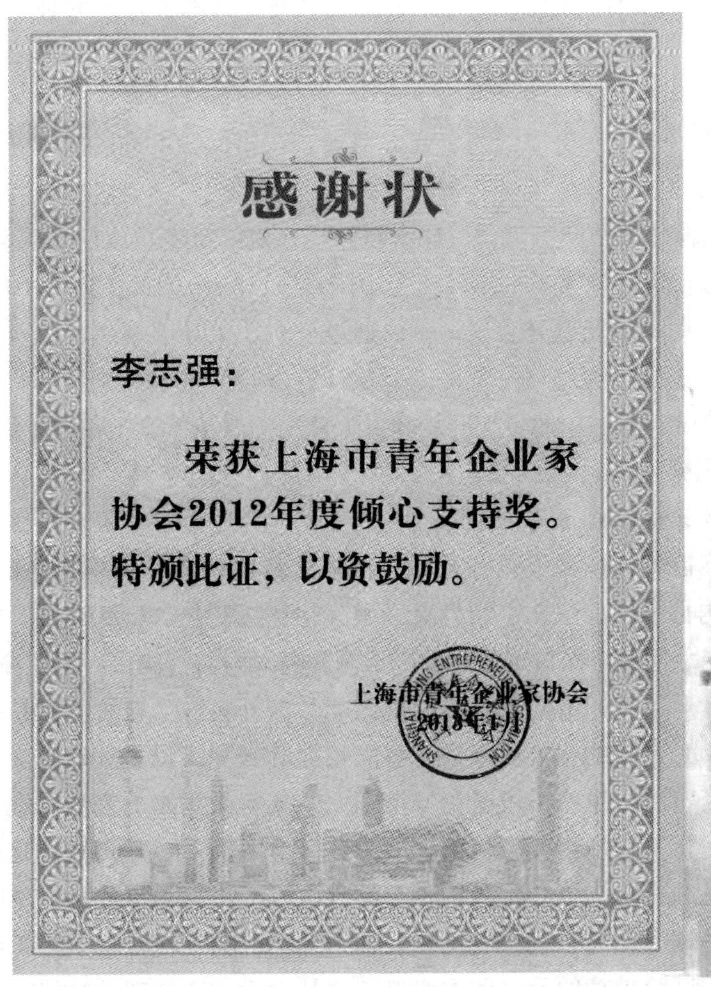

感谢状

李志强：

荣获上海市青年企业家协会2012年度倾心支持奖。特颁此证，以资鼓励。

上海市青年企业家协会
2013年1月

中国自贸区争端解决的管辖

李志强　田孝明

2013年9月29日，中国（上海）自由贸易试验区（以下简称自贸区）正式挂牌成立。国务院在《关于印发中国（上海）自由贸易试验区总体方案的通知》中明确，建立中国（上海）自由贸易试验区，是党中央、国务院作出的重大决策，是深入贯彻党的十八大精神，在新形势下推进改革开放的重大举措，对加快政府职能转变、积极探索管理模式创新、促进贸易和投资便利化，及全面深化改革和扩大开放探索新途径、积累新经验具有重要意义。

在上海自贸区探索了一年以后，中国自贸区开始正式扩容。2015年3月24日，中共中央政治局召开会议，审议通过广东、天津、福建自由贸易区总体方案，进一步深化上海自由贸易区改革开放方案。这也意味着自贸区建设将上一个新台阶，新一轮的更加开放和更大范围的改革试点正在稳步推进。

如何充分发挥自贸区的作用，引进外资、方便贸易及投资，进一步推进改革开放，从而真正带动中国经济的发展，为国内外投资者提供一个更加适应于国际市场环境的争端解决环境，这成为其中的关键因素。而自贸区争端解决机构也承担着建立中国自贸区国际化和法制化“营商环境”的重大任务，肩负着力争将中国自贸区建设成为国际商事争端解决中心的使命。

自贸区运行后，将会催生一大批国际和涉外案件。自贸区贸易和投资的便利化、扩大开放的各类政策措施将大幅提升国际投资、贸易的交易量，国际和涉外商事纠纷也将不可避免地增多。争端解决机制的完善及进一步与国际接轨，是自贸区能否长期健康发展的一个重要因素，是自贸区是否具有国际先进水平的标志，也必将为扩容后的自贸区提供强有力的司法保障。在纷繁复杂的争端中，首当其冲的便是管辖问题。法制环境是自贸区各项先行先试事项能否试验成功的前提和重要保证，其中诉讼和仲裁是自贸区内各类争端解决的主要途径，而诉讼、仲裁管辖权的确定也需要不断适应新形势、解决新问题。

一、涉自贸区诉讼案件的管辖

（一）涉自贸区诉讼案件管辖现状

1. 上海自贸区。

上海自贸区挂牌后，上海市高级人民法院出台了《上海法院服务保障中国（上海）自由贸易试验区建设的意见》，明确加强自贸试验区审判机构建设，研究推行与自贸试验区相关的投资、贸易、金融及知识产权等案件的集中管辖机制，提升诉讼便利化水平，不断完善执行工作的快速反应和联动机制，确保相关纠纷得到公正、专业、高效的解决。

为满足自贸区内与投资、贸易、金融、航运等有关的高水平争端解决的需要，经上海高院批准，2013年11月5日，上海浦东新区人民法院自由贸易区法庭正式挂牌成立。作为浦东新区人民法院的派出法庭，自贸区法庭将集中受理、集约审理由浦东法院管辖的与自贸区相关联的商事、金融、知识产权和房地产案件，并根据自贸区建设和运行实际，对受案范围作相应调整。成立后的自贸区法庭判决和裁定即为浦东新区人民法院的一审判决和裁定，二审案件由上海市第一中级人民法院管辖。

上海市第一中级人民法院还制定了《关于为中国（上海）自由贸易试验区提供司法保障的方案》，设立专项合议庭，依法集中审理涉自贸区相关二审案件及重大一审案件，并组建“上海自由贸易试验区司法问题应对小组”，与上海财经大学开展涉自贸区案件法律适用研讨等合作。①

2014年4月，上海市第一中级人民法院发布《涉中国（上海）自由贸易试验区案件审判指引（试行）》，为建设中的自贸区出现各类诉讼案件的受理、审理、裁判及执行等环节提供指引性思路。

随着上海自贸区扩围，2015年4月，自贸区法庭受案范围予以调整，将受理、审理依法由浦东法院管辖的两大类案件：第一类是与上海自贸试验区相关联的投资、贸易、金融等商事案件和知识产权民事、刑事、行政案件；第

①《推进司法保障 把脉法律适用——中国（上海）自由贸易试验区制度建设与司法保障研讨会综述》，载《人民法院报》，2014-05-14。

二类是与浦东新区开放型经济相关联的民商事案件和知识产权民事、刑事、行政案件。同时，可根据上海自贸试验区建设发展实际，对受案范围适时作相应调整。

2. 天津、广东、福建自贸区。

在借鉴上海自贸区可复制、可推广的改革创新成果的基础上，天津市高级人民法院于2015年1月30日出台《天津法院服务保障中国（天津）自由贸易试验区建设的意见》，共计22条，强调在自贸区内设立专门审判机构，而天津二中院也仿效上海法院的实践相应出台了《天津市第二中级人民法院中国（天津）自由贸易试验区案件审判指引》。

在广东自贸区，三大片区当地的管辖法院也相继出台配套措施。广东前海法院及南沙法院出台各项意见，而为突出自贸试验区粤港澳深度合作的战略定位，横琴法院将选任澳门籍陪审员等。在广东自贸区横琴片区正式挂牌的同时，还成立了横琴片区知识产权巡回法庭，负责审理与广东自贸区相关的属于珠海市中级人民法院管辖的各类知识产权纠纷案件。

而福建自贸区法院虽然尚未正式成立，但筹备措施已经展开。4个知识产权法庭即将在福建自贸区内设立，厦门中院也已经出台若干意见服务自贸区建设。

（二）建立涉自贸区诉讼案件集中管辖的必要性及可行性

据《2014年涉自贸试验区审判工作白皮书》统计，上海自贸区法庭成立一年来共受理民商事案件687件，较浦东新区法院上一年度同期受理的同区域同类案件同比上升28.41%，除劳动争议案略有下降外，其他各主要类型案件量均有不同程度的增长。其中知识产权案件增幅最为显著，从10件增至37件，增幅为270%；金融商事案件增幅为48.48%；投资贸易商事案件也呈多发现象，从2013年的260件增至348件，占到了民商事案件的五成。

自2015年3月1日起，陆家嘴金融片区、金桥开发片区及张江高科技片区将正式纳入上海自贸区版图。这意味着自贸区扩围后，更多金融类、贸易类案件将由上海自贸区法庭管辖。

基于自贸区先行先试的根本特点，新领域、新模式的出现，以及有关法

律法规调整实施将带来越来越多新的法律问题，出现更多新的、疑难的争议案件，从而对法院的争端解决能力提出更高的要求、更新的挑战。

尽管上海自贸区法庭将集中受理、集约审理由浦东法院管辖的与上海自贸区相关联的投资、贸易、金融等商事案件和知识产权民事、刑事、行政案件，及与浦东新区开放型经济相关联的民商事案件和知识产权民事、刑事、行政案件，但实际上自贸区法庭还是严格依照《民事诉讼法》地域管辖和级别管辖等管辖规定来受理案件。

而上海自贸区扩围后，面积可达120.72平方公里，但是无法容纳日益增多的企业入驻进行实际经营。因此，自贸区内注册登记的企业，在区外经营已成为普遍现象。而根据《民事诉讼法》的相关规定，被告住所地（包括被告注册地及被告实际经营地）、合同履行地、侵权行为地等均可以成为法院管辖的依据，因此，自贸区法庭与自贸区外法院同时具有管辖权的情形并不少见。上海自贸区中有部分属于浙江省辖区，这就意味着全国各地法院均可能受理涉自贸试验区案件。而且，当事人可以通过协议管辖的方式选择法院，就涉自贸区案件的法律法规把握程度上看，当事人选择的法院未必是最合适的法院。这种管辖的分散化会使政策的解读、法律的适用受到严峻的挑战，而集中管辖可以确保法律和政策适用的统一口径。①

与上海自贸区的情形类似，天津、广东、福建自贸区未来也将面临上述问题。鉴于自贸区内有关法律法规的调整可能导致区内区外适用法律法规的统一问题，且自贸区改革涉及面广，政策性强，为保证法律适用的统一，笔者认为，应当根据各地自贸区的不同特点，在上海、天津、广东、福建自贸区内分别建立涉自贸区案件的集中管辖制度。该集中管辖不但有利于案件的高水平高质量审理，也能有效保证法律适用的统一，维护司法权威。通过公正高效的审判，促进自贸试验区符合国际化、法治化要求的跨境投资和贸易规则体系的率先建立，以有效应对自贸试验区法治环境建设中出现的新情况、新问题，探索符合自贸试验区改革创新定位的审判机制，形成可复制、可推广的司法经验，通过实践锻炼培育出一支精通自贸试验区相关法律规则

①陈立斌：《自由贸易区司法评论（第一辑）》，北京，法律出版社，2014。

的正规化、职业化、专业化法官队伍。当然，涉自贸区案件的集中管辖制度将一定程度上突破我国现行《民事诉讼法》关于管辖的规定，但修改《民事诉讼法》的规定目前并不现实，因此，在自贸试验区立法尚不完善、新类型纠纷处理规则尚未明确的阶段，可考虑最高人民法院参照以往的司法实践，通过司法解释授权由自贸区法庭集中管辖涉自贸区案件。①

在建立涉自贸区案件集中管辖制度的同时，需要对“涉自贸区案件”作出明确定义。对此可参照上海市第一中级人民法院《涉中国（上海）自由贸易试验区案件审判指引（试行）》中关于适用范围的界定：（1）当事人一方或双方，公民的户籍地或经常居住地在自贸试验区内的或法人、其他组织的住所地在自贸试验区内的；（2）诉讼标的物在自贸试验区内的；（3）产生、变更或者消灭民事关系的法律事实发生在自贸试验区内的；（4）被诉行政行为的合法性审查涉及自贸试验区相关法律规定适用的。需要特别注意的是，鉴于自贸区并非纯粹的地理概念，而是作为国家制度创新的特殊区域。因此，发生在自贸区内的婚姻继承、人身权纠纷、交通事故责任纠纷等传统民事纠纷，并不涉及自贸试验区的制度与功能，因而不宜归入“涉自贸区案件”的范畴。②

因此，通过涉自贸区案件的集中管辖，实现自贸区扩围后法律适用的统一及争端解决机制的完善，为中国自贸区的持续健康发展提供强有力的司法保障，具有重大意义。

二、涉自贸区仲裁案件的管辖

（一）涉自贸区仲裁案件管辖现状

1. 上海自贸区。

《中国（上海）自由贸易试验区条例》明确，本市依法设立的仲裁机构应当依据法律、法规并借鉴国际商事仲裁惯例，适应自贸试验区特点完善仲

①陈力：《上海自贸区投资争端解决机制的构建和创新》，载《东方法学》，2014（3）。

②包蕾：《涉自贸试验区民商事纠纷趋势预判及应对思考》，载《法律适用》，2014（5）。

裁规则，提高商事纠纷仲裁的国际化程度，并基于当事人的自主选择，提供独立、公正、专业、高效的仲裁服务。随着自贸区对外开放的不断加强，自贸区的商事主体将遇到更多涉及跨境投融资、国际贸易等一系列专业性、国际性的法律争端，需要更具国际水准的专业人员处理争端，提供司法保障。鉴于仲裁具备高效、保密、意思自治、国际上便于承认执行等特点，对于涉外民商事活动的当事人，往往更倾向于选择独立的、非官方的、可以外语作为仲裁语言的、由众多不仅精通法律而且在不同行业具备丰富经验的仲裁员组成的仲裁机构作为争端解决管辖机构。

2013年10月22日，上海国际经济贸易仲裁委员会（上海国际仲裁中心）“中国（上海）自由贸易试验区仲裁院”正式成立。2013年11月26日，中国（上海）自由贸易试验区仲裁院在自贸区内首次开庭。2014年 5月1日，上海国际经济贸易仲裁委员会《中国（上海）自由贸易试验区仲裁规则》正式生效施行。

《中国（上海）自由贸易试验区仲裁规则》吸纳和完善了诸多国际商事仲裁的先进制度。如完善了“临时措施”并增设了“紧急仲裁庭”制度；突破了当事人选定仲裁员的“名册制”限制，确立了仲裁员开放名册制；细化了“案件合并”、“其他协议方加入仲裁程序”及“案外人加入仲裁程序”等制度；通过设立仲裁庭组成前的调解员调解程序，进一步完善了“仲裁与调解相结合”的制度；进一步强化了仲裁中的证据制度；纳入了“友好仲裁”制度；增设了“小额争议程序”，降低了相应的仲裁收费。这一“几乎与国际接轨”的仲裁规则，能更好地为境内外当事人提供更为公正、专业、便捷、高效的仲裁法律服务，有助于发挥仲裁自身的优势，高效解决争议。①

而作为上海国际经济贸易仲裁委员会的司法审查单位，上海市第二中级人民法院也于2014年 5月4日颁布了《关于适用〈中国（上海）自由贸易试验区仲裁规则〉仲裁案件司法审查和执行的若干意见》，为《中国（上海）自由贸易试验区仲裁规则》的实施提供了强有力的司法保障。至此，上海自贸区已经构建了一个自贸区仲裁机构、一部自贸区仲裁规则、一个涉自贸区仲

①张贵志：《首部自贸区仲裁规则九大创新》，载《法制周末》，2014-04-09。

裁规则的司法审查意见三位一体的自贸区仲裁机制。[①]

当然，上海自贸区仲裁院的设立意在为涉自贸区商事纠纷的当事人提供高效便捷及专业化和国际化的仲裁服务，而非垄断涉自贸区商事仲裁案件。按照我国仲裁法的规定，涉外商事纠纷的当事人可以依据当事人意思自治原则自由选择仲裁机构及仲裁地点。因此，基于仲裁当事人意思自治的原则，根据仲裁实践，涉自贸区案件的当事人可协议选择上海国际仲裁中心（上海国际仲裁中心）、中国国际贸易仲裁委员会、上海仲裁委员会等仲裁委员会甚至国外仲裁机构进行仲裁。日前，上海市常务副市长屠光绍表示，上海支持国际知名的争议解决机构入驻上海自贸区，可以预见，在不久的将来，当事人可以在香港国际仲裁中心等全球知名专业法律服务机构驻上海自贸区的办事机构进行仲裁。

2. 天津、广东、福建自贸区。

鉴于天津、广东、福建自贸区成立不久，相关仲裁制度仍在不断完善当中。《天津法院服务保障中国（天津）自由贸易试验区建设的意见》中明确提及，支持仲裁在纠纷解决中的作用，注重回应自贸区仲裁新规则，出台相应意见，保障仲裁制度创新。为支持天津自贸区建设法制化、国际化营商环境，中国国际贸易仲裁委员会和中国海事仲裁委员会拟于天津自贸区成立仲裁中心。

而设于珠海市横琴新区的珠海国际仲裁院，也发布了仲裁规则和仲裁员名册，设立了“庭前会议制度”、专家咨询会议制度，增强了处理复杂当事人或复杂合同纠纷的能力，服务于广东自贸区横琴片区。

2015年6月6日，厦门国际商事仲裁院、厦门国际商事调解中心正式揭牌，为福建自贸区的争议解决提供仲裁支持。

鉴于仲裁作为国际通行的专业化的商事争议解决机制在自贸区法治建设过程中发挥的重要作用。上海、天津、福建、广东等自贸区的仲裁机构在深圳前海发起建立中国自由贸易试验区仲裁合作联盟，该合作联盟由上海国际经济贸易仲裁委员会、天津仲裁委员会、福州仲裁委员会、深圳国际仲裁

①袁杜娟：《上海自贸区仲裁纠纷解决机制的探索与创新》，载《法学》，2014（9）。

院、珠海仲裁委员会、南沙国际仲裁中心联合发起。联盟有利于集聚自贸区优质仲裁资源，形成中国自贸区仲裁机构的合作交流机制，提升中国自贸区仲裁专业化和国际化服务水平。

（二）仲裁机构管辖权之争的历史沿革

目前，考虑到仲裁机构的专业性，涉中国自贸区的涉外仲裁案件，当事人往往倾向于选择中国国际经济贸易仲裁委员会、上海国际经济贸易仲裁委员会或华南国际经济贸易仲裁委员会。而选择哪一个仲裁机构，以及订立仲裁条款的理解与管辖，在法律实务中，也可能存在争议。笔者2014年7月承办的一起涉外股权投资纠纷案件中，便涉及上海国际经济贸易仲裁委员会与中国国际经济贸易仲裁委员会的管辖权之争。在该案件中，双方订立仲裁条款所指向的仲裁机构为“中国国际经济贸易仲裁委员会上海分会”。双方分别在上海国际经济贸易仲裁委员会、中国国际经济贸易仲裁委员会（位于上海）立案并得到受理。而本案更具争议的是，我方代理的当事人在上海国际经济贸易仲裁委员会获得胜诉裁决，而对方在中国国际经济贸易仲裁委员会（位于上海）同样获得胜诉。即本案的两个仲裁机构不仅存在对于所订立仲裁条款的管辖权之争，还存在完全相反的裁决。

关于上海国际经济贸易仲裁委员会、华南国际经济贸易仲裁委员会与中国国际经济贸易仲裁委员会的管辖权历史纷争及相关时间节点，笔者认为有必要作一定的梳理：

2012年8月1日，中国国际经济贸易仲裁委员会（以下简称中国贸仲）在其网站和相关媒体上发布公告，题为《中国国际经济贸易仲裁委员会关于约定由中国国际经济贸易仲裁委员会上海分会、中国国际经济贸易仲裁委员会华南分会仲裁的案件的管理公告》。该管理公告称，自2012年8月1日起，中止对中国国际经济贸易仲裁委员会上海分会（以下简称上海贸仲）、中国国际经济贸易仲裁委员会华南分会（以下简称华南贸仲）接受仲裁申请并管理仲裁案件的授权，并在公告中要求，当事人约定将争议提交上海贸仲或华南贸仲仲裁的，自2012年8月1日起，当事人应向中国贸仲申请仲裁，由中国贸仲秘书局接受仲裁申请并管理案件。同年8月4日，上海贸仲和华南贸仲发表联合声明，称上海贸仲和华南贸仲的仲裁管辖权来自当事人的约定，而非任何其他机构的授权，更不存在中止授权的问题。

为解决中国贸仲与上海贸仲、华南贸仲之间的管辖权纷争，最高人民法院于2013年9月4日向全国各高级人民法院下发《最高人民法院关于正确审理仲裁司法审查案件有关问题的通知》（法〔2013〕194号），要求对于当事人以中国贸仲、上海贸仲、华南贸仲受理仲裁案件的管辖权等问题为由申请确认仲裁协议效力的案件，以及申请撤销或者不予执行三家机构仲裁裁决的案件，人民法院在作出裁定之前，须经审判委员会讨论提出意见后，逐级上报至最高人民法院，待最高人民法院答复后，方可作出裁定。自此，最高人民法院确立了此类问题的“逐级报告制度”。

虽然最高人民法院确立了“逐级报告制度”，但并未根本解决管辖权纷争。2014年12月31日，上海市第二中级人民法院作出（2012）沪二中民认（仲协）字第5号《民事裁定书》，查明并认定：（1）中国国际经济贸易仲裁委员会上海分会是经上海市人民政府于1988年批准设立的隶属于中国国际贸易促进委员会上海市分会管理的仲裁机构，经上海市机构编制管理机关依法登记为事业单位法人，并由上海市司法局依法进行了仲裁机构司法登记，取得《中华人民共和国仲裁委员会登记证》；（2）经上海市人民政府批准，上海市机构编制委员会批复同意，中国国际经济贸易仲裁委员会上海分会更名为“上海国际经济贸易仲裁委员会”，并同时启用“上海国际仲裁中心”的名称；（3）仲裁协议约定的“中国国际经济贸易仲裁委员会上海分会”（现已更名为上海国际经济贸易仲裁委员会）系依法设立的仲裁机构，上海国际经济贸易仲裁委员会（上海国际仲裁中心）有权根据当事人签订的仲裁协议受理仲裁案件并作出裁决，相关纠纷应由上海国际经济贸易仲裁委员会（上海国际仲裁中心）受理。

2015年1月6日，深圳市中级人民法院作出（2013）深中法涉外仲字第133号民事裁定书。该民事裁定书查明并认定：（1）中国国际经济贸易仲裁委员会华南分会系依法设立的仲裁机构，该机构现已依法更名为华南国际经济贸易仲裁委员会（深圳国际仲裁院）；（2）华南国际经济贸易仲裁委员会（深圳国际仲裁院）有权根据当事人签订的仲裁协议受理约定由“中国国际经济贸易仲裁委员会华南分会”仲裁的案件并作出裁决。

2015年2月13日，北京市第二中级人民法院依法作出（2014）二中民特字第07708号民事裁定书，查明并认定：（1）深圳市人民政府于2012年11月24日发布的第245号政府令《深圳国际仲裁院管理规定（试行）》（已经报国务院备案并登记）明确规定，华南国际经济贸易仲裁委员会是由原中国国际经济贸易仲裁委员会华南分会依法更名而来；（2）涉及中国国际经济贸易仲裁委员会华南分会管辖权争议的案件应由华南国际经济贸易仲裁委员会所在地的广东省深圳市中级人民法院管辖，北京市第二中级人民法院无管辖权。本案移送广东省深圳市中级人民法院处理。

自此，上海、深圳、北京的地方人民法院均一致认定中国国际经济贸易仲裁委员会上海分会、中国国际经济贸易仲裁委员会华南分会的仲裁条款应分别由上海国际经济贸易仲裁委员会（上海国际仲裁中心）、华南国际经济贸易仲裁委员会管辖。在上述地方人民法院以司法文书形式作出认定后，最高人民法院并未立即明确表态。

（三）仲裁机构管辖权之争的解决方式

2015年7月15日，最高人民法院正式作出《关于对上海市高级人民法院等就涉及中国国际经济贸易仲裁委员会及其原分会等仲裁机构所作仲裁裁决司法审查案件请示问题的批复》。自此，中国贸仲与上海贸仲、华南贸仲之间的管辖权纷争终于解决。该批复确立了以下原则：首先，以更名时间作为划分管辖权的基础。在上海贸仲及华南贸仲更名前约定中国国际经济贸易仲裁委员会上海分会或中国国际经济贸易仲裁委员会华南分会的，上海贸仲或者华南贸仲享有管辖权，而更名之后则由中国贸仲享有管辖权。其次，保护仲裁裁决效力。 该批复施行之前中国贸仲、上海国仲、华南国仲已经受理并作出的仲裁裁决的效力不受管辖权之争影响。笔者认为，该批复在解决管辖权之争的同时实际兼顾了各仲裁机构的利益，承认上海贸仲及华南贸仲的独立地位及更名的合法性，继续维护中国贸仲在仲裁界的公信力，也为当事人选择仲裁条款提供了明确的指引，有助于推动中国国内仲裁事业的良性发展。

而在上海自贸区内，上海国际经济贸易仲裁委员会（上海国际仲裁中心）“中国（上海）自由贸易试验区仲裁院”的成立，《中国（上海）自由贸易试验区仲裁规则》的正式生效施行，以及上海市第二中级人民法院《关于适用〈中国（上海）自由贸易试验区仲裁规则〉仲裁案件司法审查和执行的若干意见》的颁布，则为涉自贸区案件仲裁方式的争端解决提供了强有力的支撑。基于上海国际仲裁中心“几乎与国际接轨”的仲裁规则及上海法院直接有效的司法保障，可以预见，未来将会有越来越多的国内外涉自贸区案件当事人选择上海国际仲裁中心作为争端解决的仲裁机构。

三、结语

专业化和高水平的诉讼纠纷解决机制的建立是自贸区良性运转的重要保障。而仲裁则是贸易和投资领域被各国和各国际性经济组织所普遍采用的争端解决方式，仲裁具有专业、高效、周期短、技术性强的特点，体现了自愿、协调和自我约束的原则，仲裁也应当成为中国自贸区争端解决的首选方式。①

上海、天津、广东、福建，各地自贸区的扩容必将进一步发挥中国自贸区的辐射作用。而涉自贸区案件争端解决机制的专业化及国际化，诉讼、仲裁等多元化争端解决机制的完善、管辖权的确定以及进一步与国际接轨，必将为实现中国自贸区国际化和法制化“营商环境”提供强有力的司法保障。

中国仲裁法学研究会

China Academy of Arbitration Law

获奖证书

李志强、田孝明同志：

经评审，你们撰写的《中国自贸区争端解决的管辖》一文，在中国仲裁法学研究会主办的第八届仲裁与司法论坛中，荣获“仲裁理论研究优秀论文奖”。

特发此证。

中国法学会研究部　　中国仲裁法学研究会

2015年10月16日

①沈国明：《法治创新：建设上海自贸区的基础要求》，载《东方法学》，2013（6）。

The Dispute Resolution Mechanisms of China Free Trade Zone

李志强

Abstract

China Free Trade Zone (hereinafter referred to as China FTZ) is aimed at establishing international level FTZ which is convenient for investment and trade, with effective regulation and normative legal environment and become the test field for promoting reform and improving the level of open economy.

In the wake of Shanghai, the successive opening up of Tianjin, Guangdong and Fujian FTZ will further play the overall radiation effect of China FTZ. For the purpose of truly achieving and fully playing the role of FTZ, further pursuing reform and opening up and driving the development of Chinese economy, providing a dispute resolution environment which is more adapted to international market for foreign and domestic investors has become the key factor. The improvement of litigation, arbitration and other dispute resolution mechanisms and its acting on international convention is the important factor for the long-term health development of China FTZ, the mark of international advanced level, which will provide powerful judicial safeguard for the China FTZ after the expansion.

Background

On September 29, 2013, China (Shanghai) FTZ was formally established. After the exploration more than a year, China FTZ was formally expanded.

On March 24, 2015, CPC (Communist Party of China) Central Committee Political Bureau convened a conference to deliberate the overall scheme of FTZ in Guangdong, Tianjin and Fujian and the further reform and opening up scheme of Shanghai FTZ, which means the new stage for the FTZ construction and the steady progress of a new round of high level opening up and pilot reform with greater range.

After the operation of China FTZ, there will be more and more international and foreign related cases. The convenience for trade and investment of FTZ and various policies of opening up will substantially increase the business volume of international investment and trade and the foreign related commercial dispute will shot up inevitably. The improvement of dispute resolution mechanisms and its acting on international convention is the important factor for the long-term health development of China FTZ, the mark of international advanced level, which will provide powerful judicial safeguard for the China FTZ after the expansion. The legal environment is the premise and important guarantee of the success for various explorations and attempts, litigation and arbitration are the main approaches for all kinds of disputes hereinto and the new situations should be constantly adapted and the new problems need to be solved.

Litigation-The traditional method for dispute resolution

1. Shanghai FTZ

After the establishment of Shanghai FTZ, Shanghai High People' s Court issued *the Opinions on the service of Shanghai People' s Court for the safeguard of Shanghai FTZ*, which specifies that strengthen the establishment of trial organs in the FTZ, make a research on and carry out the concentrated jurisdiction mechanisms of investment, trade, finance, intellectual property and other cases related to the FTZ and make sure the fair, professional and effective solution for the disputes.

On November 5, 2013, the court of FTZ of Shanghai Pudong New Area People' s Court was formally established. As the dispatched tribunal of Shanghai Pudong New Area People' s Court, the Court of FTZ will centrally accept the commerce, finance, intellectual property and real estate cases related with FTZ that Shanghai Pudong New Area People' s Court shall have jurisdiction and the scope of accepting cases will be adjusted correspondingly according to the realistic construction and operation of FTZ. The judgment and verdict of FTZ can be considered as the first judgment and verdict of Shanghai Pudong New Area People' s Court and the second trial will be governed by Shanghai No.1 Intermediate People' s Court. With the expansion of Shanghai FTZ, on April 27, 2015, Shanghai Pudong New Area People' s Court adjusted the scope of accepting cases of the Court of FTZ and will accept and try two types of cases which shall be governed by Shanghai Pudong New Area People' s Court. One type of case is that the investment, trade, finance and other commercial cases and civil, criminal and administrative cases in the intellectual property area related with Shanghai FTZ and the other type of case is that the civil and commercial cases and civil, criminal and administrative cases in the intellectual property area related with open economy of Shanghai Pudong New Area. In the meanwhile, the scope of accepting cases can be adjusted according to the realistic construction and operation of FTZ.

In 2014, Shanghai No.1 Intermediate People' s Court also formulated *the scheme on provision of judicial safeguard for China (Shanghai) FTZ* and set up specialized collegial panel which will centrally hear the second trial and significant first trial cases related with Shanghai FTZ. The same year, Shanghai No.1 Intermediate People' s Court issued *the trial guidelines on cases related with China (Shanghai) FTZ (for trial implementation)*, which provides guiding thinking for the acceptance, trial, judgment and execution for various cases during the construction of Shanghai FTZ. It uses foreign "Executor System" for reference to introduce "select law firms and other institutions to be responsible for the implementation of auxiliary affairs of execution cases in the FTZ" and it also specifies that "The jurors of specialized collegial panel should be equipped with professional knowledge matched with corresponding cases" for promotion of trial quality of FTZ cases as pioneer.

2. Tianjin FTZ

Keeping up with the pace of Shanghai, Tianjin High People's Court issued the Opinions on *the service of Tianjin People's Court for the safeguard of China (Tianjin) FTZ* with 22 articles. It emphasizes that set up specialized trial organ in the Tianjin FTZ, build upon experts consulting, experts discussion, experts argumentation mechanisms and improve the working rules of experts' participation in litigation in the area of maritime, intellectual property, finance, etc. It explores to establish the experts as jurors mechanism, broaden the channel to find out foreign laws assisted by Chinese and foreign experts, fully play a positive role in the promotion of public procedure, guarantee of judgment fairness, enhancement of judicial credibility and other aspects.

Given that the area of Tianjin FTZ is within the jurisdiction of Tianjin No.2 Intermediate People's Court, following the judicial practice of Shanghai court, Tianjin No.2 Intermediate People's Court issued *the trial guidelines on cases related with China (Tianjin) FTZ* with 26 articles. It stipulates that establish the specialized trial organ for the cases related with Tianjin FTZ, adopt the centralized method to conduct the trial of civil and commercial cases related with Tianjin FTZ. It also specifies the scope of cases related with Tianjin FTZ and the specialized collegial panel of Tianjin No.2 Intermediate People's Court is responsible for hearing civil appeals whose first trial is conducted in Tianjin Binhai New Area Free Trade Zone Court and the first trial cases which shall be directly accepted by itself, which includes that the place of contract performance and the place where the infringing act is committed is in the FTZ, one party is the legal person or other organizations registered in the FTZ, special stipulations in the laws, regulations and policies related with FTZ, other cases considered to be suitable for being heard by specialized collegial panel by the court.

3. Guangdong FTZ

Also using the experience of Shanghai for reference, the local People' s Court of three areas of Guangdong FTZ also made supporting measures in succession. Guangdong Qianhai People' s Court and Nansha People' s Court issued various opinions and Hengqin People' s Court will select jurors from Macao for the highlight of strategic positioning of deep collaboration between Guangzhou, Hong Kong and Macao. In addition, the intellectual property circuit court of Hengqin area was established to hear the intellectual property cases related with Guangdong FTZ which shall be governed by Zhuhai Intermediate People' s Court at the same time that Hengqin area of Guangdong FTZ was inaugurated.

4. Fujian FTZ

Although the Court of Fujian FTZ has not been established, relevant preparatory measures have been taken. 4 intellectual property courts will be set up in the Fujian FTZ while Xiamen Intermediate People' s Court has issued several opinions to provide services for FTZ construction.

Arbitration- gradually and widely accepted dispute resolution approach

1. Shanghai FTZ

On October 22, 2013, Shanghai International Economic and Trade Arbitration Commission (Shanghai International Arbitration Center) "China (Shanghai) FTZ Court of Arbitration" was formally established. On November 26, 2013, the first hearing of China (Shanghai) FTZ Court of Arbitration was conducted in the Shanghai FTZ.

On 1 May, 2014, Shanghai International Economic and Trade Arbitration Commission *China (Shanghai) FTZ Arbitration Rules* (hereinafter referred to as

"Arbitration Rules") was formally in effect. This so-called "nearly acting on international convention" Arbitration Rules improve the "Interim Measures", add "Emergency Tribunal System", establish "opening up system for the panel of arbitrators", refine "consolidation of arbitrations", "joinder of other parties under same arbitration agreement" and "joinder of third parties", implants "award ex aequo et bono" system, etc. Just a few days later, as the judicial review institution of arbitration cases of Shanghai International Economic and Trade Arbitration Commission, on May 4, 2014, Shanghai No.2 Intermediate People's Court issued *Several Opinions on the Judicial Review and Execution of Arbitration Cases Regarding the Application of China (Shanghai) Pilot FTZ Arbitration Rules*, which opens up a "green channel" especially for the cases related with Arbitration Rules and provides powerful judicial safeguard for the creative measures of Arbitration Rules. So far, Shanghai FTZ has established a FTZ arbitration institution, a FTZ arbitration rule and a judicial review opinion on the FTZ arbitration rule as trinity FTZ arbitration mechanisms.

2. Tianjin FTZ

Under *the Opinions on the service of Tianjin People's Court for the safeguard of Tianjin FTZ*, it specifies that support the role of arbitration in the dispute resolution, focus on the new rules of Tianjin FTZ, issue corresponding opinions and safeguard the innovation of arbitration system.

In addition, for the support of creating legalized and internationalized business environment of Tianjin FTZ, China International Economic and Trade Arbitration Commission and China Maritime Arbitration Commission are proposed to establish arbitration center in Tianjin FTZ.

3. Guangdong FTZ

Located in the Hengqin New Area of Zhuhai, Zhuhai International Court of Arbitration recently issued arbitration rules and the panel of arbitrators and established "pre-trial meeting" and "experts consultation meeting" system,

which strengthens the capacity to deal with complicated parties or contracts and serves for the Hengqin Area of Guangdong FTZ.

4. Fujian FTZ

On June 6, 2015, Xiamen International Commercial Court of Arbitration and Xiamen International Commercial Mediation Center are formally inaugurated for the arbitration support of dispute resolution in the Fujian FTZ.

With the constant enhancement of opening up in the FTZ, the business entities in the FTZ will confront with more professional and international legal disputes involved with cross-border investment and financing, international trade, etc. The professionals with better international level are really needed for the dispute resolution and judicial safeguard. Considering the characteristics of arbitration as effective, confidential, autonomy of will, convenient for recognition and enforcement internationally, the parties in the foreign related civil and commercial activities tend to choose arbitration institution as jurisdictional agency for dispute resolution which is independent, unofficial, English as arbitration language, composed of many arbitrators not only experienced in law but also in different industries for dispute resolution.

Given that as internationally professional commercial dispute resolution mechanism, arbitration has played an important role in the process of rule of law in FTZ. The arbitration institutions from Shanghai, Tianjin, Fujian and Guangdong FTZ newly established China FTZ Arbitration Alliance in Qianhai, Shenzhen. The Arbitration Alliance was jointly launched by Shanghai International Economic and Trade Arbitration Commission, Tianjin Arbitration Commission, Fuzhou Arbitration Commission, Shenzhen Court of International Arbitration, Zhuhai Arbitration Commission, Nansha International Arbitration Centre. The Arbitration Alliance is favorable for gathering high quality resources of arbitration in FTZ and forming cooperation and communication mechanisms for arbitration institutions in the China FTZ and promoting professional and international service level of arbitration in the China FTZ.

Summary

The establishment of professionalized and high level litigation as one of the dispute resolution mechanisms is the crucial guarantee for the positive operation of FTZ. Justice as the last defense of social justice, whose realization must be guaranteed by its professionalization and authority. While arbitration is another type of dispute resolution mechanism which is widely adopted by different countries and international economic organizations in the investment and trade area. The professionalization and internationalization of dispute resolution mechanisms for the FTZ case and the improvement of diversified dispute resolution mechanisms such as litigation and arbitration and its acting on international convention will provide powerful judicial safeguard for legalized and internationalized business environment of FTZ and more foreign investors will be attracted and join FTZ accordingly in the future.

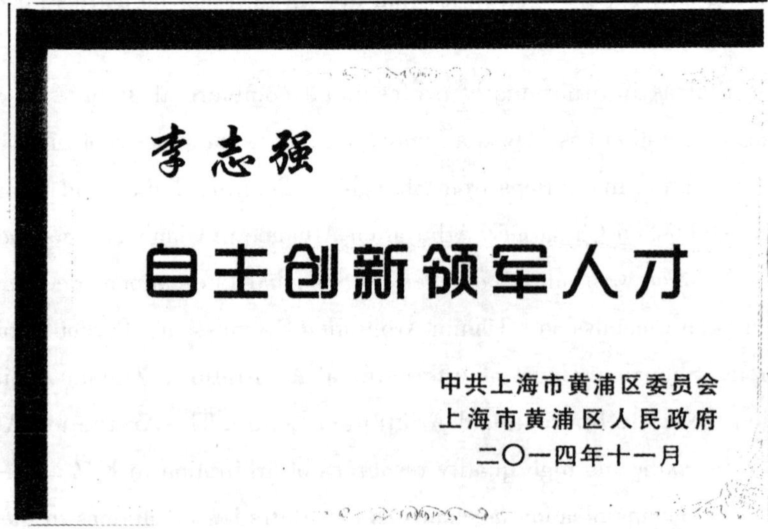

中国自贸区争议解决机制的完善

李志强　田孝明

继上海自贸区于2013年正式挂牌成立后，2015年，广东、天津、福建自贸区相继开放。中国自贸区的正式扩容意味着新一轮高水平对外开放和更大范围的改革试点正在稳步推进。如何真正实现并充分发挥自贸区的作用，引进外资、方便贸易及投资，进一步推进改革开放，从而真正带动中国经济的发展？为国内外投资者提供一个更加适应于国际市场环境的争议解决机制至关重要。而不断健全完善中国自贸区争议解决机制，也是上海、天津、广东、福建四大自贸区总体方案中关于“完善法制领域的制度保障”的应有之义。

中国自贸区运行后，将会催生一大批国际和涉外案件。自贸区贸易和投资的便利化、扩大开放的各类政策措施将大幅提升国际投资、贸易的交易量，国际和涉外商事纠纷也将不可避免地增多，许多新领域的疑难纠纷应运而生。中国自贸区争议解决机制承担着建立中国自贸区国际化和法制化“营商环境”的重大任务，肩负着力争将中国自贸区建设成为国际商事争议解决中心的使命。在积极建设中国自贸区的过程中，需要在现有基础上，对自贸区诉讼、仲裁、调解等多元化争议解决机制不断总结并加以完善。

一、中国自贸区争议解决机制现状

（一）诉讼

1. 上海自贸区。

上海自贸区挂牌后，上海市高级人民法院出台了《上海法院服务保障中国（上海）自由贸易试验区建设的意见》，明确加强自贸试验区审判机构建设，研究推行与自贸试验区相关的投资、贸易、金融及知识产权等案件的集中管辖机制，提升诉讼便利化水平，不断完善执行工作的快速反应和联动机制，确保相关纠纷得到公正、专业、高效的解决。

为满足自贸区内与投资、贸易、金融、航运等有关的高水平争端解决的需要，经上海高院批准，2013年11月5日，上海浦东新区人民法院自由贸易区法庭正式挂牌成立。作为浦东新区人民法院的派出法庭，自贸区法庭将集中受理、集约审理由浦东法院管辖的与自贸区相关联的商事、金融、知识产权和房地产案件，并根据自贸区建设和运行实际，对受案范围作相应调整。成立后的自贸区法庭判决和裁定即为浦东新区人民法院的一审判决和裁定，二审案件由上海市第一中级人民法院管辖。

上海市第一中级人民法院还制定了《关于为中国（上海）自由贸易试验区提供司法保障的方案》，设立专项合议庭，依法集中审理涉自贸区相关二审案件及重大一审案件，并组建“上海自由贸易试验区司法问题应对小组”，与上海财经大学开展涉自贸区案件法律适用研讨等合作。①

2014年4月，上海市第一中级人民法院发布《涉中国（上海）自由贸易试验区案件审判指引（试行）》，为建设中的自贸区出现各类诉讼案件的受理、审理、裁判及执行等环节提供指引性思路。

随着上海自贸区扩围，2015年4月，自贸区法庭受案范围予以调整，将受理、审理依法由浦东法院管辖的两大类案件。第一类是与上海自贸区相关联的投资、贸易、金融等商事案件和知识产权民事、刑事、行政案件；第二类是与浦东新区开放型经济相关联的民商事案件和知识产权民事、刑事、行政案件。同时，可根据上海自贸试验区建设发展实际,对受案范围适时作相应调整。

截至2015年9月，自贸区法庭共受理涉自贸区的投资、贸易、金融等商事案件和知识产权民事案件共计2064件，审结1199件，通过构建专业审判、便利诉讼、多元化解、外国法查明、风险预警等符合自贸区特点的审判工作机制，充分发挥了司法服务的保障作用。②

①张娜、凌捷、陆文奕：《推进司法保障　把脉法律适用——中国（上海）自由贸易试验区制度建设与司法保障研讨会综述》，载《人民法院报》，2014-05-14。

②陈琼珂、王治国：《上海创新自贸区司法保障模式》，载《解放日报》，2015-10-21。

2. 天津、广东、福建自贸区。

在借鉴上海自贸区可复制、可推广的改革创新成果的基础上，天津市高级人民法院于2015年1月30日出台《天津法院服务保障中国（天津）自由贸易试验区建设的意见》，共计22条，强调在自贸区内设立专门审判机构，而天津二中院也仿效上海法院的实践相应出台了《天津市第二中级人民法院中国（天津）自由贸易试验区案件审判指引》。2015年底，天津滨海新区法院成立自贸区法庭。

在广东自贸区，广东省高级人民法院印发《关于充分发挥审判职能 为中国（广东）自由贸易试验区建设提供司法保障的意见》。而三大片区当地的管辖法院也相继出台配套措施。广东前海法院及南沙法院出台各项意见以护航自贸区建设，而为突出自贸试验区粤港澳深度合作的战略定位，横琴法院将选任澳门籍陪审员等。在广东自贸区横琴片区正式挂牌的同时，还成立了横琴片区知识产权巡回法庭。2015年底，广东自贸区南沙片区人民法院正式在南沙揭牌成立，这也是全国首家自贸区人民法院。

福建省高级人民法院于2015年7月印发《福建法院服务保障中国（福建）自由贸易试验区建设的意见》，并确定在福州马尾法院、平潭综合实验区法院、厦门湖里法院设立自贸区法庭。目前，厦门市湖里区法院、福州市马尾区人民法院自贸区法庭已相继揭牌。厦门中院也在福建省内率先制定了若干意见服务自贸区建设。

（二）仲裁

1. 上海自贸区。

《中国（上海）自由贸易试验区条例》明确，本市依法设立的仲裁机构应当依据法律、法规并借鉴国际商事仲裁惯例，适应自贸试验区特点完善仲裁规则，提高商事纠纷仲裁的国际化程度，并基于当事人的自主选择，提供独立、公正、专业、高效的仲裁服务。

随着自贸区对外开放的不断加强，自贸区的商事主体将遇到更多涉及跨境投融资、国际贸易等一系列专业性、国际性的法律争端，需要更具国际水准的专业人员处理争端，提供司法保障。鉴于仲裁具备高效、保密、意思自治、国际上便于承认执行等特点，对于涉外民商事活动的当事人，往往更倾向于选择独立的、非官方的、可以外语作为仲裁语言的、由众多不仅精通法律而且在不同行业具备丰富经验的仲裁员组成的仲裁机构作为争端解决管辖机构。

2013年10月22日，上海国际经济贸易仲裁委员会（上海国际仲裁中心）"中国（上海）自由贸易试验区仲裁院"正式成立。2013年11月26日，中国（上海）自由贸易试验区仲裁院在自贸区内首次开庭。2014年 5月1日，上海国际经济贸易仲裁委员会《中国（上海）自由贸易试验区仲裁规则》正式生效施行。

《中国（上海）自由贸易试验区仲裁规则》吸纳和完善了诸多国际商事仲裁的先进制度，如完善了"临时措施"并增设了"紧急仲裁庭"制度；突破了当事人选定仲裁员的"名册制"限制，确立了仲裁员开放名册制；细化了"案件合并"、"其他协议方加入仲裁程序"及"案外人加入仲裁程序"等制度；通过设立仲裁庭组成前的调解员调解程序进一步完善了"仲裁与调解相结合"的制度；进一步强化了仲裁中的证据制度；纳入了"友好仲裁"制度；增设了"小额争议程序"，降低了相应的仲裁收费等九项创新举措。这一"几乎与国际接轨"的仲裁规则，能更好地为境内外当事人提供更为公正、专业、便捷、高效的仲裁法律服务，有助于发挥仲裁自身的优势，高效解决争议。①

作为上海国际经济贸易仲裁委员会的司法审查单位，上海市第二中级人民法院也于2014年 5月4日颁布了《关于适用〈中国（上海）自由贸易试验区仲裁规则〉仲裁案件司法审查和执行的若干意见》，为《中国（上海）自由贸易试验区仲裁规则》的实施提供了强有力的司法保障。至此，上海自贸区已经构建了一个自贸区仲裁机构、一部自贸区仲裁规则、一个涉自贸区仲裁规则的司法审查意见三位一体的自贸区仲裁机制。②

而在国务院《进一步深化中国（上海）自由贸易试验区改革开放方案的

---

①张贵志：《首部自贸区仲裁规则九大创新》，载《法制周末》，2014-04-09。

②袁杜娟：《上海自贸区仲裁纠纷解决机制的探索与创新》，载《法学》，2014（9）。

通知》关于“支持国际知名商事争议解决机构入驻”的号召下，香港国际仲裁中心、新加坡国际仲裁中心、国际商会仲裁院相继入驻上海自贸区，进一步提升了上海自贸区商事纠纷仲裁的国际化程度。

2. 天津、广东、福建自贸区。

鉴于天津、广东、福建自贸区成立不久，相关仲裁制度仍在不断完善当中。《天津法院服务保障中国（天津）自由贸易试验区建设的意见》中明确提及，支持仲裁在纠纷解决中的作用，注重回应自贸区仲裁新规则，出台相应意见，保障仲裁制度创新。为支持天津自贸区建设法制化、国际化营商环境，中国国际贸易仲裁委员会和中国海事仲裁委员会拟于天津自贸区成立仲裁中心。

在广东自贸区，设于珠海市横琴新区的珠海国际仲裁院率先发布了仲裁规则和仲裁员名册，设立了“庭前会议制度”、专家咨询会议制度，增强了处理复杂当事人或复杂合同纠纷的能力，服务于广东自贸区横琴片区。2016年2月，中国国际经济贸易仲裁委员会广东自贸区仲裁中心、中国海事仲裁委员会广东自贸区仲裁中心在深圳揭牌成立。

继厦门仲裁委员会国际商事仲裁院、厦门仲裁委员会平潭分会以及福州仲裁委员会国际商事仲裁院相继在福建自贸区设立后，中国国际经济贸易仲裁委员会、中国海事仲裁委员会福建分会（福建自贸区仲裁中心）也在福建平潭综合实验区正式揭牌。

鉴于仲裁作为国际通行的专业化的商事争议解决机制在自贸区法治建设过程中发挥的重要作用。上海、天津、福建、广东等自贸区的仲裁机构在深圳前海发起建立中国自由贸易试验区仲裁合作联盟，该合作联盟由上海国际经济贸易仲裁委员会、天津仲裁委员会、福州仲裁委员会、深圳国际仲裁院、珠海仲裁委员会、南沙国际仲裁中心联合发起。联盟有利于集聚自贸区优质仲裁资源，形成中国自贸区仲裁机构的合作交流机制，提升中国自贸区仲裁专业化和国际化服务水平。

（三）调解

1. 上海自贸区。

2013 年11 月2 日，上海文化创意产业法律服务平台知识产权调解中心暨上海经贸商事调解中心知识产权专业委员会亮相上海自贸区，成立上海自贸区国家商事联合调解庭，这也是国内首个国际商事调解机构。上海自贸区内商事调解制度将与自贸区法院、自贸区仲裁院联动合作，扩大调解制度的威信力与影响力，以期构建专业化的商事调解制度。

为进一步回应自贸区市场主体对权利救济便利化和纠纷解决渠道多元化的需求，上海市浦东新区法院于2014年5月探索建立了具有自贸区特色的、诉讼与非诉讼相衔接的商事争议解决机制。引入商事调解组织、行业协会、商会等具有调解职能的机构，在自贸区法庭（自贸区知产法庭）设立非诉讼调解庭，对所受理的案件诉前、庭前先行调解，并以司法确认进行非诉讼调解与诉讼的程序对接和效力对接。较之传统民事纠纷的诉讼调对接，自贸区法庭探索的法院附设商事争议非诉讼调解机制，重点在调解机构及调解员的专业性、纠纷分流类型化、调解独立性、规则公开化、调判分离以及涉外纠纷中引入外籍调解员等方面大胆实践，以有效对接自贸区中外市场主体对各类商事争议解决的不同需求。已有上海市经贸商事调解中心、上海市工商业联合会、中国国际商会上海市调解中心、上海市文化创意产业法律服务平台知识产权调解中心、上海市保险同业公会等8家调解机构入驻自贸区法庭，当事人双方均同意进入非诉讼调解程序的案件262件，已调解终结148件，成功107件，成功率72.3%，解决争议标的总额近2.55亿元，纠纷平均调处周期28天。①

而在仲裁与调解的结合方面，《中国（上海）自由贸易试验区仲裁规则》特设一章规定了仲裁的调解规则，设置了调解员名册。在立案后组庭前由仲裁机构提供这项调解服务。如果调解不成，仲裁程序继续进行。在立案后组庭前，经当事人双方一致同意可以提出调解。当事人可以在调解员名册中指定调解员进行调解，也可以根据个案的情况以及本人的意愿，指定仲裁员名册内的仲裁员担任本案的调解员。

2. 天津、广东、福建自贸区。

调解作为现代ADR（替代性争议解决机制）的一种基本形式，在天津、

①秦男：《探索商事争议多元解决机制　推动自贸权益保护制度创新》，载《人民法院报》，2015-12-02。

广东、福建自贸区同样受到重视，目前，相关调解制度仍在创设当中。从当地法院及仲裁机构的操作实践中，也不乏典型案例。天津二中院探索建立自贸区商事案件调解机制，即建立自贸区特邀调解组织与商事调解员名册制度，在涉自贸区商事案件中引入不同于传统民事调解方式的专业性商事调解。广东自贸区南沙片区法院重点建设与自贸区司法保障关系最为密切的部门“两庭一中心”，即商事审判庭、知识产权审判庭和商事调解中心。而福建自贸区厦门国际商事调解中心与厦门国际商事仲裁院的同时揭牌也对仲裁与调解相结合的制度建立具有借鉴意义。

二、中国自贸区争议解决机制的完善

上海、天津、广东、福建四大自贸区根据自身发展需求，各有特色。例如，上海自贸区重在负面清单管理、深化金融创新等，而天津自贸区挂钩京津冀协同发展，广东自贸区突出港澳合作，福建自贸区对接台湾和海上丝绸之路。虽然各大自贸区自身战略地位不同，但在如何完善争议解决机制方面，却有着共同的需求，因此形成的相关经验可用于复制推广。

（一）完善中国自贸区的司法纠纷解决机制

专业化和高水平的司法纠纷解决机制的建立是自贸区良性运转的重要保障。司法作为社会正义的最后的一道防线，必须要以其专业性和权威性来保证贸易领域的正义的实现。基于自贸区先行先试的根本特点，新领域、新模式的出现以及有关法律法规调整实施将带来越来越多的法律问题，出现更多创新、疑难的争议案件，从而对司法争议解决能力提出更高的要求和更新的挑战，而司法纠纷解决机制则需要积极有效地应对挑战。

1. 建立涉自贸区诉讼案件集中管辖制度。以上海自贸区为例，尽管上海自贸区法庭将根据实际情形调整受案范围，但实际上自贸区法庭还是严格依照《民事诉讼法》地域管辖和级别管辖等管辖规定来受理案件。

自贸区内注册登记的企业，在区外经营已成为普遍现象。而根据《民事诉讼法》的相关规定，被告住所地（包括被告注册地及被告实际经营地）、合同履行地、侵权行为地等均可以成为法院管辖的依据，因此，自贸区法庭与自贸区外法院同时具有管辖权的情形并不少见。而且，当事人可以通过协议管辖的方式选择法院，就涉自贸区案件的法律法规把握程度上看，当事人选择的法院未必是最合适的法院。这种管辖的分散化会使政策的解读、法律的适用受到严峻的挑战，而集中管辖可以确保法律和政策适用的统一口径。①

与上海自贸区的情形类似，天津、广东、福建自贸区也将面临上述问题。鉴于自贸区内有关法律法规的调整可能导致区内外适用法律法规的统一问题，且自贸区改革涉及面广，政策性强，为保证法律适用的统一，笔者认为，应当根据各地自贸区的不同特点，在上海、天津、广东、福建自贸区内分别建立涉自贸区案件的集中管辖制度。该集中管辖不但有利于案件的高水平高质量审理，也能有效保证法律适用的统一，维护司法权威。当然，由于涉自贸区案件的集中管辖制度将一定程度上突破我国现行《民事诉讼法》关于管辖的规定，鉴于因此修改《民事诉讼法》的规定目前并不现实，在自贸试验区立法尚不完善，新类型纠纷处理规则尚未明确的阶段，可考虑最高人民法院参照以往的司法实践，通过司法解释授权由自贸区法庭集中管辖涉自贸区案件。②

2. 适当突破现有法律适用规则，明确法律适用冲突的解决方式。根据中国法律规定，涉外合同的当事人可以选择合同适用的法律。但《合同法》第一百二十六条同时规定，“在中华人民共和国境内履行的中外合资经营企业合同、中外合作经营企业合同、中外合作勘探开发自然资源合同，适用中华人民共和国法律。”即对于外国投资者与中国企业在中国境内履行合资合同发生的投资争议，强制适用中国法律，并不允许当事人选择合同适用的法律。但是，鉴于全国人大常委会已授权国务院在上海、天津、广东、福建四大自贸区暂停“三资企业法”的相关审批事项，将外资准入核准制改为备案制，在负面清单以外全面实行准入前国民待遇原则，中外投资者主体地位的平等性得到进一步强化。因此，自贸区法院在审理此类投资争议时在法律适用上可以有所突破，允许当事人依据意思自治原则选择法律，建议全国人大常委会通过调整相关立法或暂停法律部分规定在自贸区适用的方式，允许争

①陈立斌：《自由贸易区司法评论（第一辑）》，北京，法律出版社，2014。

②陈力：《上海自贸区投资争端解决机制的构建和创新》，载《东方法学》，2014（3）。

议当事人按照国际通行的“当事人意思自治原则”选择适用的法律，以增强自贸区对外资的吸引力。

此外，自贸区内及区外法律法规、政策的差异，可能引发区内、区外的法律适用冲突，为民商事审判工作带来新难题，例如：外资准入前国民待遇和负面清单管理模式下投资行为的效力认定、企业工商登记“先照后证”模式下已有照未获证时经营行为效力认定、利率市场化后司法裁判中经常采用的“中国银行同期贷款利率”能否继续适用等问题。因此，建议由最高人民法院制定专门的司法解释，恰当制定法律与政策的效力适用规则，确保正确适用法律。

3. 大力推进自贸区专业化审判机构改革建设。以广东、福建自贸区为例，其片区范围横跨多个地级市等不同的行政区划，而当前已经设立和筹备中的自贸区法庭基本比照基层法院派出机构进行设置，行政级别较弱，在多部门事项协调上可能存在不便。因此，在自贸区法庭的设置方面，应突破自贸区片区间的跨区限制，建立与行政区划适度分离的专业化审判机构。在自贸区审判机构及法官队伍的建设方面，应根据自贸区审判需要加大专项培训力度，优化法官知识结构，加强自贸区审判机构组织建设、审判团队工作模式、法官及辅助人员考评制度以及以庭审为中心的审判方式等方面的司法改革探索。

4. 加强立、审、执协调配合机制。自贸区案件立案登记应由专人负责，保证案件集中管辖的有效实施。通过司法实践逐渐形成自贸区审判规则，进一步缩短审理期限，提高纠纷解决效率，自贸区法院的上级法院应建立涉自贸区案件集中协调研究机制，促进涉自贸区案件的立、审跨部门衔接；在执行机制方面，重视法院、商事仲裁、调解机构，以及境外判决、裁决的执行效果，与公安、检察、工商、税务、土管、银行、房管等部门建立联席会议制度，对被执行人在投融资、经营、置业、注册新公司等方面给予限制，要求各有关部门将有关信息及时告知法院，配合法院执行。

（二）完善中国自贸区仲裁纠纷解决机制

仲裁作为贸易和投资领域被各国和各国际性经济组织所普遍采用的争端

解决方式，具有专业、高效、周期短、技术性强的特点，体现了自愿、协调和自我约束的原则，仲裁也应当成为中国自贸区争端解决的首选方式。[①]

1. 建立与自贸区相适应的仲裁法律制度。目前，中国自贸区在仲裁制度方面的突破主要集中于《中国（上海）自由贸易试验区仲裁规则》。尽管上海二中院出台的《关于适用〈中国（上海）自由贸易试验区仲裁规则〉仲裁案件司法审查和执行的若干意见》给予了自贸区仲裁案件在立案、临时措施、执行上的便利，且强调“若符合《中国（上海）自由贸易试验区仲裁规则》的规定，且不违反我国法律的相关规定，在司法审查时，可予以认可”，但是，“紧急仲裁庭”、“友好仲裁”、“案外人加入仲裁程序”等制度在我国仲裁领域尚属创新，制度的落地生根还有赖于立法所提供的强制执行力予以保障，而裁决作出后能否顺利执行尚存在不确定性。因此，为保证自贸区内法制环境的稳定，自贸区仲裁制度的创新有待进一步的完善。建议通过全国人大常委会修订《仲裁法》，或全国人大常委会授权在自贸区适用特别立法，以及最高人民法院相应发布司法解释的形式，确立自贸区仲裁制度特殊规则的合法性、可执行性，保证自贸区仲裁案件快捷、高效、专业。

2. 继续支持境外知名仲裁机构入驻自贸区，明确境外仲裁机构境内仲裁裁决效力。目前，香港国际仲裁中心、新加坡国际仲裁中心、国际商会仲裁院等境外知名仲裁机构相继入驻上海自贸区，进一步提升了自贸区商事纠纷仲裁的国际化程度。但是，上述境外知名仲裁机构仅在上海自贸区内设立了代表处，为未来开辟中国市场提前做好准备，实际并未正式设立仲裁机构。而且，关于境外仲裁机构在中国境内作出的仲裁裁决能否在中国境内有效执行，理论界及实务界存在较大争议，导致执行方面的不确定性。2009年，宁波市中级人民法院曾裁定承认与执行国际商会国际仲裁院仲裁庭根据该院仲裁规则在北京对宁波工艺品公司案作出的仲裁裁决，法院认为：本案裁决属于《承认与执行外国仲裁裁决公约》项下的非内国裁决，不存在公约规定的不予执行的情形。虽然该案仅为地方法院的司法观点，但宁波市中级人民法院的一纸裁定，在中国仲裁界引起了轩然大波。在2013年，最高人民法院在《关于申请人安徽省龙利得包装印刷有限公司与被申请人BP Agnati S. R. L申

①沈国明：《法治创新：建设上海自贸区的基础要求》，载《东方法学》，2013（6）。

请确认仲裁协议效力案的请示的复函》中明确，约定“国际商会仲裁院在上海仲裁”的仲裁协议有效，但是，对于境外仲裁机构在中国境内作出的仲裁裁决能否在中国境内有效执行，最高人民法院并未表态。

支持境外知名仲裁机构入驻自贸区是国务院《进一步深化中国（上海）自由贸易试验区改革开放方案的通知》的应有之义，而仲裁裁决的执行力是发挥仲裁优势的根本保障。最高人民法院民四庭庭长罗东川曾在中国自贸区仲裁联盟论坛强调“司法将为自贸区仲裁创新提供支持”。因此，笔者建议通过全国人大常委会修改《仲裁法》，或最高人民法院发布司法解释的形式，借鉴《承认与执行外国仲裁裁决公约》中“非内国裁决”的概念，视为与外国裁决享有同等待遇，明确境外仲裁机构在中国境内作出的仲裁裁决的可执行性，方可吸引更多的境外知名仲裁机构入驻自贸区，将自贸区共同打造成国际商事争议解决中心。

3. 构建临时仲裁制度。自由贸易最重要的含义是放松管制、充分尊重当事人意思自治，上述背景下发生的争议应以最能体现意思自治的方式来解决。临时仲裁制度是相对机构仲裁而言的仲裁制度，由当事人依协议约定临时程序或参考某一特定的仲裁规则或授权仲裁庭自选程序的特别仲裁，由于其高度的灵活性和赋予当事人充分的意思自治的权利，已为多数国际仲裁公约和大部分国家的商事仲裁法所认可和接受。

实际上，临时仲裁制度事实上已由我国加入的《承认及执行外国仲裁裁决公约》确立，且基于条约义务我国需要承认和执行外国仲裁机构的临时仲裁裁决。但我国《仲裁法》只对机构仲裁模式进行了规定，并不承认临时仲裁制度本身在中国的合法性。因此，《仲裁法》对于临时仲裁的不承认造成我国当事人与外国当事人之间的不对等待遇也因无法提供临时仲裁服务导致我国国际商事仲裁服务市场无法真正形成。通过中国自贸区初建的契机引入临时仲裁制度，具有重要意义。自贸区建设中各种类型企业间引发的多样化争端，仅依靠法院和常设仲裁机构解决，难以满足现实的司法需求。临时仲裁制度更加尊重当事人意思自治，有利于淡化仲裁机构内部的行政化色彩，其所具备灵活性和效率性，还有助于改善自贸区的投资环境。

因此，建议借鉴自贸区现有的立法实践，由国务院提请全国人大常委会暂停《仲裁法》部分条款在自贸区的适用，或由全国人大常委会授权在自贸区适用特别立法的方式，将临时仲裁制度引入自贸区。关于自贸区内临时仲裁制度应包括：当事人应有表明临时仲裁合意的、书面的仲裁协议。临时仲裁协议的内容应明确约定仲裁范围、仲裁员的选任、仲裁规则、适用的实体法等内容。同时，鼓励我国的常设仲裁机构，如上海国际仲裁中心为临时仲裁的当事人提供仲裁员选任、仲裁规则选择、开庭场地以及其他方面的服务，从而增强自贸区作为仲裁地的吸引力。

4. 设立特定领域的仲裁机构。要应对自贸区的不断开放，仲裁制度仍需进一步创新。发展投资、海事、航空等专门领域的仲裁机构，也是完善仲裁争议解决制度的重要内容。我国目前并未建立投资仲裁制度，自贸区是外商投资的最前沿，投资者和东道国政府之间的投资纠纷仲裁制度的完善，有利于吸引投资，提高自贸区营商环境的建设。同时，上海自贸区不仅发展货物贸易，更注重服务贸易的开放。海事仲裁的创新和完善，将有利于货物和服务贸易的开放。[①]2014 年8 月，由中国航空运输协会、国际航空运输协会与上海国际仲裁中心共同成立的上海国际航空仲裁院就是很好的范例。将专业的仲裁员集中在特定机构，开展案件受理与仲裁，能有效提高仲裁的效率，也有利于仲裁的公平、公正。而依托自贸区和仲裁制度的发展，专业的仲裁机构可以向境外辐射，受理境外当事人的仲裁请求，进一步促进我国仲裁机构和仲裁制度的不断发展。同时，我国在这些专业领域的仲裁实践，有利于该行业的发展，提升我国的竞争力。

商事仲裁在解决自贸区商事纠纷问题上具有其优越之处。反观我国现行商事仲裁制度，仍与国际通行仲裁制度存在较大差距。例如，对当事人意思自治的尊重和保障有待加强，仲裁员名册制限制了当事人选择仲裁员的自由，包括仲裁证据规则选择、临时措施的决定主体、仲裁管辖权的决定机构等仲裁程序制度并未赋予当事人充分的自由选择权。而且，我国商事仲裁程序很大程度上照搬诉讼程序，缺少仲裁特色程序，因此出现了所谓的“仲裁诉讼化”倾向。笔者认为，应借中国自贸区之契机，倒逼我国《仲裁法》修

---

①贾平、陈颖洁：《上海自贸区仲裁制度的创新与发展路径》，载《法制与社会》，2015（20）。

订的改革，通过全国人大常委会调整立法或授权在自贸区适用特别立法等方式，建立“紧急仲裁庭”、“友好仲裁”、“案外人加入仲裁程序”、“临时仲裁”等制度，承认境外仲裁机构境内仲裁裁决的可执行性，对目前我国仲裁机制的不足之处加以完善，进一步提升我国商事仲裁制度的国际化程度和专业化水平。

（三）充分发挥调解在中国自贸区争议解决当中的作用

调解快捷、廉价、私密性强等特点，使其在与司法审判、仲裁相比较中具有一定的优势。调解制度的广泛运用，将对中国自贸区正常运转以及市场秩序的稳定发挥积极的作用。

1. 加快调解机制的立法进程，完善现有调解制度。目前，调解机制缺乏法律支持。需要加强商事纠纷理论研究和实践探索，努力促进多元化纠纷解决机制的立法进程，从地方法规和单项法规入手，逐步促进立法完善，搭建商事争议多元化解决制度框架。与此同时，加强调解机制宣传，提高社会公众对于调解的认可度及接受度。

在与法院及仲裁合作的调解制度中，更多针对的是带有行业性质的专业纠纷，故争议解决过程应当更加重视当事人对于专业知识的需求。由双方当事人指定的协助调解人员，可由精通经济、法律与涉外事务的专家担任。调解过程中无须固守繁杂的证据规则，而是由专家指导调解员慎重地对证据进行认定。①待调解会议结束后，专家可再分别与各方当事人进行交流，以期得出满足双方合意的专业解决方案。当然，最终的调解方案需通过法院或仲裁机构予以确认。

2. 设立自贸区商事争议解决中心，加强调解队伍建设。目前，各大自贸区调解机构众多但分布零散，建议在各大自贸区分别设立一个商事争议多元化解决资源集合平台或中心，各类调解机构、仲裁机构可开放式加入，形成调解机构名册，提高非诉讼纠纷方式专业性、便利性、高效性。

各大自贸区还可积极引入外籍调解机构、外籍仲裁机构，使自贸区商事

①陈慰星：《合意创设下的复合司法:自由贸易区纠纷谱系及其解决机制研究——以SP与FP自由贸易区纠纷解决为例》，载《华侨大学学报（哲学社会科学版）》，2015（6）。

争议多元化解决机制上升到国际化、专业化水准，加强调解队伍专业化、专职化建设，维护调解独立性、规则公开化。同时，以司法权与行政权相分离为原则，加强对专业商事调解组织等非诉讼纠纷解决机构的行政监管。

三、结语

上海、天津、广东、福建四大自贸区的相继开放，将进一步发挥中国自贸区的辐射作用，随之而来的扩大开放及制度创新必将催生大量新型、复杂的境内外商事纠纷。对此，应立足中国法制现状，在吸收国外自贸区先进经验的基础上，不断完善中国自贸区争议解决机制，力争将中国自贸区建设成为真正的国际商事争端解决中心，为中国自贸区的国际化和法制化进程作出新的贡献。

榮譽證書

HONOUR CERTIFICATE

李志强同志：

获第八届“上海十大杰出青年”。

共青团上海市委员会　上海市青年联合会
上海市精神文明建设委员会
解放日报　文汇报
新民晚报　青年报
上海人民广播电台　上海东方广播电台
上海电视台　上海东方电视台
东方网　上海杰出青年协会

二00一年九月二十八日

“一带一路”研究建言篇

祝“金茂凯德”商标成为著名品牌

邹瑜

“金茂凯德”商标成功注册，是上海律师界，也是上海黄浦律师的荣耀，希望上海的律师继续努力，按照党中央依法治国的部署，抓住时代发展的机遇，求实奋进，为实现中华民族伟大复兴的中国梦作出新的更大的贡献。祝“金茂凯德”商标成为著名品牌。

附：背景文章

国家工商行政管理总局商标局核准注册“金茂凯德”商标

2015年11月28日，国家工商行政管理总局商标局核准注册“金茂凯德”商标，“金茂凯德”商标取自德高望重的司法部原部长邹瑜为事务所题写的所名，注册号15491531，属于第45类注册商标，权利人拥有商标专用权10年，商标服务内容涵盖计算机软件许可（法律服务）、域名注册（法律服务）、替代性纠纷解决服务、调解、仲裁、知识产权咨询、版权管理、知识产权许可、为法律咨询目的监控知识产权、法律研究、诉讼服务等。

金茂凯德所是经上海市商务委员会和上海市司法局确认的上海市专业服务贸易重点单位，是国家商务部《国际商报》2013年评选的中国最具活力服务贸易企业50强中的唯一一家律师机构，是上海市高级人民法院认可的企业破产管理人。2015年荣获《中国法律商务》TMT交易大奖、Acquisition International Magazine“中国杰出争议解决大奖”等奖项。在著名法学家李昌道教授人格魅力引领下，该事务所连续多年在上海市律师行业综合排名中名列前茅，培育了一批具备中国大陆、美国纽约州、英国、中国香港等国家和地区执业资格的律师，涌现了一批在国际律师交流和组织治理、省级人民政府行政复议、国际经贸争议解决和多国跨境交易等活跃的高层次律师人才，办理了一批“中国第一”、“上海第一”的成功案例。同时，该事务所还积极履行社会责任，参与重大突发事件处置法律援助，提出政协提案六十余件，积极建言法治建设，获评2015年上海市优秀人民建议，并出版律师实务研究论著十多部，参与承办的2013年外滩金融法律论坛上提出的《证券法》修法建议呈报全国人大，获得良好的社会反响。

2015年12月10日，外滩金融创新试验区法律研究中心、港澳投资金融法律研究中心和两岸投资金融法律研究中心联合举办了 “金茂凯德”商标启用专家研讨会。中华人民共和国司法部原部长、中国法学会原会长、中华全国律师协会首任会长邹瑜发表视频讲话：“金茂凯德”商标成功注册，是上海律师界，也是上海黄浦律师的荣耀，希望上海的律师继续努力，按照党中央依法治国的部署，抓住时代发展的机遇，求实奋进，为实现中华民族伟大复兴的中国梦作出新的更大的贡献。黄浦区政协主席张华、复旦大学法学院原院长李昌道、爱建集团党委书记范永进、黄浦区金融服务办公室主任江锡洲、黄浦区司法局局长张婷婷、黄浦区司法局副局长周解业、律工科科长陈磊和数家著名中外律师机构合伙人代表参加研讨。专家指出，最近李克强总理在国务院常务会议上提出用改革的办法加快建设知识产权强国，是实施创新驱动发展战略和激励大众创业、万众创新的重要支撑。黄浦区司法局局长张婷婷表示，律师事务所注册商标，说明得到社会认可，黄浦区司法局将为各律师事务所提供更好的服务，帮助律师业一起成长。张华主席希望“金茂凯德”成为“百年老店”。与会专家祝愿律师事务所继续为社会更好地提供优质法律服务，让高质量的专业法律服务随着“一带一路”战略走向世界。

集全球优质法律资源为“一带一路”国家战略服务

李飞

李志强：李主任您好！明天，即2016年2月18日下午我们在上海召开“一带一路”法律研究与服务中心成立仪式，您作为中国知名法律专家，当天也有日本律师、英国律师、美国律师等中外律师和法律界同仁到场，想请您为中心的成立提一些希望和要求，谢谢您！

李飞：非常感谢李志强律师专程到北京来，给我通报这个事情，首先祝贺中心的成立，并预祝你们在今后的工作中取得新的成绩。

习近平总书记提出的“新丝绸之路经济带”和“21世纪海上丝绸之路”的战略构想，也就是我们现在所说的“一带一路”，是党中央在新的全球治理背景下提出的新思维，“一带一路”是推动全球合作发展的新理念，是依靠中国与有关国家既有的双边和多边机制，借助既有的行之有效的区域合作平台，旨在借用古代丝绸之路的历史符号，高举和平发展的旗帜，主动地发展与沿线国家的经济合作伙伴关系，共同打造政治互信、经济融合、文化包容的利益共同体、命运共同体和责任共同体。

上海金茂凯德律师事务所成立“一带一路”法律研究与服务中心，并聘任研究员和外国法律顾问，集全球优质法律资源为“一带一路”国家战略和社会大众服务。著名的法学家，曾参与《香港基本法》起草制定工作的李昌道教授亲自挂帅，相信在李老的人格魅力的感召下和引领下，在中外研究员和专家学者律师的共同努力下，民间研究和服务机构一定会在“一带一路”国家战略中发挥重要的作用！

谢谢大家！

李志强：谢谢李主任！

“一带一路”法律研究与服务大有可为

李昌道

尊敬的领导、各位嘉宾、各位同仁：

下午好!今天是金茂凯德律师事务所成立“一带一路”法律研究和服务中心的日子。金茂凯德律师事务所能在不到两年的时间里成立了四个研究所，真是眼光深远，及时地配合了形势，有利地抓住了重点。“一带一路”我们都很熟悉，这是习近平主席在2013年访问哈萨克斯坦和印尼提出的重大倡议。这个倡议将引领中国未来三十年的转型，也是对世界和平治理新模式的探索。“一带一路”是一项系统工程，涉及社会的各个方面、各个领域，其中法律占据重要地位，“一带一路”中间的法律问题探讨是重要的议题。

对于这个议题，从宏观上来看，一方面是国内法律的适应和发展，另一个方面是沿路沿途有关国家和地区的法律制度的了解和运用。今天我主要谈谈第二个问题，不对的地方请大家指正。“一带一路”沿途很辽阔，覆盖了亚洲、欧洲、非洲众多国家和地区。据统计，沿途国家达60多个，而这些沿途国家的经济发展水平差别很大，地缘政治十分复杂，有的国家国内的不安定因素也很多，然而我们对这些国家的法律制度了解十分有限。了解这些国家的法律制度有利于推进“一带一路”这一伟大战略。虽然国际上有解决国家和他国公民投资争议的公约，这个公约能够解决有关纠纷，但是我认为这是远远不够的。我们需要大概地去了解“一带一路”沿途国家和地区的法律制度，这对推进“一带一路”建设大有裨益。就这个问题我想提出三个观点供大家参考。

第一，法律和法系的问题。法系最早是西方学者研究法律的方法，它把世界上众多的法律分为不同的法系。每一个法系都有其代表国家，它们有共同的传统、共同的体系、共同的特点，而且相互之间都有传承的关系。然而

西方国家对法系概念的理解很复杂，也很混乱。一般来讲，法系是法律的传统、法律的体系，即所谓的legal family、legal system，这种体系有其共同的特点，如果能够对沿途的60多个国家从法系上了解它们的特点，有利于“一带一路”战略的推进。

世界上通用的法系划分有繁有简，有多有少，一般有四大法系，即普通法系、大陆法系、社会主义法系和伊斯兰法系。对于前面的两个法系我们比较熟悉。普通法系以英、美等国为代表。大陆法系以法、德等国为代表。社会主义法系以中国为代表，我们生活在其中了解很多。伊斯兰法系后面我们详细谈谈。如果能够把法系概念运用到“一带一路”中的法律制度研究，一定会对研究产生促进作用。我认为我们至少能从框架上去了解，但是要做到这一点也是不容易的。很多国家到底属于什么法系我们还不了解，我提出这个问题供大家讨论、思考。

第二，是中东国家和伊斯兰法系的问题。中东国家在“一带一路”沿线上占据重要地位，这些国家大多数信奉伊斯兰教，实行伊斯兰法，所以其法系属于伊斯兰法系。我们对伊斯兰法了解很少，感到伊斯兰法非常古老和神秘。史料考证，伊斯兰法最早是于公元7世纪在阿拉伯半岛产生，后来传到亚洲、非洲很多国家，再后来一些信仰伊斯兰教的国家其法系属于伊斯兰法系，所以被称为世界上四大法系之一。伊斯兰法的特点是宗教性，是以伊斯兰教及《古兰经》为依据，以《古兰经》作为宗教信仰的最高准则，作为人们一切行为的准则，也作为伊斯兰法的立法依据，因此，该法系具有很强的宗教性。但我们对伊斯兰法了解得非常少，特别是对外商务方面的法律。

第三，法律的“移植”和本土化问题。对于移植，我们知道是一个植物学上的概念，后来法律也用到这个概念，即一个国家和地区引进另一个国家和地区的法律理念，甚至具体的条款。法律“移植”有两种情况：一种是本土国自动的“移植”，即引进外来法律制度。另一种是随着外强武力的侵入而带入外来法律。“一带一路”上很多国家“移植”过西方国家的法律。以埃及作为例子，埃及是“一带一路”中重要的国家。埃及是四大文明古国之一，历史上它有两次重大法律“移植”。第一次是在7世纪，奥斯曼帝国把伊斯兰教和伊斯兰法带到埃及，同化了埃及本地法律，埃及就成为严格的适用伊斯兰法的国家。第二次是在拿破仑远征埃及时，法国的文明、法国的法律被带到埃及，埃及从此以后受到大陆法系的影响。埃及在19世纪以拿破仑法典为蓝本起草了民事、刑事等法律，从此大陆法系的文明、法国文明在非洲、西亚这一带产生重要影响。

“一带一路”的很多国家“移植”了西方的两大法系，这对我国推进“一带一路”战略是十分有利的，因为我们对普通法系和大陆法系比较熟悉。但是总体上，我们对沿线国家法律的了解仍然有限，特别是对外活动的商务法律，比如国际投资、国际银团、国际信贷、海上运输、债权转移等，我们都没有清楚的了解，这也是我们研究“一带一路”的薄弱点。

我们成立“一带一路”法律研究与服务中心，是为了继续加强理论研究和实践探讨，最终目的是为推进“一带一路”战略作出贡献。

谢谢各位！

潜心研究为“一带一路”铺路架桥

申卫华

各位嘉宾下午好：

“一带一路”的话题这两年从上到下、从中央到地方都很热，“一带一路”是一项国家战略。现在所提的战略，国内主要是“长三角”和“京津冀”战略，涉及国际的是“一带一路”战略、自贸区战略。这些战略已经被推向非常高的高度，要积极贯彻落实和推进。有关“一带一路”战略，国家成立了领导小组，由张高丽同志担任组长，参与的成员单位较多，牵头的部委主要是国家发展改革委、商务部和外交部参与的比较多。上海市也建立了相应的“一带一路”推进机制，成立了领导小组。领导小组的组长是杨雄市长，副组长是各个相应的对口副市长，主要的部门以市发展改革委为主，商委、外办、交通委等部门按照各自的职责推进相关工作。比如，商委主要负责对外贸易、投资和其他方面的经济合作；外办主要是负责文化、经济交流；交通委主要负责港口的建设和承包。以上是上海市推进“一带一路”战略的整个管理的框架和相应机构职能。

这两年我们在推进企业“走出去”的过程中与上海交通大学合作举办了很多的“走出去”培训，培训的课程以案例介绍为主，缺乏从理论上系统地研究整个企业在对外投资过程中碰到的问题，基础上的普及还不够充分，而且课程大部分提及的是发达国家的收购、兼并、投资的案例。而“一带一路”的沿线既有发达国家，也包含众多发展中国家，在法律体系、政治环境、社会制度等方面各有差异，企业进行投资面临着诸多选择。

“一带一路”战略是一项国家的战略，在这当中我们坚持以企业为主体，以市场化为导向，推进政府做好环境营造、公共服务工作。经济贸易活动能不能开展、扩大，是由市场决定的，而不是政府强制企业去做些不愿意做的事情。为了推进“一带一路”战略，我们从几个层面建立相应的渠道。

第一个渠道是政府渠道。在政府层面上，通过发挥政府的作用将原来的企业自发的行为或企业无意识的行为发展到形成体系的自主行为。比如，“一带一路”国家中在上海有39个驻沪总领馆，政府主动跟总领馆对接，建立了相应的“一带一路”经济贸易发展合作。我们要跟东道国派驻到上海的使领馆建立相应的合作联系，签署备忘录、合作协议，把原来的推动经济贸易发展的企业自发行为变成政府可以纳入整体框架的行为上来，共同推动贸易发展。

我们通过和“一带一路”沿线国家的友好城市、港口、节点城市来签署相应的战略合作协议来推动“一带一路”战略的发展，上海市拥有全球70多个友好城市、姐妹城市，部分城市也在“一带一路”的沿线上，通过这个渠道我们可以与节点、港口、友好城市签署相应的合作协议。合作协议的目的是建立政府的沟通网络，将原来分散的点，连成一个政府的网，每一个点都有一个政府的公共渠道。同时，开拓这个网还需要利用高访的渠道，比如国家领导人或者上海市领导出访，就可以把政府的网络渠道不断完善和建立起来。

第二个渠道是商协会和机构渠道。原来我们的商会仅仅是服务国内的企业主体，现在是和境外的商协会建立双方的沟通渠道。不同国家的商会将各自国家的企业推荐给对方，使双方之间的沟通成本减少。2014年我们就举办了千人的贸易对接会，成立了“一带一路”贸易商联盟，贸易商联盟的秘书处就放在了上海市进出口商会。2015年在华交会期间，我们继续举办“一带一路”的相应的商协会的论坛，来自很多国家的商协会的代表也参与其中。大家由原来不接触到接触，由原来的不认识到认识，通过机构、论坛等平台，创造商机。

第三个渠道是建立贸易网络和投资网络。建立贸易网络的目的是促进贸易和促进投资。“一带一路”沿线的很多国家并不了解上海，甚至不了解中国到底有哪些贸易商，这些贸易商在开展什么样的贸易，我们就把上海市从事进出口的优质贸易商推荐给商协会。反之，国外的商协会就把它们的贸易商介绍给我们。这使得企业的接触、交易成本大幅度减少，促进双方贸易的发展。投资网络方面我们要互通信息，比如某些国家有些招投标信息、工程建设信息、港口建设信息就可以通过政府渠道、企业平台渠道反馈给上海的

企业。反之，上海的企业在对外投资过程中需要了解的问题也可以通过官方的、商协会的、机构的渠道了解。建立这些渠道之后我们需要其他的部门一起参与，如外办等部门可以开拓人文交流渠道。我们在中亚、西亚有很多的展览，通过展览渠道铺设、扩展贸易网。至于东欧国家，相对来说它们的法律制度较为完备，其市场化程度更高，故自主的开发会更多。

上海在“一带一路”发展的过程中有很多的优势，比如上海有众多的姐妹城市、领馆的支援和机构的支援，所以在最近两年的“一带一路”的扩展取得了良好的结果。2015年上海“一带一路”进出口额为869亿美元，占上海市进出口总额的20%，“一带一路”沿线国家中的投资发展得很快，上海的“一带一路”合同金额是31.8亿美元，上升26%，实到外资金额22亿美元，上升164%。“一带一路”的非金融类投资是95亿美元，增长1067%；签订的承包工程有53亿美元，完成营业额是47亿美元。

“一带一路”战略开展以来，我们对有关沿线国家的了解程度逐渐增加，商机也会越来越多。就市商委来说，成立了领导小组并建立了一套制度，由相应的部门按照分工逐步地推进。我们在国际贸易中心网专门开通了一个“一带一路”的网站，把“一带一路”的政策、商机、企业等信息同社会共享。在推动“一带一路”战略中我们发现法律服务这一块极度缺失，很多企业时常因为不了解，感觉有风险而不敢去投资。这最主要的原因是缺少法律认识，缺少人文交流，以致企业举步维艰。

国际贸易经过一两百年的发展，制度相对比较完备，变化也不是特别大。国际贸易的主要变化是投资制度变化，如准入开放的问题，我们现在强调产能合作。市商委有利用外资的产业指导目录。“一带一路”沿线国家制度千差万别，政策变化快，开放度差异大，部分国家政局不够稳定。如何认识、了解、解决这些问题，急需相应的法律研究。

另外就是投资相关的服务贸易，比如工程承包、劳务合作、自然人移动，这里面都包含很多的法律问题，急需相应的法律支持。今天向各位法律专家请教，希望金茂凯德律师事务所这一研究与服务中心作出系统的研究。很多外国投资法的教材理论高度比较高，但是我们仍需要了解企业对外投资过程中的实际性的问题。比如，投资者到东欧的某个国家去建设一个工业园区或者兴建楼房都会面临招聘当地劳工、工作时长等法律问题。再比如，部分“一带一路”沿线国家缺少相应的投资制度，企业不得不综合考虑当地的劳工工作效率、工作时长等问题。即便基本的法律问题，我们也了解得比较少。这些是因为缺少基本的法律制度翻译和解读，缺少对东道国政策法律的及时更新。所以很多企业感觉走出去的机会很多，但是因为不了解东道国的法律，而担心风险太大，不敢进行对外投资。

我们的“一带一路”法律研究与服务中心有着广阔的发展空间，希望中心为企业服务发挥更大的作用，做企业家坚实的法律后盾，为“一带一路”战略的推进贡献力量。

谢谢各位！

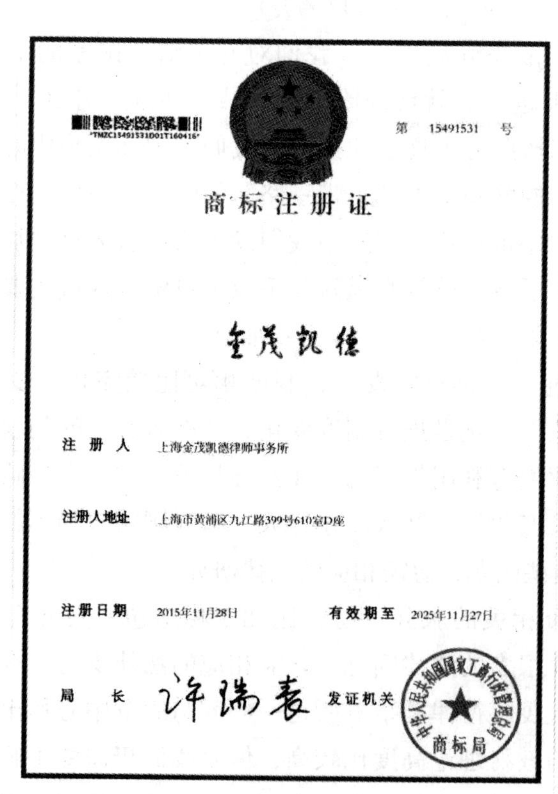
TMZC15491531D01T160416

第 15491531 号

商标注册证

金茂凯德

注 册 人　上海金茂凯德律师事务所

注册人地址　上海市黄浦区九江路399号610室D座

注册日期　2015年11月28日　　有效期至　2025年11月27日

局　　长　许瑞表　　发证机关　中华人民共和国国家工商行政管理总局 商标局

"一带一路"战略新形势下我国国际投资争端解决面临的挑战及应对措施

李志强　田孝明

2013年9月和10月，习近平总书记在出访中亚和东南亚国家期间，先后提出共建"丝绸之路经济带"和"21世纪海上丝绸之路"的重大倡议。在国家领导人引领下，中国政府积极推动"一带一路"建设，加强与沿线国家的沟通磋商，推动与沿线国家的务实合作，深入阐释"一带一路"的深刻内涵和积极意义，就共建"一带一路"达成广泛共识。

2015年3月，经国务院授权，发展改革委、外交部、商务部联合发布《推动共建丝绸之路经济带和21世纪海上丝绸之路的愿景与行动》，其中明确指出，投资贸易合作是"一带一路"建设的重点内容。宜着力研究解决投资贸易便利化问题，消除投资和贸易壁垒，构建区域内和各国良好的营商环境，积极同沿线国家和地区共同商建自由贸易区，激发释放合作潜力，做大做好合作"蛋糕"。加快投资便利化进程，消除投资壁垒。加强双边投资保护协定、避免双重征税协定磋商，保护投资者的合法权益。中国欢迎各国企业来华投资，鼓励本国企业参与沿线国家基础设施建设和产业投资。

"一带一路"战略构想意味着我国对外开放实现战略转变，这一构想引起了国内和相关国家、地区乃至全世界的高度关注和强烈共鸣。

一、"一带一路"战略对我国国际投资的影响

国际投资是国际之间资金流动的一种重要形式，是投资者为获得一定经济效益而将其资本投入国外的一种经济活动。在本文中，我国国际投资指国内企业对外投资及外国投资者在我国境内的投资行为。根据商务部的统计数

据，2014年，我国非金融类对外直接投资达到1029亿美元，加上我国企业在境外的利润再投资和通过第三地的投资，对外投资规模达到1400亿美元，较实际利用外资额高出约200亿美元，我国首次成为资本净输出国。

而"一带一路"沿线国家60多个，大多是新兴经济体和发展中国家，总人口约44亿人，经济总量约为21万亿美元，分别占全球的63%和29%。"一带一路"建设恰好顺应了中国要素流动新趋势。"一带一路"战略通过政策沟通、道路连通、贸易畅通、货币流通、民心相通这"五通"，将中国的生产要素，尤其是优质的过剩产能输送出去，让沿"带"沿"路"的发展中国家和地区共享中国发展的成果，与此同时，"互联互通"也将进一步促进外国投资者对华投资。①

作为党中央主动应对全球形势深刻变化、统筹国内国际两个大局作出的重大战略决策，建设"一带一路"必将进一步促进我国国际投资活动。

二、"一带一路"战略下我国国际投资争端解决现状及面临的挑战

"一带一路"战略正式施行后，将会催生一大批与我国国际投资相关的案件。"一带一路"战略带来的"互联互通"、贸易和投资的便利化、扩大开放的各类政策措施将大幅提升我国国际投资的交易量，国际投资争端也将不可避免地增多。在纷繁复杂的国际投资争端中，我国将面临新的挑战。

（一）国际投资争端的定义

国际投资争端有广义和狭义之分。广义的国际投资争端包括任何涉及两个或两个以上国籍的自然人、法人或外国政府、外国公司机构之间因国际直接投资或国际间接投资而引起的投资争端。狭义的国际投资争端仅涉及因私人直接投资活动而引起的各种争端。②在本文中，我国国际投资争端指在中国

①剧锦文：《"一带一路"战略的意义、机遇与挑战》，载《经济日报》，2015-04-02。

②辛宪章：《国际投资争端解决机制研究》，大连，东北财经大学出版社，2014。

企业对外投资过程中与东道国政府之间，以及外国投资者与我国政府之间的投资争端。

（二）国际投资争端解决现状

目前，投资者与东道国政府之间的国际投资争端主要由以下国际机构进行管辖。

ICSID是依据1966年10月签订的《解决国家与他国国民间投资争端公约》（以下简称《公约》）而建立的世界上第一个专门解决国际投资争议的仲裁机构。中国于1993年正式成为《公约》的缔约国。ICSID是最重要的国际投资仲裁机构。 ICSID的统计数据显示，截至目前，《公约》缔约国多达159个，并已受理了545起投资仲裁请求。

ECT是依据1991年12月17日订立于荷兰海牙的《能源宪章条约》而设立的仲裁机构。《能源宪章条约》提供的强制性仲裁争端解决机制为从事国际能源投资活动的投资者提供了保护其合法权益的有效途径。目前共有近60个成员国，主要是欧洲国家、中亚国家，以及蒙古国、日本和澳大利亚。中国于2001年成为能源宪章代表大会的观察国。

此外，一些处理国际商事仲裁的专门机构，如国际商会仲裁院（ICC）、斯德哥尔摩商会仲裁院（SCC）等均可以进行国际投资仲裁。

上述国际投资争端解决机构管辖权主要来源于以下几种情形：双边投资条约（BIT）；多边投资条约及区域协定，如《公约》、《能源宪章条约》等；自由贸易协定（FTA）中的投资章节等。

（三）我国国际投资争端解决面临的挑战

近年来，为更多吸引海外投资及与国际接轨，我国越来越多选择ICSID作为国际投资争端的解决机构。ICISD 于2006年受理了第一起中国海外投资者诉外国东道国政府的案件（中国香港居民谢亚深诉秘鲁政府），并于2011年受理了第一起外国投资者诉中国政府的案件（马来西亚Ekran Berhad公司诉中国政府）。2014年11月，ICSID受理了第二起针对中国的投资仲裁案件，该案涉及一名韩国投资者在我国江苏省的投资项目，同年12月，ICSID又受理了一起中国投资者起诉外国政府的案件——北京城建公司起诉也门政府。而之前刚作出裁决的平安集团诉比利时案也是在ICSID审理。

目前，国际投资争端解决新案件的提起主要依据双边投资条约中的争议解决条款，我国已经与130多个国家签署了双边投资条约，且正在与美国、欧盟开展双边投资条约谈判。[①]近期习近平主席到访美国，中美双边投资条约谈判有望完成，未来中美之间的投资争端可能通过ICSID解决。这些条约在推动“引进来，走出去”战略的同时，也会不断增加中国遭遇国际投资争端的风险。

在马来西亚Ekran Berhad公司诉中国政府一案中，我国政府在国际投资争端案件中的应诉能力，以及我国投资环境的可信度受到前所未有的严峻考验。尽管双方于2011年7月11日就仲裁程序达成协议，但这也给我国带来了警醒意义，即投资者可能将最惠国待遇条款引入第三方条约中的争端解决条款进而向ICSID提起仲裁申请，损害我国投资利益。而在平安集团诉比利时政府一案中（平安集团为此遭受高达30亿美元的境外投资亏损），ICSID于2015年4月以缺乏管辖权为由驳回平安集团的请求。平安集团败诉的原因在于，1984年中国与比利时的BIT只允许将“与征收补偿额有关的争议”提交仲裁，而2009年生效的中国与比利时新的BIT不适用于平安集团在2009年以前对富通集团的投资。以上只是我国参与国际投资争端案件的缩影，若无法妥善解决日益增加的国际投资争端，将造成我国国际投资利益的巨大损失。

目前，中国与“一带一路”沿线大多数国家缔结了双边投资条约，但双边投资条约多是一些原则性规定，实践中缺乏操作性。而且，中国企业尚未习惯运用法律方式解决问题，这显然无法有效应对日益增加的国际投资争端。“一带一路”沿线国家大多属于新兴经济体和发展中国家。在贸易投资、税收等领域的法律规定与国内规定存在较大差异，在某些方面的法律规范仍处于空白缺失状态。许多国家例如伊拉克、伊朗、波兰等国家并非《公约》缔约国，因此在ICSID仲裁裁决的承认和执行方面存在重大不确定性。

---

①辛颖：《国家投资争端解决去向》，载《法人》，2015-08-05。

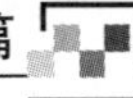

三、“一带一路”战略下我国国际投资争端解决的应对措施

在纷繁复杂的国际投资争端中，如何积极有效维护我国合法权益成为“一带一路”战略新形势下我国面临的新挑战。我国需要采取积极有效的应对措施，从而保障“一带一路”战略的顺利实现。

（一）进一步加强对ICSID等国际投资争端解决机构的研究

真正了解ICSID等国家投资争端解决机构相关规则、典型案例对于有效防范我国国际投资的风险尤为必要。鉴于ICSID已经逐渐成为全世界各国主要选择的国际投资争端解决机构，而最新的中美双边投资条约谈判也可能引入ICSID作为中美投资争端解决机构，我国需要继续加强对ICSID机制的研究。深入研究ICSID已裁决案件的审理过程、争端双方的主张及依据、仲裁员裁决的依据和理由等，从程序和实体角度更好掌握ICSID裁决的一般流程及基本思路，从容应对未来面临的国际投资争端。

（二）建立及完善对外签署投资条约中的国际投资争端解决机制

1. 对“同意”ICSID等国际投资争端解决机构的管辖范围作出一定限制。考虑到发达国家与发展中国家在法律制度的完善程度、发生政府违法行为可能性、司法人员中立性等方面的差异，应区别不同的“一带一路”沿线缔约国，对“同意”管辖的范围作出一定限制。中国与发达国家签订投资条约时可采用“有限同意”模式，对一些发生争端可能性较低或即使发生争端也不可能损害我国国计民生、重大国家利益的领域，预先作出同意接受ICSID管辖权的意思表示，而对其他领域只明确表示接受ICSID管辖权的可能性。在与发展中国家签订投资条约时采用“全面同意+重要例外”模式，原则上接受ICSID管辖权的同时，将一些发生争端可能性较高且关乎国计民生、重大国家利益的敏感领域明确置于ICSID管辖权范围之外。①

2. 充分利用ICSID等国际投资争端解决机构给予东道国的权利，引入行政

①辛宪章：《国际投资争端解决机制研究》，大连，东北财经大学出版社，2014。

复议机制。在我国今后对外签订的投资条约中，可以力争将我国政府的当地行政救济作为国际争端解决机制的前置性程序。例如，要求外国投资者将投资争端提交ICSID等国际投资争端解决机构之前，必须先到我国相关行政主管部门申请复议。这样可以保证我国行政机关的优先管辖权，且有利于迅速处理争议不大、标的不大的案件，节省费用，提高效率，也可防止外国投资者滥用申诉权。

3. 明确我国国际投资争端解决中的法律适用。在我国已对外签署的投资条约中，部分条约并未规定法律适用条款。若未来发生投资争端的双方均为《公约》缔约国，因《公约》有详尽的法律适用条款，则争端可适用《公约》得到解决，但对于投资争端提交某临时仲裁机构且未规定仲裁规则时，如何确定适用法律，存在不确定性。因此，建议将争端解决的法律适用条款纳入投资条约中。此外，鉴于投资行为一般与东道国有最密切的联系，而东道国实体法律与投资关系最为密切，因此应尽量规定投资争端适用东道国实体法律规则，而不应包括冲突规则在内。[①]

4. 选择合适的国际投资争端解决机制。在制定双边或多边投资条约时，应充分考虑缔约国的实际情况、文化背景、适用的法律、裁决的执行情况等情形，约定合适的国际投资争端解决条款。而对于我国已经与"一带一路"沿线国家签订的投资条约，若存在上述不合理或不完善之处的，应尽快予以修订，以明晰国际投资中各方的权利义务，尽量争取有利于我国的国际投资争端解决方式。

（三）建立与国际接轨的国内法制，充分利用ICSID等国际投资争端解决机制

自1993年中国正式加入《公约》迄今，仍没有一部关于实行《公约》的国内法，相比于《公约》其他缔约国的立法实践以及中国当前的国情需要，我国在立法上存在滞后和不足，亟待完善。我国应根据《公约》其他缔约国

①乔慧娟：《私人与国家间投资争端仲裁的法律适用问题研究》，219~221页，北京，法律出版社，2014。

的实践及本国国情，通过合理审慎的国内立法，制定有关ICSID机制在中国的实际条例或细则，既要信守和贯彻《公约》的基本规定，又要对中国的保留条款和必要的防范措施作出具体和周密的安排。例如，明确当中国政府成为ICSID被诉人该如何应诉、ICSID裁决在中国境内如何承认及执行等问题。[①]在符合我国利益情况下，还需要对制度化水平较高的国际投资争端解决机制持更加开放的态度，尽可能创造及完善为外国投资者所信任的投资环境。

目前，中国加入的国际投资争端解决机构不少，但主动提交国际投资争端解决机构的案件数量很少。中国政府应鼓励我国投资者发生争端时积极应诉，充分利用国际投资争端解决机制捍卫自己的权利，包括商务部在内的政府部门应通过提供诉讼、仲裁程序、涉外法律等方面的服务，建立完善的援助机制，一旦发生国际投资争端可为我国投资者提供法律方面的指导。

（四）加快培育国际投资争议解决高端法律人才

从ICSID现有与中国相关的案例可以看出，中国目前急需熟悉国际投资争端解决规则并熟练运用国际通用语言的高水平法律人才。中国律师作为维护我国国际投资权益的重要力量，也面临着新的挑战。我国应重视对国际投资争端解决法律专业人才的培养，将涉外律师人才队伍培养提升到国家人才战略的高度，制定国家年度涉外法律人才培养计划，持续加大财政资金投入，依托全国及各地司法局及律师协会，选拔优秀涉外青年律师，提供更多更好的培训教育机会。例如，选送至国际金融机构、一线国际律师事务所参与法律实践，完善涉外律师人才激励机制，表彰在涉外法律服务中作出突出贡献的律师。与此同时，我国应该积极培养并鼓励熟悉仲裁规则，具有国际法和投资事务方面经验的律师及专家学者成为国际投资争端解决机构仲裁员的备选人员。[②]

①陈安：《国际投资争端仲裁——“解决投资争端国际中心”机制研究》，62~63页，上海，复旦大学出版社，2001（9）。

②蒋德翠：《国际投资争端解决机制的新挑战及其重构》，载《商业时代》，2014（25）。

四、结语

近年来，涉及我国的国际投资争端数量不断增加。“一带一路”建设意味着我国的外交战略转变及对外开放程度进一步提升。在纷繁复杂的国际投资争端中，如何积极有效维护我国合法权益，成为“一带一路”战略新形势下我国面临的新挑战。我国需要进一步加强对国际投资争端解决机制研究，推动国内法制与国际接轨，在对外签署的投资条约中完善并充分利用国际投资争端解决机制，加快培育国际投资争议解决的高端法律人才，为“一带一路”战略提供强有力的保障。

荣誉证书

金茂凯德律师事务所 李志强 先生/女士

贵律师事务所在第一届“新财富最佳发行人律师”评选中，入围“2010年A股IPO市场发行人律师TOP25”。特发此证。

新财富

新财富杂志社

2011年10月21日

强化自贸区司法职能服务"一带一路"战略实施

李志强　王婉琪

"一带一路"，是党中央主动应对全球形势深刻变化，统筹国内、国际两个大局，作出的重大战略决策。自贸区与"一带一路"之间存在目与纲的支撑与引领关系。"一带一路"为纲，自贸区为目，纲举而目张，共同深化对外开放。具体而言，"一带一路"的落实推进，需要将国内外一些区位优势明显、腹地广阔、潜力较大的核心区域和重要节点，作为基础平台，发挥要素集聚、经济辐射的联动作用，以点带面。因此，应加快实施自贸区战略，积极同"一带一路"沿线国家和地区商建自贸区。[①]而在"一带一路"与自贸区建设中，法治是重要保障，公正、高效、透明的司法服务为"一带一路"与自贸区建设提供制度层面的基础与前提。在此背景下，自贸区司法服务如何为推进"一带一路"建设提供司法保障，成为必须考虑的重大议题。

一、切实增强自贸区司法工作人员为"一带一路"提供司法保障的使命感

在依法治国理念下，自贸区司法工作人员应深刻认识到"一带一路"建设的重大意义，准确把握"一带一路"建设司法服务和保障的内涵与基本要求，增强服务和保障"一带一路"建设的责任感与使命感。

"一带一路"传承和弘扬古代丝绸之路"和平合作、开放包容、互学互鉴、互利共赢"的精神，顺应世界多极化、经济全球化、文化多样化、社会信息化的潮流，坚持开放合作、和谐包容、市场运作、互利互赢的共建原

①《国务院关于加快培育外贸竞争新优势的若干意见》（2015年2月12日，国发〔2015〕9号）。

则，充分发挥国内各地区比较优势，加强东部、中部、西部互动合作，致力于政策沟通、设施联通、贸易畅通、资金融通、民心相通的“五通”蓝图，推动更大范围、更高水平、更深层次的大开放、大交流、大融合。①“一带一路”建设，将开创我国全方位对外开放新格局，对推动经济增长、促进和平发展产生现实而深远的影响。

在推进“一带一路”建设的过程中，随着贸易、投资、知识产权、金融等领域的交流合作不断加深，以及自贸区等的兴起，自贸区司法机关面临的法律纠纷将愈加复杂。对此，自贸区司法工作人员应找准司法工作与“一带一路”建设的结合点和着力点，研究规律性，突出前瞻性，积极回应“一带一路”建设中中外市场主体的司法关切和需求，全面提升涉外司法工作水平，为“一带一路”建设营造良好法治环境。全面贯彻法律平等原则，坚持平等保护中外当事人的合法权益，有效维护公平竞争、诚实守信、和谐共赢的区域合作大环境。坚定不移走中国特色社会主义法治道路，重视与沿线各国相关司法部门的交流与合作，夯实“一带一路”建设的法治基础。

二、以自贸区法庭审判职能为核心，提升“一带一路”司法保障的国际公信力

《最高人民法院关于人民法院为“一带一路”建设提供司法服务和保障的若干意见》（法发〔2015〕9号）指出，大力加强涉外刑事、涉外民商事、海事海商、国际商事海事仲裁司法审查和涉自贸区相关案件的审判工作，为“一带一路”建设营造良好法治环境。其中，“涉自贸区相关案件”主要是指，当事人一方或双方，公民的户籍地或经常居住地在自贸试验区内的或法人、其他组织的住所地在自贸试验区内的；诉讼标的物在自贸试验区内的；产生、变更或者消灭民事关系的法律事实发生在自贸试验区内的；被诉行政行为的合法性审查涉及自贸试验区相关法律规定适用的案件。②

2013年11月25日，上海举行浦东新区人民法院自由贸易区法庭挂牌成立

①《推动共建丝绸之路经济带和21世纪海上丝绸之路的愿景与行动》（2015年3月28日）。

②《上海市第一中级人民法院涉中国（上海）自由贸易试验区案件审判指引》（2014年4月29日）。

仪式。截至2015年9月底，自贸区法庭共受理涉自贸区的投资、贸易、金融等商事案件和知识产权民事案件共计2064件，审结1199件。由于自贸区贸易方式转型特点，以及自贸区内市场主体司法需求，涉自贸区各类案件数量明显增长，且呈现出涉外因素多、诉讼标的额大、具有审判示范意义的案件多等特点。充分发挥自贸区法庭审判职能，将为“一带一路”建设提供直接的司法保障。

（一）公正审理涉自贸区相关案件

自贸区借鉴国际通行规则，对外商投资试行准入前国民待遇，并制定自贸区外商投资与国民待遇等不符的负面清单。在相关案件的审理过程中，正确理解和把握有关“准入前国民待遇”和“负面清单”的规定和政策，处理好当事人意思自治与行政审批之间的关系，促进对外开放。

由于自贸区开放式的经济形态，一些纠纷所涉及的新型交易形式在合同法没有明确规定，即所谓无名合同。对此，如果在国际商事交易中已有成熟的交易惯例，或在比较法中已有系统的可以参照的规定，可以参考国际商事交易习惯和比较法的相关内容，结合当事人的合同约定，妥善处理当事人之间的合同纠纷。

在自贸区简政放权的趋势下，严格限制认定合同无效的范围。只有在违反法律、行政法规中的效力性、强制性规定的情况下，才能认定合同无效。这意味着，从法律效力来看，规章、地方性法规不能作为认定合同无效的依据；从法律规定的刚性程度来看，仅仅违反任意性规定或管理性、强制性规定，也不能认定合同无效。

随着商事登记制度改革，原有的企业年检制度改为企业年度报告公示制度，注册资本实缴制度改为资本认缴登记制度。为维护市场交易秩序，防止出现“皮包公司”的情形，对违反股东的真实义务和出资义务的行为，依法追究其法律责任。

金融制度改革是自贸区先行先试的重要内容之一，应审慎审理涉及金融创新的各类纠纷，既充分尊重当事人意思自治，同时有效维护金融市场交易安全。对自贸区内金融机构进行的金融创新活动，虽尚无法律、法规对此作出明确规定，但属于相关主管部门关于推进自贸区建设的规范性文件所准许的范围，应在保障金融市场安全和维护金融秩序的前提下，充分尊重当事人之间的约定。对银行、保险和证券业的金融创新活动所引发的纠纷，应加大对交易真实性的司法审查力度，有效防范人民币违法套利行为，规范金融市场秩序。

自贸区大规模改革试验，必将带来大量新类型技术成果的创造和引进，合理界定知识产权的保护范围，依法加大对自贸区内商贸、金融、航运等领域的技术创新的保护力度，激发创新活力，促进技术信息的传播和利用。在审理知识产权案件的过程中，不断完善查明技术事实的手段，如探索法院聘请技术专家辅助查明相关事实的途径与方法。

自贸区作为试验区，适用各类法律法规需要一个试错，进而逐步修正的过程。因此，结合自贸区政府行政职能转变的需要，为发挥涉行政审判的能动作用，在法律、法规、规章未规定的情况下，可参考规范性文件对相关行政行为进行审查，允许先行先试，充分发挥试验区的功能。

由于自贸区在外商投资管理、外汇管理等方面进行了先行先试，为此，应结合实际情况，明确原有刑事相关罪名的适用条件。同时，针对洗钱、走私等常规犯罪，应严格依法追究其刑事责任。

（二）强化海事司法职能

积极应对复杂的国际经济形势，妥善解决好国际贸易与国际航运相互交织的纠纷，强化对突出矛盾的风险稳控，加强对船员群体的司法保护，促进对航运资源的保值增值，注重对各方利益的协调平衡。

深化服务海洋强国战略，发挥海事审判专门管辖工作优势，不断探索延展海事司法服务“一带一路”建设的广度和深度。通过积极行使海事司法管辖，加强海洋环境司法保护，促进海洋资源开发利用，探索海洋环境公益诉讼。

敏锐把握“一带一路”和自贸区建设中一系列先试先行的政策法律和功能项目，加强对纠纷案件中新业态、新情况、新问题的发现和解决能力，促进航运服务能级提升，服务航运金融业发展，保障枢纽型、功能型航运中心

建设，助力发挥船舶登记制度创新优势。

在涉外海事审判中，依法平等保护中外主体合法权益，运用司法裁判规则积极争取对外交往中的主动权和话语权。积极构建良好开放环境，充分行使涉外司法审查，自觉遵循国际通行规则，优化涉外争议裁判办法。①

塞拉利昂籍“LEDOR”轮遭阿尔巴尼亚船东基恩毕船务有限公司弃船所引发系列纠纷案，是依法及时分配船舶拍卖款、保障海上丝绸之路畅通有序的典型案例。在外籍船东弃船的情况下，人民法院通过高效组织船舶拍卖、召开债权人会议、依法分配船舶拍卖款，使境内外债权人权益得到及时实现，确保海上丝绸之路畅通有序。在执行扣船令和海事强制令过程中，法院指定国有船代为弃轮提供船舶代理服务，在船舶被依法变卖后，又与公安部门联系，根据这批外籍船员的特殊情况办理相应签证和出境手续，为外籍船员提供了充分的人道主义帮助。②

（三）依法行使司法管辖权

在推进“一带一路”建设的过程中发生的争议，涉外纠纷的比重较大。对此，自贸区法庭需要特别重视涉外管辖权的问题，遵守法律和我国缔结的条约的规定，科学合理地确定涉沿线国家案件的连接因素，恰当地行使管辖权。充分尊重“一带一路”建设中中外市场主体协议选择司法管辖的权利，有效保障其相关诉讼权利。既要增强在涉“一带一路”相关案件管辖上的国家意识和主权敏感性，坚定地维护我国的司法主权；同时也要尊重沿线各国的司法管辖权，尽量减少管辖权的积极冲突，妥善解决国际间平行诉讼问题。

此外，严格落实《最高人民法院关于人民法院登记立案若干问题的规定》，对依法应当受理的涉“一带一路”建设相关案件，一律接收诉状，当场登记立案，依法尽快做出裁判，及时解决纠纷。

（四）加强与“一带一路”沿线各国的国际司法协助

严格按照国际条约与互惠原则进行国际司法协助，积极办理司法文书送

---

①《关于强化海事司法职能服务保障国家战略的工作意见》（2015年4月8日）。

②《人民法院为“一带一路”建设提供司法服务和保障的典型案例》（2015年7月7日）。

达、调查取证、承认与执行外国法院判决等司法协助请求，切实保障中外当事人的合法权益。应配合有关部门适时推出新型司法协助协定范本，推动缔结双边或者多边司法协助协定，促进沿线各国司法判决的相互承认与执行。在沿线一些国家尚未与我国缔结司法协助协定的情况下，根据国际司法合作交流意向、对方国家承诺将给予我国司法互惠等情况，可以考虑由自贸区法庭先行给予对方国家当事人司法协助，积极促成形成互惠关系。

（五）依法准确适用国际条约和惯例，准确查明和适用外国法律

涉“一带一路”相关案件争议复杂，在处理这类案件时，应不断提高适用国际条约、外国法乃至国际商事习惯、一般法律原则的司法能力。

深入研究沿线各国与我国缔结或共同参加的贸易、投资、金融、海运等国际条约，严格依照《维也纳条约法公约》的规定，根据条约用语通常所具有的含义，按其上下文并参照条约的目的及宗旨进行善意解释，增强案件审判中国际条约和惯例适用的统一性、稳定性和可预见性。

同时，依照《涉外民事关系法律适用法》等冲突规范的规定，全面考虑法律关系的主体、客体、内容、法律事实等涉外因素，充分尊重当事人选择准据法的权利，积极查明并准确适用外国法，消除沿线各国中外当事人国际商事往来中的法律疑虑。

要注意沿线不同国家当事人文化、法律背景的差异，适用公正、自由、平等、诚信、理性、秩序以及合同严守、禁止反言等国际公认的法律价值理念和法律原则，通俗、简洁、全面、严谨地论证说理，增强裁判的说服力。

例如，在德国蒂森克虏伯冶金产品有限责任公司与中化国际（新加坡）有限公司国际货物买卖合同纠纷案中，最高人民法院准确适用国际条约，并对于国际条约没有调整的事项，依法支持当事人选择的准据法。该案明确了适用《联合国国际货物销售合同公约》认定根本违约的标准，增强了我国司法实践中公约适用的统一性、稳定性和可预见性，有力保障了国际贸易的有序进行。①

---

①《人民法院为“一带一路”建设提供司法服务和保障的典型案例》（2015年7月7日）。

（六）加强涉“一带一路”沿线国家当事人的仲裁裁决司法审查工作

正确理解和适用《承认及执行外国仲裁裁决公约》，依法及时承认和执行与“一带一路”建设相关的外国商事海事仲裁裁决。探索完善撤销、不予执行我国涉外、涉港澳台仲裁裁决以及拒绝承认和执行外国仲裁裁决的司法审查程序制度，统一司法尺度，支持仲裁发展。实行商事海事仲裁司法审查案件统一归口的工作机制，确保商事海事仲裁司法审查标准统一。

新《民事诉讼法》规定，仲裁前可采取保全措施，但基于缺少相关的配套实施细则，致使该项制度在司法实践中的应用受到限制。基于自贸区设立后，知识产权等纠纷将不可避免地出现，仲裁也将成为解决上述纠纷的重要途径。而对于知识产权侵权案件而言，仲裁前能否有效保全证据，将是案件能否得以进行下去的基础。因此，有必要在司法实践中逐渐细化仲裁前保全的条件与程序，支持相关纠纷的仲裁解决。

新《民事诉讼法》中“撤销仲裁”和“不予执行仲裁裁决”的适法条件基本一致，为避免一些不守诚信的当事人以双重提起以及重复提起上述程序来拖延法院执行的情形发生，应在仲裁裁决的司法审查中予以重视，以确保法院执行的效率，保障债权人的合法权益。

涉“一带一路”相关案件多为商事案件，其对执行效率有着较高的要求。为此，可以借鉴国外行之有效的执达员制度，对于被执行财产在自贸区内的，可聘请陪执员参与辅助执法，并探索选聘律师事务所等机构，负责涉自贸区执行案件部分辅助性事务的实施。

三、建立完善自贸区司法工作机制，为“一带一路”建设营造良好的法治环境

（一）发挥专业化审判优势，提高涉“一带一路”相关案件的审判质量

探索将相关新类型案件集中到涉外审判部门审理，提高审判的专业化水平。同时，根据第四次全国涉外商事海事审判工作会议精神，推广将与海事密切关联的部分海事行政案件纳入海事法院专门管辖等，从体制和机制方面

不断巩固我国亚太地区海事司法中心地位。

探索在成立专项合议庭的基础上，针对不同类型案件的专业需要，打破审判庭界限，跨审判庭约请法官临时加入专项合议庭审理相关案件。由于涉“一带一路”相关案件的审理对专业知识有较高要求，应进一步完善主审法官、合议庭办案责任制，把审判权集中到优秀法官手中，构建以主审法官为中心的审判团队。同时，积极发挥人民陪审员的作用，避免“陪而不审、审而不议”的情况发生，参加涉“一带一路”相关案件专项合议庭的人民陪审员应具备与所审理案件相匹配的专业知识，以此进一步提升案件审理的质量。

（二）加大涉“一带一路”相关案件的公开力度，增强法制的透明度

司法公开是提高司法公信力的重要抓手，在涉“一带一路”案件中，强化司法公开更具有保障交易安全、充分披露相关企业信息的现实需要。积极推进裁判文书、审判流程和执行信息等司法公开三大平台建设，及时发布审判动态，广泛宣传司法政策。围绕公开、透明、便捷、高效、共享、互通的原则，加强信息化建设，推进信息技术与审判业务深度融合，构建符合信息时代特征的网络法院和阳光法院。

对于涉外案件，充分发挥涉外司法的国际窗口作用，不断满足中外当事人的知情权。要高度重视相关工作的舆论引导和宣传工作，建设涉外商事海事审判英文网站，充分运用新媒体技术，对“一带一路”建设司法服务和保障进行宣传，通过多种方式向国际社会提供及时、全面、翔实的涉“一带一路”建设的法治信息。积极研究制定人民法院接受外国公民申请旁听案件庭审的具体办法，为外国公民旁听案件提供便利条件，积极邀请沿线各国驻华使节、国际合作交流人员旁听典型案件庭审，回应国际社会的关注。

（三）注重精品案例发掘，加强经验总结和工作指导

要根据“一带一路”建设的推进重点，加强重点示范，发挥其示范引领作用。要注意总结司法保障工作的经验做法，推广可复制、可借鉴的先进经验和典型案例。要加强宏观指导，强化分工落实，抓好督促检查和案件评估，不断增强“一带一路”建设司法保障能力。

（四）与非诉讼纠纷解决机制相衔接，优化多元化纠纷解决机制

充分尊重当事人根据"一带一路"沿线各国政治、法律、文化、宗教等因素作出的自愿选择，支持中外当事人通过调解、仲裁等非诉讼方式解决纠纷。要进一步推动完善商事调解、仲裁调解、人民调解、行政调解、行业调解、司法调解联动工作体系，发挥各种纠纷解决方式在解决涉"一带一路"建设争议争端中的优势，不断满足中外当事人纠纷解决的多元化需求。

以仲裁为例。自2014年5月1日起，上海国际经济贸易仲裁委员会（上海国际仲裁中心）《中国（上海）自由贸易试验区仲裁规则》将正式实施，该规则规定了友好仲裁、仲裁的临时措施、紧急仲裁庭等与国际仲裁规则相一致的新制度，而其他仲裁机构也有可能在其仲裁规则中做相同规定。在审理涉自贸区仲裁案件时，对仲裁协议效力、证据规则、仲裁程序、裁决依据、撤销裁决审查标准、不予执行裁决审查标准等方面，尊重和体现仲裁制度的特有规律，最大限度地发挥仲裁制度在纠纷解决方面的作用。同时，当事人根据有关仲裁机构的仲裁规则，向法院提出临时措施申请的，应及时审查并依法作出裁定。以支持仲裁机构的制度创新，推动仲裁制度的发展。

浙江逸盛石化有限公司与卢森堡英威达技术有限公司申请确认仲裁条款效力案，是尊重当事人仲裁意愿，推动仲裁国际化的典型案例。该案首次认可当事人约定由中国的常设仲裁机构依据《联合国国际贸易法委员会仲裁规则》管理仲裁程序的条款效力，并明确该条款约定的是机构仲裁，而非临时仲裁。该案对当事人理解存在分歧的合同用词，采取了有利于实现当事人仲裁意愿的目的解释方法，在仲裁条款未明确限定仲裁机构特定职能的情形下，认定当事人关于常设机构适用另一种仲裁规则的约定应理解为该机构依仲裁规则管理整个仲裁程序。本案对于推动多元化纠纷解决机制建设、支持仲裁国际化、提升仲裁公信力，具有典型示范意义。①

（五）拓展国际司法交流宣传机制，增进沿线各国的法治认同

要充分发挥上海合作组织最高法院院长会议、中国—东盟大法官论坛、

①《人民法院为"一带一路"建设提供司法服务和保障的典型案例》（2015年7月7日）。

亚太首席大法官会议、金砖国家大法官会议等现有多边合作机制，积极参与区域国际司法论坛，共同研讨解决“一带一路”建设中的相关问题，与沿线各国携手打造稳定透明、公平公正的“一带一路”国际法治环境。

要进一步拓宽国际司法交流渠道，密切关注亚洲投资银行、丝路基金建设的进展，及时研究相关的国际金融法、国际贸易法、国际投资法、国际海事规则等国际法的发展趋势，积极参与和推动相关领域国际规则制定，不断提升我国司法的国际话语权。

要推动建立新机制，进一步加强我国与沿线国家司法机构之间的交流与合作，建立外国法查明工作平台，支持国内相关单位与“一带一路”沿线国家高等院校、科研机构之间积极开展法学交流活动，增进国际社会对中国司法的了解，促进各国法治互信。

（六）建立常态化调研指导机制，增强工作的系统性与针对性

把握司法服务保障的主动权，密切与相关政府职能部门、功能性机构、行业组织的联络沟通，开展经常性的走访调研，建立畅通的互动渠道，密切关注“一带一路”建设进程中相关重点项目推进情况，广泛收集与相关法律问题和服务需求，加强对潜在纠纷的态势研判和前瞻研究，积极做好司法应对准备。

深入分析研判“一带一路”建设各类相关案件的特点和规律，加强司法解释和案例指导，规范自由裁量，统一法律适用，及时为市场活动提供指引。建立健全涉“一带一路”相关案件的专项统计分析制度，及时向有关部门和社会发出司法建议和司法信息，有效预防法律风险。深入研究国际法规则和沿线国家法律法规，提出前瞻性应对策略，增强推进“一带一路”建设的整体合力。

（七）加强专业人才培养，不断提升与“一带一路”建设相适应的司法能力

制订培养规划，加强专题专项培训，加快建立专门的审判队伍。要加强业务能力培训，强化“一带一路”建设相关知识的学习，增强司法综合素质。要拓展法官国际视野，鼓励法官参加国际交流，提高法官应对处理国际

事务的能力，努力造就一批能够站在国际法律理论前沿、在国际民商事海事审判领域具有国际影响的法官。

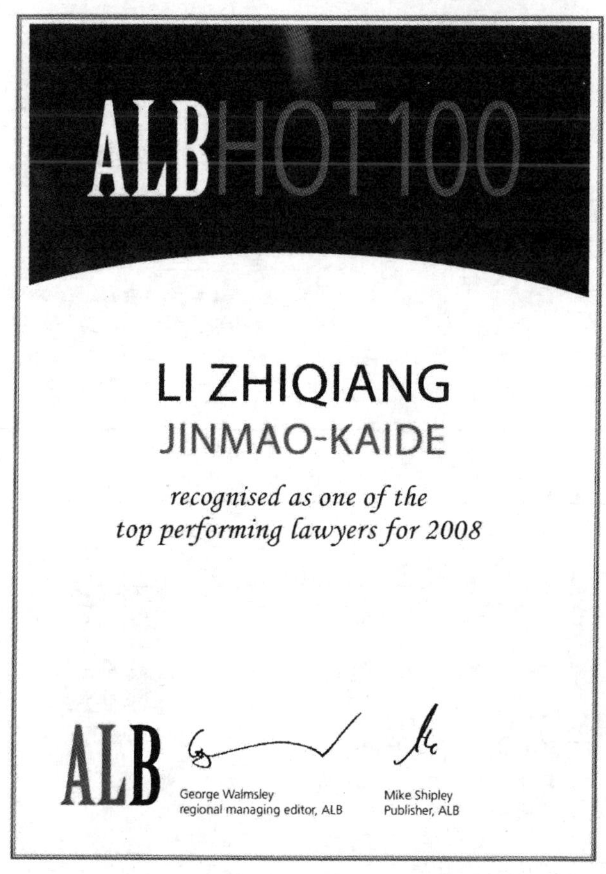

上海市人力资源和社会保障局

上海市人力资源和社会保障局制

№ 50109359

李志强 同志

经 上海市律师、公证员系列高级专业技术职务任职资格审定委员会审定，确认你具备 一级律师 任职资格。

通过日期 2012年11月14日

编 号 12L0010001

姓 名 李志强

性 别 男

出生年月 1967.11

专 业 律师

工作单位 上海金茂凯德律师事务所

立法研究与建议篇

从微信白皮书看“互联网+”知识产权保护

崔源

当前，以微信为代表的互联网知识产权保护面临着前所未有的机遇。自我国政府正式提出并实施“互联网+”行动计划以来，实现创新驱动发展，加强互联网知识产权保护，做大做强互联网产业。互联网知识产权保护效果如何，直接决定了互联网产业发展的成败。

一、微信知识产权保护的现状

2016年1月11日，微信首次发布《2015微信知识产权保护白皮书》（以下简称白皮书），这是国内互联网企业第一次以白皮书的形式，对平台的知识产权保护情况进行全维度的披露。

近一年来，微信共处理涉知识产权案件1.3万件，其中，原创声明功能保护了515万次原创申请，品牌维权平台处理了7 000多例涉嫌售假举报。就涉嫌侵害著作权的行为分布而言，公众账号涉嫌侵权行为集中在对文字类作品的抄袭上，占比61%，而图片类（占比25%）和视频类（占比14%）相对较少。在个人账号侵权投诉中，著作权侵权的类型呈现了不同的特点。涉嫌侵害摄影作品著作权的投诉占2/3（67%）左右，其余1/3由侵害他人电影作品著作权（15%）、文字作品著作权（10%）和美术作品著作权（8%）构成。

微信中的著作权纠纷主要表现为三种形式：其一，是各大自媒体账号转载他人作品，但不注明作者，不注明来源媒体；其二，是未经授权，转载内容，尽管注明作者及出处，但并非通过合法渠道；其三，是未征得权利人同意便“摘录、整合”他人作品，属于侵犯著作财产权中的汇编权。针对商标权纠纷，擅用他人注册商标进行不正当竞争，以及假冒注册商标商品等行为均是微信侵权处理的重点。

白皮书指出，公众账号与个人账号之间著作权侵权数据的差异，源于两类产品本身的特点。公众平台作为信息发布平台，其中以文字作品最为常见，也最易遭到侵权。朋友圈是个人用户使用微信的重要场景，以发布照片为主，因此针对摄影作品著作权的侵权行为占据绝大多数。

目前，微信针对知识产权侵权投诉，主要根据《信息网络传播权保护条例》，根据避风港原则，遵循“通知—删除”的规则进行处理。对于重复侵权的行为，除对所涉侵权的知识产权作删除处理外，还对实施侵权行为的账号按平台规范进行处罚。

二、互联网知识产权的特点

（一）广域性

知识产权具有“地域性”，而网络环境下的知识传输则是“广域性”的，网络知识产权的客体（智力成果）可以方便地在世界各个国家被广泛传播和使用，因此，网络知识产权的“地域性”趋于减弱，而国际化程度逐渐提高。

（二）匿名性

“1人原创，99人复制粘贴”，成了我们日常使用的微信朋友圈、微博、各大网站普遍习惯。对于目前网络实名制还未全面实施的情况下，百里挑一的原创作者究竟是谁，往往不得而知，突然出现的网络知识产权纠纷中往往会跳出多个权利人，甚至侵权人是谁也不得而知，被查处侵权行为后可能一删了事，甚至换个马甲再实施侵权行为，如何借助技术手段认定也是互联网知识产权的一大难题。

（三）多样性

对于互联网载体来说，文字、图片、视频等传统知识产权形式都属于互联网知识产权的表现形式，而更多的是图形界面、APP、网站设计、域名等

新颖的形式，这些新兴的互联网知识产权的特性导致了更易发生侵权，并且由于相应标准和有关规定的缺失，导致举证难、维权难。

三、完善我国互联网知识产权保护的建议

第一，进一步完善关于互联网知识产权保护的法律、法规。

知识产权法是调整因创造、使用智力成果而产生的，以及在确认、保护与行使智力成果所有人的知识产权的过程中，所发生的各种社会关系的法律规范之总称。一般包括以下几种法律制度：著作权法律制度、专利权法律制度、版权法律制度、商标权法律制度、商号权法律制度、产地标记权法律制度、商业秘密权法律制度及反不正当竞争法律制度等。

我国《专利法》并没有对互联网模式的法律保护作出明确规范，导致企业或个人在互联网上试图通过《专利法》来保护知识产权时无章可循，而我国《商标法》在注册分类和申请规则方面的规定，也不利于互联网企业与个人。虽然国家知识产权局已经公布有关互联网的审查规则，但法律层级较低，还很难作为司法审判依据。

互联网的虚拟性使知识产权司法监督保护过程更为复杂，而近年来新兴的“互联网+”形式又进一步增加了复杂性、虚拟性和隐蔽性。大量的网络行为是跨地域、跨国界的，这就给知识产权监管、查找，尤其是产生纠纷后的举证及制裁带来许多困难。加强立法是关键，需要结合《著作权法》、《专利法》、《商标法》系列规范，真正建立“互联网+”全方位知识产权保护体系，应当将现在尚显粗糙的规则或者不尽合理的规则进行补充、修订，填补漏洞空缺。一些已经不适合互联网知识产权保护的传统规则应该进行适时调整，例如，针对网络环境下作品传播的权利保护和权利限制，制定专门的《互联网知识产权法》等。

第二，完善司法裁判标准。目前，互联网知识产权纠纷中，在专利权人发现权利被侵犯后，78.36%的人选择向平台投诉，仅有不到15%的人试图寻求公力救济。互联网知识产权案件具有很大的争议，多数互联网知识产权案件的裁判既可能左也可能右，甚至还可能在裁量的幅度上大做文章。如何在保障互联网知识产权司法保护为主导的基础上，尽可能减弱具体案件的法官

自由裁量权，是当前的一个重要实践命题，从完善司法权威的角度保护互联网知识产权。

第三，完善互联网知识产权监管手段。从技术手段上，执法监督部门应利用网络改善监管措施，有效地调查和制约侵权行为。利用技术手段对网络知识产权进行保护，主要包括两大类：第一类是控制访问的技术措施，未经授权的网络用户无法访问保护信息；第二类是控制使用的技术控制，包括防复制技术、限定使用次数技术等。本质上，技术措施是一种“防患于未然”的预防措施，更多地体现了版权人的私权性质和版权人的主动性。目前，互联网知识产权监管执法活动取得了良好的社会效益，对于净化互联网知识产权保护环境发挥了至关重要的作用。接下来，应该进一步实现互联网知识产权执法的常态化和规范化。网络监管和网络警察应当成立专门的知识产权保护部门，对于一些侵犯互联网知识产权的行为纳入行政执法范围，严重的甚至要追究其刑事责任。

第四，互联网知识产权保护，网络服务商是重中之重。互联网知识产权保护的对象永远是作为市场主体的企业，企业主要由网络服务商来创造、运营和维护。发挥互联网企业的市场主体作用，保障包括网络服务商在内的相关权利人的权益，科学设定分配网络服务商的权利义务，对于调动市场积极性、培育强化互联网产业举足轻重。在互联网产业国际竞争一体化、产业竞争优势瞬息万变的时代背景下，我们不但要鼓励和倡导互联网企业勇于承担知识产权保护的社会责任，要求其履行有关知识产权的自身责任，还要从互联网知识产权保护的综合配套机制着手，倡导建立鼓励产业发展的知识产权制度，鼓励全社会特别是网络用户积极加入互联网知识产权保护的历史潮流，而不能仅仅满足于避风港原则，满足于“通知—删除”的操作手段。成立网络知识产权保护的自律组织。网络服务商、网络销售商等要成立网络知识产权保护协会或联盟，负责网络知识产权保护的发展规划工作，制定出网络知识产权保护的具体政策、原则和行为规范，并向从事在线活动的商业机构施加压力，促进其自我规范。

The Impact of Foreign Investment Law of the People's Republic of China (Draft Consultation Paper)

李志强

Abstract

Recently, the announcement of Foreign Investment law of the People's Republic of China (Draft Consultation Paper) attracts extensive attention home and abroad. It reshapes the whole China's foreign investment system and provides the clear guidance for future regulation of Chinese government in the area of foreign investment. Its significant impact is deserved to be valued and researched.

Legislative Background

On January 19, 2015, China's Ministry of Commerce (hereinafter referred to as "MOFCOM") published the Foreign Investment law of the People's Republic of China (Draft Consultation Paper) (hereinafter referred to as "Draft FIL") on its official website for comments. The Draft FIL has 11 chapters and 170 articles, which reshapes the whole China's foreign investment system and provides transformative and different regulations from the Law of the People's Republic of China on Chinese-Foreign Equity Joint Ventures, the Law of the People's Republic of China on Chinese-Foreign Contractual Joint Ventures and the law of the People's Republic of China on Foreign-funded Enterprises (hereinafter referred to as "Current FIL").

With the rapid development of China's economy, the Current FIL cannot adapt to the need for overall reforms and further opening up. The examination and approval system established by Current FIL is unfavorable for stimulating the market vitality and transforming the government functions. The organizational form and operation of enterprises stipulated in Current FIL have duplication and even conflicts with the Company Law of the People's Republic of China. In addition, the foreign M&A, national security review and other significant systems should be incorporated into the fundamental law of foreign investment and be further improved. Therefore, Draft FIL is published to deepen the regime reform, broaden opening up, promote foreign investment, normalize foreign regulation and provide a more stable, transparent and predictable legal environment for foreign investment in China. The 11 chapters and 170 articles of Draft FIL cover general provision, definition of foreign investor and foreign investment, access administration, national security review, information reporting system, investment promotion, investment protection, complaints coordination, supervision and inspection, legal liabilities and supplementary provisions.

Major Alterations and Impacts

1. Specify the Definition of Foreign Investor and Foreign Investment

In terms of foreign investor, Draft FIL adheres to substance over form principle and introduces "actual control" standard to define foreign investor. The domestic enterprise controlled by foreign investor is deemed as foreign investor while for the foreign investor controlled by Chinese investor, its investment in China will be deemed as investment of Chinese investor rather than foreign investor.

Draft FIL also stipulates that foreign investment covers greenfield investment, M&A, medium and long term financing, the acquisition of natural resources exploration and exploitation or infrastructure construction operations franchise and property rights and other modes such as contract or trust to control domestic enterprise or hold the rights and interests of domestic enterprise.

2. Access Administration Replaces Foreign Investment Approval

The Draft FIL abolishes the existing approval system of foreign investment and establishes access administration institution in accordance with "list of special administration measures" which is similar to negative list. In the future, "list of special administration measures" will be divided into prohibited list and limited list.

Foreign investor cannot invest on the area stated in the prohibited list, which includes directly or indirectly hold the share, equity, asset or other rights and interests and voting right.

For the limited list, there are two main factors which are monetary standard and investment area in restricting foreign investment. The foreign investment involved in the limited list shall apply for administrative permission to competent authorities.

If foreign investment is not within the "list of special administration measures", the access administration is exempted and information reporting obligation is solely required.

3. National Security Review

Aimed at the defects such as low level, imperfect system of national security review, Draft FIL raises legislative level of national security review as national law and further improves the specific review factors and review procedure.

Draft FIL stipulates that if competent authorities of foreign investment discover national security issues in the access administration, the access review will be suspended and applied to transfer to joint conference for national security review. The foreign investor may request to make an appointment for negotiation in terms of procedural issues and advanced communication.

Owing to the rise in legislative level as national law, the judicial immunity principle is specified in the Draft FIL, which refers to the decision of national security review may not be initiated administrative review and administrative litigation.

4. Comprehensive Information Reporting System

In order to timely, accurately and comprehensively master the foreign investment situation and operation of foreign invested enterprise, the comprehensive information reporting system is innovatively established. For all the foreign investment whether it is stated in the "list of special administration measures" or not, reporting the information to competent authority of foreign investment is obliged. Draft FIL states that the reporting information shall be authentic, accurate and complete and false records, misrepresentations or major omissions are prohibited. Draft FIL also stipulates strict legal responsibility under the circumstances of failure to perform the information reporting obligation, concealing facts, false records or misrepresentations, such as imposing a fine on units or investigating responsible person of unit for criminal responsibility.

5. The Potential Influence on VIE Structure

VIE is the abbreviation of variable interest entities, which also can be called as contractual control, which refers to that achieve the control of realistically operated company and financial consolidation by way of signing various agreements rather than equity control.

VIE structure is widely used in overseas listing of Chinese company to avoid Chinese government' s industry access limit for foreign investor. The VIE structure exists for a long time and actually helps lots of Chinese company to accomplish IPO in the overseas securities market. Although Chinese government never takes a clear-cut stand and acquiesces to VIE, the fragility of contract control itself and uncontrollability for actual execution still cannot be avoided.

Since the Draft FIL first introduces the concept of actual controller from the angle of foreign investment. Draft FIL stipulates that the domestic enterprise controlled by foreign investor is deemed as foreign investor while for the foreign investor controlled by Chinese investor, its investment in China will be deemed as investment of Chinese investor rather than foreign investor. In addition, contractual control is also defined

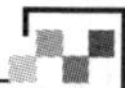

as a form of foreign investment. Therefore, in accordance with the stipulation of Draft FIL, under the VIE structure, if the actual controller of domestic enterprise is still the natural person with Chinese nationality, such enterprise should be deemed as investment of Chinese investor and the access administration and information reporting system should not be applied. Above VIE structure may be identified as legal. On the contrary, if the actual controller is foreign investor, the domestic enterprises will be deemed as foreign investor or foreign investment enterprise. Its operation may be identified as illegal without the access administration.

And what's the impact on or how to deal with the company currently already listed in overseas securities market in the form of VIE structure or domestic enterprise controlled by foreign investor, Draft FIL does not provide the specific answer. While Draft FIL also raises some opinions for public comments as follows: (1) For the foreign investment enterprise using the VIE structure, if the enterprise declares to the foreign investment authority of State Council that it's actually controlled by Chinese investor, it can continue to maintain the VIE structure and carry out business activities. (2) For the foreign investment enterprise using the VIE structure, the enterprise shall apply to the foreign investment authority of State Council for recognizing that it's actually controlled by Chinese investor. After the recognition from foreign investment authority of State Council, it can continue to maintain the VIE structure and carry out business activities. (3) For the foreign investment enterprise using the VIE structure, the enterprise shall apply to the foreign investment authority of State Council for access administration. The foreign investment authority of State Council will comprehensively consider the actual controller of foreign investment enterprise jointly with other government departments concerned to make the decision.

Since the VIE structure has broad influence on relevant industries. In the future, Chinese government will treat VIE structure with caution and make the final decision in combination with overall feedbacks.

6. Other focused issues

Draft FIL also stipulates some transition period arrangements. After the formal effectiveness of Draft FIL, the foreign investment enterprise legally existed under the former laws and regulations still can continue to operate under the original business scope, term and other conditions. While if the alteration of business matter or investment amount reaches the standard stipulated in the "list of special administration measures" , the application for access administration is needed. Besides, as the fundamental law positioning to unified management and foreign investment promotion, the Draft FIL will replace Current FIL and the organizational form of enterprise will not be regarded as the regulation object. For the effectively existed foreign investment enterprise, within three years after the effectiveness of Draft FIL, it shall alter the organizational form and institution of enterprise in accordance with Company Law of the People' s Republic of China, Partnership Enterprise Law of the People' s Republic of China, Law of the People's Republic of China on Individual Proprietorship Enterprises and other laws and regulations.

Article 28 and article 29 of Draft FIL state that where foreign investor conducts several investments on the same matter within 2 years, the investment amount shall be calculated accumulatively. Draft FIL also stipulates the calculation method of investment amount. Where foreign investor directly or indirectly provides financing to its owned domestic enterprise more than one year, the financing amount shall be calculated into the investment amount. This clause design will effectively prevent the access administration evasion.

Draft FIL also pays attention to the relation between access administration of foreign investment, industrial and commercial registration and industry permission. It stipulates that if foreign investor makes investment on the area which is in the "list of special administration measures" and the area also needs foremost industry permission, the foreign investor shall submit industry permit when applying for access administration of foreign investment. For the investment area without foremost industry permission, foreign investment authority needs to seek advice from other

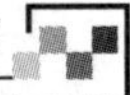

industry competent departments. After gaining the access administration for foreign investment, the foreign investor can proceed with the formalities of industrial and commercial registration.

Summary

There is no doubt that the formal enactment of Draft FIL will essentially reform the entire regulation regime of foreign investment and makes a great impact on the foreign investment in China. According to the legislative procedure of China, after seeking advice from the public, Draft FIL remains to be discussed and revised and then delivered to the Standing Committee of People's Congress for voting. More importantly, the advent of the rules for the implementation and supporting measures such as the definitions of "list of special administration measures" will make Draft FIL more practicable. Actually, there is still a long way to go for the formal enactment of FIL and the establishment of new legal system for foreign investment. With the overall reforms and further opening up of China, the innovation and breakthrough of foreign investment regime can be expected.

关于完善上海国际航运中心和具有全球影响力科创中心立法的建议

陈说

2016年，上海市市长杨雄向上海市人大常委会和上海市政协作的政府工作报告中指出："着力提升'四个中心'功能。金砖国家新开发银行开业，中国互联网金融行业协会落户。推动人民币跨境支付系统一期建成运行，推出上证50ETF期权、中证500股指期货等一批金融创新产品，中国保险投资基金在沪设立，金融市场交易额达到1 463万亿元，是5年前的3.5倍。实行航运保险注册制，扩大外贸集装箱沿海捎带、启运港退税政策覆盖面，集装箱中转比例达到45%，比5年前提高7个百分点。引进亚太示范电子口岸网络运营中心，开展内贸流通体制改革发展综合试点，建成国家会展中心，商品销售总额达到9.3万亿元。"以及"着眼于提升城市核心竞争力，全面推进科技创新中心建设，加快建设四个中心。"同时，为顺利完成中国（上海）自由贸易试验区扩区工作，上海制定实施科技创新中心建设意见及配套政策，一大批制度创新和科技创新的政策举措落地见效。

上海要建成国际性航运中心，仍面临周边首尔、东京、新加坡等国家和地区的激烈竞争，上海应该运用地方立法，鼓励民航产业要素在上海集聚，并促进金融中心、贸易中心的发展。可以通过立法加强上海国际航空枢纽的规划与建设，并加大航空人才引进力度，落实对主要基地航空公司的财税等产业扶持政策。上海要建设国际航运中心。应加快制定专门的地方性立法，并且对相关产业进行制度性建设和保护。

另外，对于全面建设上海科技创新中心的设计，更需要立法层面的支持。2015年，上海加快产业结构优化升级。解决"四新"经济发展瓶颈问题29项，制定"互联网+"推进方案。实施旅游、体育等服务业促进政策，支持生产性服务业、生活性服务业加快发展。制定实施智能制造、高端装备制造

发展政策，C919大型客机总装下线，国家机器人检测评定中心落户。推动工业区开展区区合作、品牌联动。淘汰高能耗、高污染、高危险和低效益的落后产能1 236项。这些都是加速发展科技创新型产业、吸引科技创新型人才的举措落实后所获得的成果。

一、国际航运中心立法

2015年11月19日，《上海市推进国际航运中心建设条例（草案）》（以下简称《条例（草案）》）经上海市政府常务会议讨论通过，提请上海市人大常委会审议后正式向社会公众征求意见。早在2001年5月，国务院就明确了上海国际航运中心的战略定位。作为上海“四个中心”之一的航运中心，要在2020年基本建成。近年来，丝绸之路经济带、21世纪海上丝绸之路及长江经济带等国家新战略的实施，为航运市场发展带来了新的机遇和空间。

《条例（草案）》共六章四十六条，涉及基础设施建设、航运服务体系建设、航运科技创新建设及航运营商环境建设等，其中有不少亮点。比如，提到了设立国际航运中心建设发展资金，纳入同级财政预算，为推进上海国际航运中心建设提供资金支持。另外，《条例（草案）》中还提到了智慧航运，将“互联网+”的思维运用到航运业上。

此次提到的航运还包含海上客运（邮轮）、航空货运、物流、公务机等方面。也就是说，此条例，不仅是针对老百姓不熟悉的海运商业领域，还包括了邮轮这种已经逐渐大众化消费的领域。此条例不仅仅包括了传统的基础的航运产业，如港口和船舶等，更是以相当大的篇幅对综合航运服务体系（如引航服务、航运交易、航运指数和航运中介服务）等方面作了详细规划。这说明，上海建设国际航运中心的重点已经不再局限于上海港、洋山港的吞吐量等硬件条件，更侧重于航运软环境建设。

而航运金融的立法则是上海国际航运中心立法建设中的重点。在国际航运中心建设当中，上海自由贸易试验区可以成为上海国际航运中心建设的一个重要载体。通过“一线放开、二线高效安全管住”的贸易监管方式，可以把上海港建设成一个国际枢纽港，上海港现在已经是集装箱吞吐量世界第一位，它不仅是一个腹地型的国际航运中心，更向资源配置型的航运中心迈出了一步。上海要推进航运金融、国际船舶运输、国际船舶管理等方面的业务。

在金融服务业方面，自贸试验区可以成为上海国际金融中心建设的一个重要的突破口，如随着金融创新的政策落实，金融服务实体经济、服务投资和贸易便利化的能力将会进一步增强。特别是在金融市场建设方面，可以建设面向国际的交易平台，如国际能源交易中心正在作紧张的准备，包括交易品种、交易合约等，希望在明年上半年交易平台可以开始运作。上海今后还会推出一系列面向国际的金融市场建设，包括深化现在已经在开展的融资租赁业务、期货保税交割功能。对民营资本进入金融领域，特别是民营银行，都会有所突破，这都是以陆家嘴为主的国际金融中心非常重要的补充或突破。

因此，上海建设国际航运中心的立法层面的设想，应当以《条例（草案）》为蓝本，不断根据实践进行细化，继续制定符合上海实际情况的航运中心建设的法律法规，尽快通过此条例，以完善法律层面的制度建设。

二、具有全球影响力科创中心立法

2015年，上海市科技进步创业创新已经取得了长足的进步，市长杨雄在2016年政府工作报告中提到："全社会研发经费支出相当于全市生产总值的比例达到3.7%。在脑科学和人工智能等领域布局一批重大科技项目，建成国家蛋白质中心等一批科技基础设施。加快集聚国内外研发机构，新增外资研发中心15家。国家技术转移东部中心落户。大力推进大众创业、万众创新，创新创业服务机构达到454家。设立股权托管交易中心科技创新板，成立创新创业投资母基金。开展知识产权运营服务试点，每万人口发明专利拥有量达到29件。"

同时，上海着力在大型的科技实验室、智慧城市建设与加快高新技术人才的聚集三个方面着力发展。杨雄提到：一是着力提高科技创新能力。建设张江综合性国家科学中心，力争海底长期观测网、超强超短激光、活细胞成像平台等大科学设施和光子科技国家实验室落户，在民用航空发动机与燃气轮机等领域承担更多国家重大专项任务。构筑功能性、开放式创新平台，

在信息技术、生命科学、高端装备等领域建设一批共性技术研发转化平台。推动科技创新集聚区特色发展，布局一批科技成果产业化项目。进一步推动大众创业、万众创新，引导更多社会力量参与众创空间建设；二是推动智慧城市建设。建成宽带城市和无线城市，光纤宽带网络基本覆盖全市域，公共场所无线接入点达到20万处。推动信息技术在各领域的深度应用，落实‘互联网+’推进方案，支持物联网、新硬件、大数据、云计算等新技术开发利用，加快建设智慧学习、智慧停车、智慧旅游等一批便民惠民的信息化应用平台。强化关键信息基础设施保护，切实保障网络安全；三是加强各类人才队伍建设。落实国家和本市各类人才计划，建立更加透明高效的人才资助机制，集聚更多的领军人才、高技能人才和高水平创新创业团队。完善人才分类评价体系，开展行业组织参与职称评价试点，探索委托社会机构遴选杰出人才。推动形成更加灵活的用人机制，促进人才资源市场化配置，为各类人才发展事业、成就梦想创造更多的机会和更好的环境。

早在2010年，上海已经制定了《上海市科学技术奖励规定》，并于同年施行。但该规定制定较早，规范面较窄，也始终没有提及建设国际科创中心的设想，因此，在2015年，备受瞩目的上海加快建设科创中心22条意见正式对外公布。该意见从以下几个方面对未来建设国际科创中心进行了顶层设计：一是建立市场导向的创新型体制机制；二是建设创新创业人才高地；三是营造良好的创新创业环境；四是优化重大科技创新布局。

建立市场导向的创新型体制，要求立法上清除各种障碍，让创新主体、创新要素、创新人才充分活跃起来，形成推进科技创新的强大合力。立法核心是解决体制机制问题，突破创新链阻断瓶颈。

建设创新创业人才高地，要求立法上实施更加积极的人才政策，建立更加灵活的人才管理制度，优化人才创新创业环境，充分发挥市场在人才资源配置中的决定性作用，激发人才创新创造活力，让各类人才近者悦而尽才、远者望风而慕。

营造良好的创新创业环境，要求立法上秉持开放理念，弘扬创新文化，培育大众创业、万众创新的沃土，集聚国内外创新企业、创新要素和人才，共同推进科技创新中心建设。

优化重大科技创新布局要求立法上保证并鼓励企业和人才瞄准世界科技前沿和顶尖水平，在基础建设上加大投入力度，在科技资源上快速布局，力争在基础科技领域作出大的创新，在关键核心技术领域取得大的突破。

因此，在科技创新的立法上，应该遵循22条意见规定的方向，深入调研、听证，从制度层面保障上海为科创中心、研究室、实验室与各类高端人才创造良好的环境，并使科技成果最大程度保留在上海，造福全国乃至全世界。

三、结语

上海全面建设“四个中心”尤其是航运中心的宏大计划，以及上海笼络世界人才和科技精髓，建设具有全球影响力的科创中心，都需要立法上进行制度保障，将各类鼓励政策，各类有利于这两个目标的发展举措以立法的形式固定下来。

2015年，上海航交所共完成船舶交易285艘次，交易总值20亿元。此外，去年上海地区船舶险和货运险总量达到34.45亿元，占全国的22%。目前上海各类航运服务企业总数已超过1000家，其中外资航运机构已达到250家。同年，上海制定实施智能制造、高端装备制造发展政策，C919大型客机总装下线，国家机器人检测评定中心落户等重大项目的成功也标志着上海科创中心步入正轨。

因此，在立法层面，针对这两个目标，我们更应该乘风破浪、勇攀高峰，把上海真正建设成国际航运中心，真正建设成具有全球影响力科创中心，向全面建设小康社会、实现中国梦的宏伟目标迈进。

上海国际贸易中心建设之法治环境营造

李志强 欧龙

2001年5月，国务院正式批复了《上海市城市总体规划年（1999—2010年）》，确立了上海建设“国际经济、金融、贸易、航运中心”（四个中心）的战略发展定位。进入21世纪以后，科学技术发展迅猛，全球一体化趋势进一步加强，特别是中国加入世界贸易组织后，我国对外贸易迅速发展，上海凭借其优越的自身发展条件，对外贸易获得飞速发展，上海的国际贸易中心建设迎来前所未有的发展机遇。[①]

为了贯彻实施建设上海国际贸易中心的国家战略，提高市场开放程度和贸易便利化水平，加快建设现代市场体系，营造良好的贸易发展环境，上海市人大根据有关法律、行政法规的规定，于2012年11月颁布了《上海市推进国际贸易中心建设条例》，标志着上海从制度层面推动转变贸易发展方式，提高经济的开放度和国际化水平，力促上海国际贸易中心的发展。

2013年8月，国务院正式批准设立中国（上海）自由贸易试验区。上海自贸区的设立进一步改善了上海的贸易环境，在不断完善资源配置的同时，为上海国际贸易中心的建设奠定了良好的基础。

①郭延花：《建设上海国际贸易中心问题研究》，安徽大学硕士学位论文，2010。

一、国际贸易中心的概念

（一）国际贸易中心概念的产生

对于国际贸易中心的概念，从世界城市的视域把握会更加准确、更具有全局性。早在1915年，杰德斯（Patrick Geddes）在其著作《进化中的城市》就提出了“世界城市”一词，其所界定的世界城市主要就是从国际贸易中心角度给出的。此后，世界城市的内涵得到了进一步发展。①

（二）国际贸易中心概念的发展

早期的研究者主要从全球性特征和跨国经济合作方面发展了世界城市的定义。英国地理学家、规划师彼德·霍尔（Peter Hall）是最早对世界城市的概念进行阐述的学者。霍尔对世界城市这一概念作了经典解释：世界城市指那些已对全世界或大多数国家发生全球性经济、政治、文化影响的国际第一流大城市。②

（三）国际贸易中心的内涵

如今，“世界城市的本质属性，更多地表现为在全球化中的连通性。一个城市是否具有世界城市的功能，关键在于其融入各类世界网络体系的程度”。③在这个意义上，国际贸易中心是世界城市在商贸流通方面的一个关于功能形态的核心内涵，是全球商贸流通网络化的关键节点，又经常称为国际商业中心。④

---

①黄丙志、石良平：《世界城市视角下国际贸易中心的当代“节点”特征》，载《上海经济研究》，2010（11）。

②苏雪串：《西方世界城市理论的发展和演变综述》，载《现代城市研究》，2006（12）。

③周振华：《世界城市——国际经验与上海发展》，上海,上海社会科学院出版社，2004。

④黄丙志、石良平：《世界城市视角下国际贸易中心的当代“节点”特征》，载《上海经济研究》，2010（11）。

二、国际贸易中心的类型

世界公认的几大世界贸易中心，如纽约、伦敦、东京、香港、新加坡等在功能定位上大致可以分为以下两种类型。

（一）加工贸易型

加工贸易型国际贸易中心具备强大的国内工业生产体系和巨大的国内市场容量，并以此为基础建立起发达的加工型国际贸易体系。这类国际贸易中心能够很好地利用国际国内两个市场、两种资源，从而在发挥两个扇面（国内市场与国外市场）的辐射功能上起着同等重要的作用。[①]一方面，从国外大量进口原材料、半成品和产成品，在国内进行加工和消费；另一方面，将本地和国内产成品通过外销渠道输往国外市场进行销售，具备内贸中心和外贸中心双重功能。[②]该类型也被称为"腹地型"贸易中心，代表城市为纽约、伦敦和东京。

（二）转口贸易型

转口贸易型，如中国香港、新加坡这类"弹丸之地"，其本地资源匮乏、市场狭小，工业生产体系受客观条件的制约严重，然而能够取长补短，发挥其优越的地理位置、港口资源和便捷航线，从事吞吐量巨大的转口贸易。

三、上海国际贸易中心的功能定位及优势

综合考虑上海的地理区位、经济势能、所处经济发展阶段等因素，上海国际贸易中心建设的目标定位应为"以外贸为先导、以内贸为支撑"的"腹地型"国际贸易中心。[③]

①王火灿：《国际贸易中心的形态与成因及上海的目标与对策》，载《国际商务研究》，1995（3）。
②肖林、任新建：《推进上海国际贸易中心建设战略创新》，载《科学发展》，2009（8）。
③肖林、任新建：《推进上海国际贸易中心建设战略创新》，载《科学发展》，2009（8）。

（一）上海的地理区位

从地理区位看，上海位于长江入海口，是中国经济最发达的长三角地区的中心，有着广阔的经济腹地及优良的天然港，经济发展可持续性强。

（二）上海的产业体系

从产业体系看，上海一直是我国最重要的制造业基地之一，制造业整体水平较高，科技实力雄厚。上海有长江流域乃至广袤的全国腹地可以依托，背靠13亿人口的巨大国内市场需求，市场容量巨大，2014年上海市地区生产总值已达23 560.94亿元。①

（三）上海的对外贸易

从对外开放度看，上海外贸依存度、工业外向度、港口外向度均处于较高水平。2014年，上海关区货物进出口总额达到8 634.55亿美元，新设外商直接投资合同项目4 697项，较前一年增长25.6%。新批对外投资项目594项，较前一年增长71.2%，投资总额122.9亿美元，增长1.9倍。②

（四）上海的外资利用

从利用外资程度上看，2015年上海合同利用外资达到589亿美元，同比增长86%；实际利用外资在去年高位基础上继续保持增长，达到184.59亿美元，同比增长1.6%，连续16年实现增长。与此同时，上海的引资结构进一步优化。2015年，上海服务业实际利用外资159.38亿美元，占全市实到外资的86.3%，服务业为主的引资结构继续巩固。商贸业、租赁和商务服务业利用外资稳步增长；以融资租赁为主的金融服务业、以互联网为代表的信息服务业利用外资快速增加，实际利用外资同比增幅均超过70%。③

---

①上海市统计局、国家统计局上海调查总队：《2014年上海市国民经济和社会发展统计公报》，国家统计局网站，2015-02-28。

②上海市统计局、国家统计局上海调查总队：《2014年上海市国民经济和社会发展统计公报》，国家统计局网站，2015-02-28。

③杨雅洁：《2015上海利用外资规模居全国首位》，载《国际商报》，2016-01-11。

（五）上海对跨国公司的吸引

从对跨国公司的吸引力看，上海始终保持着对跨国公司的吸引力，世界各大跨国公司的总部机构不断设立，已成为中国内地跨国公司地区总部落户最多的城市。跨国公司选择上海作为其全球战略和协同体系的核心日益增多，并不断拓展贸易、研发等功能。数据显示，2015年，上海新设跨国公司地区总部45家，其中，汉高、恩智浦、亚什兰等15家企业设立了亚太区总部，新增投资性公司15家，累计落户上海的跨国公司地区总部达535家、投资性公司共计312家。①

四、上海国际贸易中心法治环境营造

上海的贸易总量及外贸总额始终居中国大陆之首，上海建设国际贸易中心具有显著的优势。但不得不承认，目前上海与纽约、东京等真正意义上的国际贸易中心还存在着差距，在发展过程中也面临着诸多制度性瓶颈。要完成建设国际贸易中心的目标，需要我们不断地进行改革，同时不断优化法治环境，使上海建设国际贸易中心步入稳定的快车道。笔者结合实际情况，对国际贸易中心的法治环境的营造提出如下几点建议。

（一）明晰立法思路，建立制度保障

完备的立法和规范的法治体系是营造良好法治环境的前提。在立法思路上，就必须更新理念，平衡法律的滞后性、稳定性、普遍适用性与打造国际贸易中心的发展性、多变性、特殊需求性之间的矛盾，为国际贸易中心的建设营造良好的法治环境。②

随着国际贸易中心建设的进一步推进，市场的开放程度也越来越高，相关政策也逐步落实。但现有的管理办法并不能有效监管，还需要进行健全和

①杨雅洁:《2015上海利用外资规模居全国首位》，载《国际商报》，2016-01-11。

②郑柳云：《中国（上海）自由贸易试验区法治建设研究》，上海师范大学硕士学位论文，2014。

完善。在制定法律、法规时，应同时关注其稳定性和灵活性，让制度立法成为打造国际贸易中心最坚实的保障。在相关法律、法规的制定过程中，应善于借鉴国外优秀、成熟的立法程序。同时，在遇到专业性较强的问题时，可以召集专家、学者进行研究，为国际贸易中心建设提供强大的智力保障。相关草案应及时向大众发布，听取各界专家、群众的意见和建议，提高群众参与监督立法的积极性，做到立法透明、公开，保证立法的质量。①

（二）依法行政，切实提高行政效能及透明度

根据《中国（上海）自由贸易试验区总体方案》，政府应加快转变政府职能，按照国际化、法治化的要求，积极探索建立与国际高标准投资和贸易规则体系相适应的行政管理体系。②

在贸易量不断增长、市场开放程度不断深入的背景下，要求政府必须依法行政，不断提高行政效能及增强行政透明度。一方面，政府需建立集中统一的市场监管综合执法体系，实现高效监管；另一方面，积极鼓励社会力量参与市场监督。提高行政透明度，完善体现投资者参与、符合国际规则的信息公开机制，让市场成为资源配置的主体，将本来由政府监管的职能放权于市场主体，进一步划清政府与市场的界线。③

（三）积极储备法律服务人才

在法律保障方面，随着市场开放及贸易量的增加，国内外的商事争端也日益增多。建设国际贸易中心离不开完备的法律、高效透明的行政，更需要一大批法律人才提供司法保障和法律服务，其中优秀律师的培养和储备对国际贸易中心的法治建设起着举足轻重的作用。

伴随着国际贸易中心进程的不断深入，除了传统的法律服务业务外，新的服务业务，包括离岸贸易、大宗货物贸易、跨境电子商务等业务都需要一

①郑柳云：《中国（上海）自由贸易试验区法治建设研究》，上海师范大学硕士学位论文，2014。

②《中国（上海）自由贸易试验区总体方案》，http://www.gov.cn/zwgk/201309/27/content_2496147.htm。

③郑柳云：《中国（上海）自由贸易试验区法治建设研究》，上海师范大学硕士学位论文，2014。

大批的优秀律师为企业保驾护航并参与纠纷解决，故优秀律师的培养和储备必不可少。律师参与商事活动，有利于确保商业贸易活动顺利进行，同时有利于建立风险可控、可预期、秩序稳定的市场秩序，最终推动上海国际贸易中心的稳步建设。

为加快上海国际贸易中心建设，应不断加强法律服务人才的培养，并出台相应政策法规吸引高水平的国内外专业法律人才为上海国际贸易中心建设贡献自己的力量。高水平律师人才队伍除了提供司法保障和法律服务外，还能对各类政策法规进行解读，为监管体系提出有效建议，设计更新示范合同文本库等，为行政部门行政执法、推行政策法规，为司法部门进行司法活动提供重要的辅助作用。[①]

五、结论

上海国际贸易中心建设是一项复杂的系统性工程，具有伟大的战略意义，要达成这一宏伟目标，不断优化的法治环境将是关键。营造良好的法治环境，需要坚定地进行一系列的创新和突破，才能形成系统、完善、配套、高效的法治系统。同时，也要求我们用与时俱进的眼光看待目前出现的诸多问题，以正确的法治理念、立法思想作为先导，不断提高行政效能，提高服务意识，加强各类法律服务人才队伍的培养和储备，不断根据新情况、新形势果断进行政策革新，实现多策并举、协调推进。只有不断优化的法治环境，才能将上海国际贸易中心的建设推入稳定的快车道。

①郑柳云：《中国（上海）自由贸易试验区法治建设研究》，上海师范大学硕士学位论文，2014。

后 记

中国的和平崛起和发展离不开成熟发达的金融市场，改革开放30多年来，我国金融市场发展迅速，包括外滩金融创新试验区在内的上海国际金融中心建设已经成为国家战略。

《外滩金融创新试验区法律研究》一书点评2015年金融市场十大经典案例，在互联网金融、金融控股与创新金融、企业融资与投资贸易、并购重组与争端解决、“一带一路”研究等多领域理论联系实际，提出了不少真知灼见，还对中央和地方相关立法进行了颇有价值的研究和建言，其中多篇中外文论著宣传和传播了中国法律制度和法律文化。

本书在编撰过程中承蒙全国人大常委会副秘书长李飞在百忙中作序，上海市政协副主席徐逸波担任总顾问，中国佛教协会副会长觉醒题写书名。一批著名的金融家、法学家和企业家担任本书顾问。上海市黄浦区金融服务办公室主任江锡洲和上海市司法局律师管理处处长、上海市律师协会党委副书记忻峰及上海股权托管交易中心副总经理徐军担任本书策划。本书的编委由外滩金融创新试验区法律研究中心、两岸投资金融法律研究中心、港澳投资金融法律研究中心和“一带一路”法律研究与服务中心的研究员和知名金融家、企业家及法律专家担任，著名律师李志强等担任撰稿人。中国金融出版社李苒副社长和贾真编辑对本书的出版给予了细致的指导，在此一并致谢！

由于金融市场发展很快，本书的总结是阶段性的，书中疏漏、不当之处还请领导、专家和同仁批评指正。

李昌道

2016年3月5日于上海